北京大學《儒藏》編纂與研究中心 編

《儒藏》精華編選刊

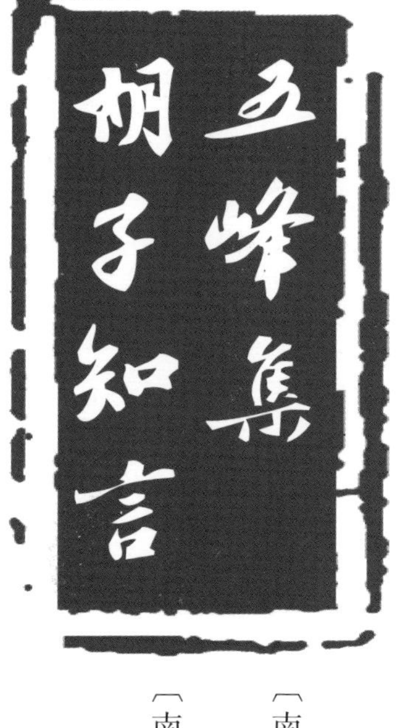

〔南宋〕胡宏 撰
王玉德 班龍門 校點

〔南宋〕胡宏 撰
楊柱才 校點

北京大學出版社
PEKING UNIVERSITY PRESS

圖書在版編目(CIP)數據

五峰集；胡子知言 /（南宋）胡宏撰；北京大學《儒藏》編纂與研究中心編. —北京：北京大學出版社，2023.8
（《儒藏》精華編選刊）
ISBN 978-7-301-33853-7

Ⅰ. ①五… Ⅱ. ①胡… ②北… Ⅲ. ①理學－中國－南宋－文集
Ⅳ. ①B244.991-53

中國國家版本館CIP數據核字（2023）第062339號

書　　名　五峰集　胡子知言
WUFENG JI　HUZI ZHIYAN
著作責任者　（南宋）胡宏　撰
王玉德　班龍門　校點；楊柱才　校點
北京大學《儒藏》編纂與研究中心　編
策劃統籌　馬辛民
責任編輯　吴遠琴　王　應
標準書號　ISBN 978-7-301-33853-7
出版發行　北京大學出版社
地　　址　北京市海淀區成府路205號　100871
網　　址　http://www.pup.cn　新浪微博：@北京大學出版社
電子郵箱　編輯部 dj@pup.cn　總編室 zpup@pup.cn
電　　話　郵購部 010-62752015　發行部 010-62750672
編輯部 010-62756449
印 刷 者　三河市北燕印裝有限公司
經 銷 者　新華書店
650毫米×980毫米　16開本　25.75印張　280千字
2023年8月第1版　2023年8月第1次印刷
定　　價　102.00元

五峰集

目録

五峰胡先生文集卷第二 …… 三五

五峰胡先生文集卷第三 …… 一一六

五峰胡先生文集卷第四……一九三

胡子知言

五峰集

〔南宋〕胡宏 撰
王玉德 班龍門 校點

校點説明

胡宏(一一〇五—一一六一,據吴仁華先生考證結果),字仁仲,南宋學者,胡安國子。福建崇安人,長期寓居衡山五峰,故稱五峰先生。胡宏以蔭補官,避秦檜不仕,曾上書論復仇大義數千言,頗有士人的氣節。學術上師從楊時等名儒,篤意理學,講學授徒。胡宏在治學方面主張自强不息、窮理致用;在政治方面提出關心國家興衰,以道統維護國統;在哲學方面對性本體論有重要見解,在南宋有重要影響。

胡宏勤於著述,《宋史》卷四三五本傳記載胡宏「幼事楊時、侯仲良,而卒傳其父之學」,「著書曰《知言》」,張栻謂其言約義精,道學之樞要,制治之蓍龜也。有詩文五卷,《皇王大紀》八十卷」。《知言》是胡宏的理學代表作,原無篇名,明代好事者仿《論語》分卷,以每卷開頭二字作爲篇名。《皇王大紀》是一部編年體史書,成書於紹興十一年(一一四一),内容是記載上古的人與事,其中有考證,也有對歷史的評論。宋代趙希弁《讀書附志》著録胡宏《敘古蒙求》,已佚。在《宋名臣言行録》外集卷十一、《史傳三編》卷五、《閩中理學淵源考》卷三以及《五峰集》的序跋中可以瞭解胡宏學術成就的概略。

《五峰集》是胡宏的季子胡大時所編，共五卷。卷一《詩》，卷二《書》，卷三《雜文》，卷四《皇王大紀論》，卷五是經義三種（《易外傳》、《語指南》、《釋疑孟》）。此書的内容涉及文學、史學、經學，其中不乏對當時國家大事的獨到見解。《四庫全書總目》評價其書：「所上高宗封事，剴切詳盡，《宋史》已采入本傳。其《易外傳》皆以史證經，《論語指南》乃取黄祖舜、沈大廉二家之説折衷之，《釋疑孟》則辨司馬光《疑孟》之誤，議論俱極醇。」

關於《五峰集》的流傳，胡宏的門人張栻《南軒集》卷十四《五峰集序》中説《五峰集》有五卷，《通志》卷二三八、《宋史》卷四三五本傳均記載《五峰集》五卷。陳振孫《直齋書録解題》卷十八著録五卷本，又説「别本不分卷」，這説明宋代有五卷本和不分卷本併行。《宋史·藝文志》載録一卷本，當是不分卷本。元代許有壬撰《五峰文集後序》，稱《五峰胡先生文集》凡五卷，益陽劉用孚將刻諸家塾。然現存目録未見著録劉氏刻本，故無法確認這個五卷本的《五峰胡先生文集》是否曾經刊印。明代《文淵閣書目》、《内閣書目》、《萬卷堂書目》等著録五卷本。現在僅有清代鈔本傳世。

清代有不同卷數的鈔本，如法式善存素堂一卷本，佚名氏三卷本，陸香圃的五卷本，還有南京圖書館藏五卷本等。《四庫全書》收録的是浙江鮑士恭家藏五卷本，四庫館臣對文字作了較多改竄。

此次校點以清代蕭山陸香圃三間草堂鈔五卷本爲底本（簡稱陸鈔本）。此本有清陸心源校并跋，半頁十行，每行二十字。陸心源據影宋鈔本補正多處文字脱訛。他在書末校跋中説，經此補改，陸本「乃成善本」。此次整理，以陸心源校改前的陸鈔本爲底本，陸氏隨文校勘成果均以校記體現，可從者從之，不可從者，辨之於後。卷三、卷五後陸心源校跋亦以校記體現。

采用的兩部校本爲：

其一，影印文淵閣《四庫全書》本（簡稱四庫本）。

其二，清無名氏三卷鈔本（簡稱清鈔本）。此本已收入四川大學古籍整理研究所編《宋集珍本叢刊》（綫裝書局二〇〇四年）。此本無《皇王大紀論》和經義部分。

此次校點，亦參考了中華書局出版的吴仁華先生校點的《胡宏集》。北京大學張衍田教授在審稿中提出了許多修改意見，在此一併致謝！

校點者　王玉德　班龍門

五峰胡先生文集序

五峰胡先生遺書有《知言》一編，栻既序而傳之同志矣。近歲，先生季子大時復裒輯先生所爲斯文之屬凡五卷以示栻。❶ 栻反覆而讀之。惟先生非有意於爲文者也，其一時詠歌之所發，蓋所以紓寫其性情。而其他造作與夫問答往來之書，❷又皆所以明道義而參異同，非若世之爲文者徒從事於言語之間而已也。

又惟先生粤自早歲服膺文定公之教，至於没齒，惟其進德之日新，故其發見於辭氣議論之間者亦月異而歲不同。雖然，以先生之學而不得大施於時，又不幸僅得中壽，其見於文字間者復止於如此，豈不甚可歎息！至其所志之遠，所造之深，綱領之大，義理之精，後之人亦可以推而得焉。

淳熙三年元日門人張栻序。

❶「斯」，四庫本作「詩」。
❷「造」，四庫本作「述」。

五峰胡先生文集卷第一

古詩

題上峰寺❶

百年身似客，浩蕩世間遊。入望青山好，夢魂偏我留。我家巫山十二峰，浮江直過巴陵東。瀟湘水與蒼梧通，環繞衡嶽青冥中。扁舟白雲不可度，❷杖藜蠟屐乘春風。山光浮動可攬結，雲舒霞捲飛煙虹。深巖大壑翠巘巘，❸足力已到心無窮。群峰迤邐勢不競，上盡祝融五千仞。祝融峰高天更高，太空人世如牛毛。風雲萬變一瞬息，紅塵奔走真徒勞。蓬萊羽化慕神仙，神仙渺茫何處傳。雪山清浄問因緣，未識乾坤造化權。獨立高寒明月裏，此心無着已怡然。從今識盡青山好，歸向人間別看天。

❶ 「峰」，清鈔本、四庫本作「封」。
❷ 「度」，原無，據清鈔本、四庫本補。
❸ 下「巘」，四庫本作「列」。

送友人歸荆南

瞬息光陰便百年，壯時無負此身堅。❶ 莫隨白日悠悠去，要見先民的的傳。心恥文俳似班馬，眼看青紫自頭旋。望雲飛鳥長天外，臨水不知魚在筌。沉吟巖野意不展，燮理一身居屢遷。願學只知依孔聖，懶從禪客問因緣。聖門子貢最明達，肯使宮牆但及肩。天生我才樸更拙，未逢良匠入雕鐫。清漳見公二十載，論仁一句期超然。致知兩字足功力，方信能行窮化先。南山文會未振起，公今遠去岷江邊。聞説豺狼當路走，日向黄昏休更前。況復江城動鼙鼓，四時烽火長相連。征輪決去曳不止，男兒性命絶可憐。曉月子規驚别夢，冥冥華有淚痕濺。❷ 臨岐相贈要切語，幸勿使我空華顛。❸

簡彪漢明

斯文久寥落，我欲問蒼天。蒼天默無言，復欲問古先。古先群聖人，去我三千年。紛紛儒林士，章句以爲賢。問之性命理，醉夢俱茫然。皓月隱重雲，明珠媚深淵。近得程夫子，一綫通天泉。蕩滌浄塵垢，逸駕真無前。自從喪亂來，鼙鼓聲闐闐。日事干戈末，那尋孔孟傳。湘中彪夫子，有志窮益堅。讀書文字表，至善時一遷。老去不自止，直欲求醇全。問我曾點意，乘風舞雩顛。行年付造化，笑問青銅錢。默契天地心，

---

❶「負」，清鈔本、四庫本作「謂」。

❷「華」，四庫本作「空」。

❸「幸」，清鈔本、四庫本作「慎」。

誰能泥青編。

西林寺廓然堂有懷

超然峰頭秋氣清，廓然堂延秋月明。我乘清秋弄秋月，中有所感思冥冥。峰勢凌蒼穹，上有煙林封。去天不盈尺，路斷心忡忡。堂空在人今，❶澹然征無窮。❷寂寂本心流太空，虚名過耳如松風。惆悵禍亂波流洪，目極征鴻淡淡天，❸萬古消沉向此中。

和江子玉二首

無奇試學居盤谷，誰信斷絃膠可續。湘天冷落數家村，曩時曾枉旌麾沐。潺湲階下碧溪横，柳静風微幽意足。知君文武濟時才，舊時軍律寒生粟。文書脱略是人師，應有魏昭能换粥。我無真樂送芳年，悵望顔回屢空腹。凄凉指日秋風高，願更同來寫心曲。

白駒皎皎來空谷，希聲絶世人難續。異端蜂起亂群風，擺脱敝衣聊一沐。悠然良夜得酣寢，覺來無欠亦無足。不踏紅塵陌上花，❹自種青雲隴頭粟。嗚呼夫子大聖人，七日藜羹食無粥。休争得失等雞蟲，克

---

❶「在人今」，四庫本作「人何在」。

❷「征」，四庫本作「思」。

❸「極」，原無，據四庫本補。「天」上，清鈔本有「長」字。

❹「踏」，四庫本作「蹈」。

己樂善充身腹。風雲變化會有時，微吟袖手青溪曲。

圃景大吟呈伯氏

青鞋黄帽侵晨起，杖策徐行聽流水。雲輕淡月欲明時，竹裏清風開太始。山鐘間發催天曙，廟鼓連聲動群耳。東山青樹映霞明，西嶺朱樓眇煙裏。樵夫荷樵晨出山，❶漁子携魚午趨市。静看岐路人營營，獨坐小亭秋靡靡。已知物理時常改，因見天工神不死。胸中浩蕩一乾坤，世上榮枯均泰否。悠然種植得佳趣，春意生生自無已。

寄題向伯元敦止堂❷

君不聞伊摯初耕有莘野，禄之弗顧千駟馬。春作秋成隨老農，貧賤甘心萬人下。一朝幡然感三聘，五就成湯五就夏。悠悠如雲行太空，竟使三風變爲雅。東西南北賴來蘇，天下農夫誰似者？又不聞傅説安身操板築，遠離世間名與禄。那知商帝夢中形，遠近搜求不容伏。草茅夕起朝爲相，俾后從繩正如木。四海俊乂咸風從，跋扈諸侯盡臣僕。功成止見顔容改，了了壯心無反覆。生平懶性願退藏，❸退藏恐遂成荒

❶ 下「樵」，四庫本作「斧」。當作「樵」。
❷「止」，清鈔本作「正」。
❸「生平」，清鈔本、四庫本作「平生」。

唐。因求古人作鑑戒，管寧華歆情所當。齊名遐迹俱鋤萊，❶擲之不顧爲人量。《詩》《書》俎豆化遼海，威富武貴何披猖。初年虛名大可恥，末路高風紓思長。有志君當學伊傅，忘情我不傲羲皇。願如幼安有終始，進退一致宜消詳。❷

雲　月

朝看南山雲，暮看西山月。雲物時有無，月魄遞盈闕。月明雲昭章，雲散月奇絶。屈伸至理中，莫道吾生拙。

南山即事

南山崇崇幾千丈，今晨忽被蠻煙蜑霧埋其高。安得萬里飄風一吹散，見巍峩蒼翠解我心鬱陶。鬱陶心匪他，爲愛南山高。

題楊氏猗猗閣

望處積雲深，妙見此君心。中虛抱元氣，不受一塵侵。嗟哉人生逐利名，雞犬放去猶知尋。我愛坐君閣，游戲猗猗林。明月照我懷，清風吹我襟。消磨胸中沉着病，無愧衛生於今。❸　林生何猗猗，挺立似

---

❶「萊」，清鈔本、四庫本作「莱」。

❷「消」，四庫本作「加」。

❸「衛」下，四庫本有「武」字。

豪傑。新稍一直上青冥，本末便與春風徹。嗟哉流俗人，交義隨情決。寒霜落千山，我愛此君節。眷焉題閣心，萬變不磨滅。

蒼　天

蒼天映清水，下見白雲飛。天水從何來，飛雲更無依。❶人生亦如此，融結中有機。此機即天命，吾心端不違。

碧泉興作，即事有感，因續魏武之詩

對酒當歌，人生幾何。往者如江，來者如河。往來無盡，弗移弗那。奉身理物，何少何多。天長地久，我生靡它。樂此泉兮，于山之阿。

題談氏濯纓亭

茶陵水似滄浪清，我行征驂登小亭。孔聖去矣不可見，野人有歌誰復聽。孟子能推孔聖心，寥落斯意有誰尋。❷中原可惜無人問，此日聊爲《梁父吟》。

---

❶ 「無」，四庫本作「何」。

❷ 「落」，清鈔本、四庫本作「寥」。

觀建安七子詩

作文發妙理，經國厲遠圖。遊目建安中，才子足歡娛。顧匪他，❶精神可交輸。西南落漢日，揚益奮兩隅。山河裂地軸，星象分天衢。八師遇有姚，萬世垂楷模。一元均大化，五服擁皇都。悠悠彼七子，流光失其乎。飛觴宴婉孌，鼓瑟吹笙竽。主人敬愛客，徒爾相揚揄。魏祚竟不長，貽謀止斯須。逡巡數十年，犬羊氈八區。❷所以漢高帝，慢罵輕文儒。

小圃將成

我愛青山好，衡山鎮南極。連峰疊翠西池西，五峰新亭面相直。喬嶽崢嶸天地中，飄零身寄衡山側。横山之峰七十二，奔走芙蓉盡供職。紫蓋峰頭走日東，不朝芙蓉理莫測。芙蓉峰巔栖白鶴，今人不見雙飛翼。應是赤霄隨鳳遊，遠向青田謀雁食。逍遥九皐鳴聞天，奇蹤只許群仙識。平生苦無適俗韻，置身大禹巡方域。雲舒煙卷試懷抱，月下風前得消息。四時有酒兼有花，百年無喪亦無得。儘教人作畫圖傳，杖藜見我看山色。

❶ 「願」上，疑脱二字。清鈔本「他」作「它」。四庫本此句作「王劉與應阮」。

❷ 「氈」，清鈔本作「羶」。

送璉老

湘中應山古道場，❶復有蛾眉道人住。昔日三生藏裏來，今朝十二峰前去。杖錫飄然别故人，笑望梅花理征路。我曾問公五宗派，電掃群生小見解。直指萬法無盡身，坐覺靈光滿沙界。辯舌横放傾天河，峥嵘整頓禪宗壞。吁嗟我生在儒門，儒門大業無人論。滔滔姑想天之下，衣冠滿目如雲屯。焚香再拜願聖主，一統三教清乾坤。

水心亭

水從靈潤來，清泚不可污。經過我亭下，妙見涓涓處。見世事如何，❷欲説豈無路。百丈生潮頭，一勺本性具。經紀大地間，形勢中國著。江漢荆襄望，河渭關洛固。衡山折底柱，觸石堆灩澦。沄沄三千丈，瀁瀁四海布。豈不有巖阻，盈科演然去。豈不有隄防，潤下涣無住。畇畇青山田，渺渺均滃注。蕩蕩白虹舟，飄飖任奔翥。來者無終窮，濟者無量數。周流造化功，妙體不競愫。寄語觀水人，事不在章句。

同伯氏還鄉

江村沙暖葽蒿長，味比枸杞新甘香。茁茁荻芽生近渚，紫花臺萊初未嘗。白羊烏狶俱在牧，❸茅舍竹

❶ 「應」，清鈔本作「隱」。
❷ 「世」，清鈔本、四庫本作「處」。
❸ 「狶」，四庫本作「牸」。

籬□故鄉。❶人生未必須富貴，萬里且願身康强。❷徑買官場舊醅酒，共醉春風殊未央。

桃源行

北歸已遇沅湘渡，❸騎馬東風武陵路。山花無限不關心，惟愛桃花古來樹。聞説桃花更有源，居人共得仙家趣。之子漁舟安在哉？我欲乘之望源去。江頭相逢老漁父，煙水蒼蒼雲日暮。投竿拱手向我言，桃源之説非真然。當時漁子漁得錢，買酒醉卧桃花邊。桃花風吹入夢裏，自有人世相周旋。酒醒驚怪告儔侣，遠近接響俱相傳。靖節先生絶世人，奈何記僞不考真。先生高步窘末代，雅志不肯爲秦民。故作斯文寫幽意，要似寰海離風塵。不然川原遠近蒸霞開，❹宜有一片隨水從東來。嗚呼！神明通八極，豈特秘爾桃源哉？我聞是言發深省，勒馬却辭漁父回。及晨徧覽三春色，莫便風雨空莓苔。

獨坐

卜居幽勝横山繞，五峰西望青冥杳。乍聚乍散看浮雲，時去時來送飛鳥。卷舒自在都無情，飲啄天然類不擾。我生何似鳥與雲，❺掉頭心向人間了。

---

❶「□」，四庫本作「是」。

❷「里」，清鈔本作「事」。

❸「遇」，四庫本作「過」。

❹「原」，清鈔本作「源」。

❺「似」，原作「以」，據清鈔本、四庫本改。

律詩

梅花呈孫奇父諸公

萬里春回過短牆，孤標亦似殿年芳。蕭疎月下天然瘦，澹佇風前自在香。❶寒色重時花正發，暖煙纔禁實先嘗。越人不向梁臺路，畫角一聲堪斷腸。

題友人養素軒

少時情意在滄洲，壯歲還知學孔丘。❷萬事只嫌心有病，百年不作夢中遊。紫泥詔下人須在，黃卷神開我自收。恥向紅塵浪奔走，看雲消盡意横秋。

春日郊行

東郊野馬爛氛氲，聊駕柴車問訊春。遠草緑沉煙霧裏，高花紅照綺羅新。迎風柳占鶯啼處，帶雨泥融燕觜匀。動植自私且自足，天邊愁殺踏青人。

---

❶ 「佇」，四庫本作「宕」。

❷ 「丘」，原作「邱」，避孔丘諱。後徑改。

和韓叔夏碧泉

靈源一派似河傾，隱映長天萬古情。林影淡搖秋月冷，澗翻先擬玉壺清。❶舊栽沿岸柳陰合，新種數株梅子成。誰引人來問消息，只緣山外有流聲。

題法輪寺

春色初收夏氣清，路分松檜入峥嶸。深盤岣嶁千峰下，遠抱瀟湘一綫明。大衆總迷身在處，三關除却道方平。山林若是有情住，何異紅塵争利名。

郭氏嘉山亭

衡山何似洛城居，不久從來亦不餘。赤縣人睎舊勳業，清閑身自富《詩》《書》。搜羅神化觀《周易》，略去玄黄陋太初。□□忘機湘水上，❷風和日淡看游魚。

湘中館

館瞰瀟湘畫不成，波瀾入海是通津。風吹枕席清無夢，煙覆江城曉變春。柳色幾回輕别首，梅花偏見遠征人。誰能不逐紅塵去，到處分明認得真。❸

---

❶「擬」，清鈔本、四庫本作「凝」。

❷「□□」，四庫本作「最是」。

❸「真」，清鈔本、四庫本作「身」。

和范公授

貧病離居莫厭侵，滿床黄卷静披尋。情通不擬天機妙，行到方知學海深。宇宙一身雖小小，乾坤萬象總森森。分明此意人難會，長望青衿肯嗣音。

紫蓋峰前作小圃，日親圃事，情見乎辭，呈伯氏兼簡彦達先生❶

有志從來不浪憂，只憂心不似前修。敷菑未竟已頭白，待穫忘情在晚秋。自覺才疎勝北海，又無經學震西州。甘爲稼圃南山下，長謝周公愧孔丘。

和伯氏

爲園非是學樊須，鋤罷歸來又讀書。董子不窺緣底事，陶公成趣愛吾廬。華枝瘦日應抬舉，草色回春莫剗除。長遣箇中消息在，此生何處不安居。

木石❷

□石平生性所便，❸栽花種柳亦天然。春風花發遊人見，秋月雲收照我圓。玩意隴雲情自逸，放懷天理道無偏。坐消白日千峰下，長嘯一聲箕斗邊。

---

❶「兼簡」，原無，據清鈔本、四庫本補。

❷「木」，四庫本作「水」。

❸「□」，清鈔本、四庫本作「水」。

碧泉九日有感

祝融地勢東南俯，西北星辰拱漢關。冷落山河憑玉几，凋殘民物損朱顔。西風凛凛鵬空轉，❶朔塞飄飄雁亦寒。❷正恐中原消息斷，問誰曾到五陵間。

雲日韜光山水幽，亭亭風送雁來秋。當時夜禊千華好，今日登臨萬葉愁。刻蠟桂香環遠路，縷金蓮色亂方舟。丹青妙處身知在，不作浮鷗信浪流。

吴承遠譏登山

胸中無滯是神仙，行止由來各有天。洞裏道人心怏怏，雲間遊子自翩翩。塵懷已逐山風掃，好意都從梅蘂傳。回首七香車上客，大家歸去莫留連。

和王師中

誰驚河凍履和霜，❸今日金湯古壞牆。未見主人來北道，但聞群盜去南塘。憂時我不嗟留滯，訪道公能適莽蒼。絳帳蚤移收歲晚，吟風弄月動衡湘。

---

❶「轉」，四庫本作「搏」。

❷「塞」，四庫本作「雪」。

❸「和」，清鈔本、四庫本作「秋」。

衡陽一冬飛清霜，❶李梅争春開出牆。萱草亂生封遠岸，柳梢摇影澮回塘。午從三徑春光動，晚看千峰冥色蒼。一止一行皆自得，憤時堪笑屈沉湘。

歲寒孤節厲冰霜，汲古門開數仞牆。朔塞煙雲封赤縣，陽關盃酒絶青塘。無才空自憂當世，不宰應難怨彼蒼。獨坐獨行求侶伴，澗蓴山蕨願同湘。

和　人

天柱新詩缺嗣音，幾回開卷静披尋。眇綿今古乾坤大，盤桓華夷海岳深。每愛躊躇興事意，不將勉强會天心。中原未必生涯盡，只恐吾人老自侵。

謁虞帝祠

有姚心妙贊乾坤，堯禹興亡賴兩存。蒲坂舊都西望遠，蒼梧陳迹事難論。九官効職群英聚，二女宜家聖德尊。萬代君王模範表，吁嗟一廟破荒村。❷

别吴衛道

學業應須見本根，語言無用苦評論。醇醪自昔懷公瑾，藥石誰今識孟孫。憑伏嬉遊試功力，隄防色厲

---

❶「冬」，四庫本作「帶」。

❷「村」，原作「材」，據清鈔本、四庫本改。

却淫昏。臨岐大愧無相贈，聊寫無詞示法門。❶

別全當可

一別賢關二十年，人間萬事儘悠然。堪嗟戎羯羶腥地，元是衣冠禮樂天。騎馬相逢南紀道，離尊同舉大江邊。此時景色如秋色，自古丹青妙莫傳。

書院即事

爲無經濟學，萬里築幽栖。波漲青冥闊，柳垂春色低。煙花薰小院，風竹掩丹梯。便是神仙宅，世人應未迷。

碧泉獨步

淅淅秋風動，前橋晚步還。小魚銜岸側，白鳥立溪灣。明月照秋水，淡煙籠遠山。此時知造物，憐我一身間。❷

---

❶「無」，清鈔本、四庫本作「蕪」。
❷「間」，清鈔本作「閑」，四庫本作「閒」。

雙井詠水仙有「妃子塵襪盈盈，體素傾城」之文。予作臺種此花，當天寒風冽，草木萎盡，而孤根獨秀，不畏霜雪，時有異香來襲襟袖，超然意適，若與善人君子處而與之俱化，乃知雙井未嘗得水仙真趣也。輒成四十字爲之刷恥，所病詞不能達，諸君一笑

萬木凋傷後，孤叢嫩碧生。花開飛雪底，香襲冷風行。高並青松操，堅逾翠竹真。挺然凝大節，誰説貌盈盈。

示二子

此心妙無方，此道大無配。妙處果在我，不用襲前輩。得之眉睫間，直與天地對。混然員且成，萬古不破碎。

體道識泰否，涉世隨悲歡。迹滯紅塵中，情寄青雲端。早年勤學道，晚節懶爲官。心活乾坤似，機員身自安。以上係二首

泉上

晨起步林丘，路經泉上頭。天邊日色下，水底浪花浮。沙浄蒲芽緑，風牽荇帶流。澄瀾立白鷺，細浪逐輕鷗。翠鳥來還去，修魚躍更遊。動成春色好，愈覺道情幽。田舍知何處，江湖興未收。徘徊不忍去，暝色冷如秋。

五峰亭

鑿山置亭榭，開沼放波瀾。❶松竹希微緑，菱蓮次第丹。風煙富清遠，氣象薄高寒。媚此千金軀，舍彼百慮攢。神嶽精靈動，人寰波浪漫。欒生憂亦集，徙倚徧闌干。

挽孫奇父

英雄割據裔，少年事豪俊。名勝翻然交，仁義以身殉。南州作吏師，西洛陪先進。情高尚禮樂，代季見戎陳。王師頻潰遁，我憤嬰疾疢。草廬卧江漢，僚幕資才俊。❷昭昭心自知，蹇蹇步不迅。乘風忽遠去，炎嶺善持慎。先君有顧懷，丈人踐忠信。相從寓衡山，時許闚牆仞。胸中學海深，舌本詞源濬。老矣猶《詩》《書》，饑來只薇菽。誅反誅天驕，❸氣凜如秦藺。無力獻廟堂，使得致忠藎。據古論孔周，及今佐堯舜。吁嗟民多瘼，慘戚天不愸。煢煢輤車行，遥遥渚宫殯。治命能不渝，❹有子孝而順。

---

❶「開」，原作「門」，據清鈔本、四庫本改。

❷「僚」、「俊」，原脱，據四庫本補。

❸「誅反」，清鈔本作「語及」。四庫本此句作「馬革誓裹尸」。

❹「渝」，原作「愉」，據清鈔本、四庫本改。

絶句

寵辱❶

寵辱無休變萬端，阿誰能向静中看。消磨利欲十分盡，免得臨機剖判難。

讀王國風

是誰行邁閔宗周，涙洒西風病不瘳。幸對南山無盡景，眼看雲物手搔頭。

蠶食

蠶食人間我厚顔，命成奇數故偷閒。不知世上山河大，終日徘徊水百間。❷

春事

横翠橋南柳色希，過橋春事那人知。❸君如就我問消息，新種海棠開兩枝。

和伯氏

走馬尋春西復東，夭桃零亂委殘紅。可憐日暮天低處，但有梨花弄晚風。

風高吹散日邊雲，緑水初回沙際春。逝者如斯長不住，汨羅愁絶笑靈均。

---

❶「寵辱」，原作「去望雲時問日如何」，潛園批改。清鈔本、四庫本與潛園校改文字同，今從。

❷「水百」，四庫本作「百水」。「間」，原作「開」，據清鈔本、四庫本改。

❸「那」，原脱，據四庫本補。

漁　子

瀟湘煙霧隱千重，風月磯綸在在同。笑傲飛帆名利客，扣舷都入瞑歌中。

小舟遊漾占江天，家在蘆花一縷烟。最是好風明月夜，❶棹謳相應亦忘筌。

贈　人

孝弟須知是本根，萬般功行且休論。聖門事業無多子，守此心爲第一門。

次劉子駒韻

忙中不識本來心，一點靈光自在明。只向静中尋底事，恐遭顛沛不員成。

心由天造方成性，逐物云爲不是真。克得我身人欲去，清風吹散滿空雲。

念良朋之難得，歎俗學之失真，❷因成二絶

湘山初見故鄉人，❸萬事不論惟論心。要識此心真面目，不知君意向沉吟。

章句紛紛似世塵，一番空誤一番人。讀書不貴苟有説，離得語言纔是真。

---

❶「小舟」至「明月」二十字，原作「寵辱」二字，是將前詩詩題竄入。潛園改作此二十字，且於眉端寫校語云：「據别本訂正。」清鈔本、四庫本皆與潛園校改文字同，今從。「花」，清鈔本作「華」。

❷「歎」，原作「難」，據清鈔本、四庫本改。

❸「山」，四庫本作「上」。

陳　平

陳平相業定何如，應對知君智有餘。不佐漢興三代業，區區心事六奇書。

項　王

快戰焉知霸術疎，烏江亭上獨欷歔。萬人三尺俱無用，可惜當年不讀書。

韓　信

成功全仗漢家兵，真是英雄不藉人。擒了項王知退步，定騎箕尾上天津。

中秋對月憶伯仲

人在西南分楚越，天轉金風更淒切。❶此時何事最關情，團圓獨對中秋月。

日照圃中

髮白逢春興更長，等閒花木亦芬芳。有時倚杖迎風立，日照川原細草香。

碧泉書院偶書花木，所有七首

自到湘南不見花，傳聞金谷舊人家。手培數本珍如玉，買得紅尖一寸芽。

妙手揮斤合杳冥，交加生氣便相停。栽培自剔根芽蠹，要見山川舊典刑。

武陵春色片雲紅，紅綻功歸暖日烘。青帝也應長作主，莫教隨水又隨風。

❶「更」，原爲墨釘，據四庫本補。

青松未結茯苓英，杞菊春風亦已生。藥物豈能增大數，栽培扶我暮齡行。

海棠初破紅如滴，楊柳新回緑似挼。把酒只愁春莫去，望雲時問日如何。❶

荼蘼裊裊弄柔條，亦自經冬解不凋。更有異香含素蘂，小槽能使客魂消。

白沙波底石苔青，水草摇摇自在生。紅日半竿人世鬧，倚闌亭上曉風輕。

和僧二首

西風吹我對秋光，要挽銀河萬里長。洗盡世人煩惱障，大家無事得清凉。

自學生緣徧大千，❷閉關終日看爐煙。有人會得箇中意，一語不彰天下傳。

四月八日示澄照大師

今朝浴佛事如何，清浄心田也洗麼。塵垢不知何處得，古來明月照江波。

偶　書

一丘自足更何營，萬里神州長在眼。莫愁風景異山河，晴天雲蔭青峰晚。

---

❶ 「去望雲時問日如何」，原作「小舟游漾占江天家在蘆花一縷煙最是好風明月夜」，潛園批改，與清鈔本、四庫本同，今從。

❷ 「學」，清鈔本、四庫本作「覺」。

和馬大夫闢佛五首

真諦休談欲度人，度人先自正其身。天倫棄擲如蕭梗，反認他親作己親。

諸子隨流本既分，西天更有一般僧。高談性命稱仁者，支遁悠悠莫可憑。❶

三綱亡有辨夷華，一處分明萬不差。可怪棄君逃父客，妄談心印自雄誇。❷

天開學海在明倫，中有妙處誰能臻。風波浩渺不得渡，傾向浮屠去問津。

貪真不去只談空，近代禪林盛此風。憂世最憐秦地老，指迷端有洽中公。

和僧碧泉三首

清泠空色似秋澄，疑集群仙擁萬靈。深處有香春不斷，波間藻荇四時青。

人似春花自在開，本無根蒂孰栽培。一番零亂一番長，不是前花去又回。

山根泉發瀾生凝，亭上風微浪自平。汩汩長年流不住，無言千古意分明。

和伯氏聞雁

隨陽群雁逐雲低，望斷孤鴻萬里飛。不爲江湖稻粱樂，幾時大許送春歸。

---

❶ 「支」，原脱，潛園補，且於眉端寫校語云：「據別本補『支』字。」校清鈔本、四庫本作「支」字，今從。

❷ 「雄誇」，原作「誇雄」，據清鈔本、四庫本改。

朱元晦寄詩劉共父，有風藉溪先生之意，詞甚妙而意未員，因作絶句三首❶

雲出青山得自由，西郊未解如薰憂。欲識青山最青處，雲物萬古生無休。

幽人偏愛青山好，❷爲是青山青不老。山中雲出雨乾坤，洗過一番山更好。

天生風月散人間，人間不只山中好。若也清明滿懷抱，到處氛埃任除掃。

和劉子駒存存室

動中涵静是天機，静有功夫動不非。會得存存存底事，心明萬變一源歸。

靡　草

陰陽妙合互藏精，萬事森然各有神。❸靡草露機坤是復，野龍交戰指迷津。

雨　急

雨急落花零亂，風微翠草蒙茸。❹花亦何心怨雨，草都無意酬風。

❶「因作絶句三首」，潛園於眉端寫校語云：「别本作『因作三絶』。」清鈔本、四庫本作「因作三絶」。

❷「偏」，原作「徧」，據清鈔本改。

❸「事」，清鈔本、四庫本作「物」。

❹「翠」，清鈔本、四庫本作「吹」。

披襟

小小池臺亭榭，披襟風月清明。不向情邊造化，❶知音遍滿乾坤。

書懷四首

秋風送盡炎威，日色凄凉半掩。皇天不斷春工，紅我芙蓉萬點。

含笑花開洲上，忘憂草發臺邊。底事當憂莫忘，忘時便是無天。

臺上忘憂草發，洲前含笑花開。世路顛冥堪笑，旁觀心自休哉。

來時見花開，去時見花落。花落花開一任風，吾生處處生安樂。❷

憶伯氏三首

又見雁南飛，遠行人未歸。西風吹白髮，肌瘦不勝衣。

又見雁南飛，行人幾歲歸。朔風吹病體，獨對雪霏霏。

又見雁南飛，遠人音信稀。東風吹夢去，一見貌頎頎。

偶書四首

道抱陰陽妙，天行日月長。花開千種麗，葉下一般黄。

---

❶ 「化」，清鈔本、四庫本作「作」。

❷ 「生安」，清鈔本作「皆亦」，四庫本作「皆真」。

青山萬古色，幾人曾賞心。蕭蕭木葉下，我坐復沉吟。

獨坐千峰下，眷焉起徘徊。❶有誰相共笑，遥見隔溪梅。

衡嶽望嵩少，屹然河漢間。浮雲自來往，❷誰肯拓關山。

題齊雲閣

道人南山來，萬里青雲開。去念見本性，聚散真悠哉。

張良

六國萬億人，誰是報讐者。壯哉博浪沙，一擊震天下。

實弟以詩來督作會，❸又因太原姪寄聲欲作不速，此文人狂客所爲，非素所望也。今以五絶奉寄，雖小阻高興，若能從而繹之，則有味矣

我病死無日，經書更窮研。❹少年宜若厲，詩酒勿留連。

苦參道學難，❺放肆事容易。入脚不可深，駸駸成自棄。

---

❶「眷」，四庫本作「偶」。

❷「浮」，原作「溪」，據清鈔本、四庫本改。

❸「會」下，四庫本有「文」字。

❹「研」，四庫本作「年」。

❺「學難」，清鈔本、四庫本作「難學」。

天道方愈怒，在人宜敬身。望於經史内，嚴自作工程。

歲月易逾邁，❶入門事業難。❷戰兢曾子意，豈可遂闌珊。

我祖生文定，傑然繼真儒。門風早衰颯，吾弟意何如。

❶「易」，四庫本作「嘆」。

❷「門」，清鈔本作「間」。

五峰胡先生文集卷第二

書

上光堯皇帝書

臣聞二帝三王心周無窮，志利天下，而己不與焉，故能求賢如不及。當時公卿大夫體君心孜孜盡下，以進賢爲先務，是以上無乏才而山林無遺逸之士。士得展其才，君得成其功名，君臣交歡而無纖芥形迹存乎其間。逮後世衰微，心不及遠，智不周物，❶據天下利勢而有輕疑士大夫之心，於是始有遯世不返、寧貧賤而輕世肆志者；於是始有奔走於名利之途、納交於權勢之門以僥倖富貴者。二者雖有間矣，而均爲不仁。然則孔子所干者七十二君，有近于僥倖富貴矣；孟子不見諸侯，有近於輕世肆志矣。而後世仰慕以爲宗師，而不以爲不仁，何哉？聖人仁以爲體，義以爲用，與時變化，無施不可。學聖人者，以仁存心，以義處物，相時而動，亦豈必於進退哉？

❶「智」，四庫本作「志」。

臣生而愚直，力慕高遠，以聖人之道爲必可行，以聖人之政爲必可復，以天下之衰爲必可振。抑又身逢亂離，窮處山林，閱人世之紛紜，知天心之神化。口誦古聖之文，❶心推今日之事。静觀興替，動見幾微。方胡馬之憑陵，痛王綱之不振。陛下宵衣旰食，招延多士，講論治道。臣於斯時，潛光獨善，有懷不陳，❷豈不負臣素心，上幸聖世，失仲尼、孟軻之旨哉？輒忘微賤，謹用所聞，揆天下之事，陳王道之本，明仁政之方，上干天聽。

臣聞治天下有本，修其本者，以聽言則知其道，以用人則知其才，❸以立政則知其統，以應變則知其宜。何謂本？仁也。何謂仁？心也。心官茫茫，莫知其鄉，若爲知其體乎？有所不察，則不知矣。有所顧慮，有所畏懼，則雖有能知能察之良心，亦淪没於末流，浸消浸亡而不自知，此臣之所大憂也。

夫夷狄據形勝之地，逆臣僭位於中都，牧馬駸駸，欲争天下。臣不是懼，而以良心爲大憂者，蓋良心

❶「聖」，清鈔本、四庫本作「先」。

❷「不」，原脱，據清鈔本、四庫本補。「陳」，原作「臣」，據清鈔本、四庫本改。

❸「道以用人」至「應變則知其」二十一字，原無，潛園補入，且於眉端寫校語云：「據舊抄本補廿一字。」清鈔本、四庫本有此廿一字，今從。

者，❶充於一身，通於天地，宰制萬事，❷統攝億兆之本也。❸故孔子作《春秋》，必書「元」，立本以致大用；孟子告諸侯，必本仁術以行王政。元，即仁也。仁，人心也。心一也，而有欲心焉，有道心焉。不察乎道而習於欲，則情放而不制，背理傷義，秉彝仆滅，懿德不敷於行，而仁政亡矣。是故察天理，莫如屏欲；存良心，莫如立志。陛下亦有朝廷政事不干於慮，❹便嬖智巧不陳於前，妃嬪之佳麗不幸於左右矣。陛下試於此時沉思靜慮，方今之世，當陛下之身，事孰爲大乎？孰爲急乎？必有歉然而餒，惻然而痛，坐起彷徨，不能自安者。則良心可察，而臣言可信矣。大廷而朝群臣，❺守是心而推之於事；退便殿而幸便嬖，亦守是心而推之於事；入燕寢而御妃嬪，亦守是心而推之於事。凡無益於良心者，勿爲可也。念茲在茲，持之以久，優柔自進，❻則邪説橫議將逆於耳，正言篤論將當於心，智慮日益高明，功名日益光大，夷狄之暴庶幾可禁，叛逆之臣庶幾可滅。苟不察心之病而大變焉，則身不能自信，何足以孚民心，動天意哉？孟子曰：「至誠而不動者，有矣。不誠，未有能動者也。」昔舜以匹夫爲天子，瞽瞍以匹夫爲天子父，受天下之養，夫豈不足

❶「蓋良心者」，原無，潛園補入。清鈔本、四庫本有此四字，今從。
❷「事」，四庫本作「物」。
❸「也」，原無，潛園補入，清鈔本、四庫本有此字，今從。
❹「有」，潛園改爲「以」。
❺「大」上，四庫本有「坐」字。
❻「優柔自進」，清鈔本作「擾柔日進」。

於窮約哉？而瞽瞍猶有不悦焉。自常情觀之，舜可以免矣，而舜蹙然有憂之，舉天下之大無足以解憂者，惟自强不息，以成其仁。其憂不得乎親之切乃如此。

恭惟太上道君皇帝身享天下之奉幾三十年；淵聖孝慈皇帝生於深宫，享乘輿之次，以至爲帝。一旦劫於夷狄，遠適窮荒，衣裘失司服之制，飲食失膳夫之味，居處失宫殿之安、妃嬪之好，動無威嚴，辛苦墊隘。其願陛下加兵夷狄，震之以武。心目睽睽，猶饑渴之於飲食。庶幾夷狄知懼，一得生還，父子兄弟相持以泣，歡若平生。引領東望，九年於此矣。

夫以臣之疎賤，念此痛心，當食則嗌，未嘗不投箸而起，思欲有爲，況陛下當其任乎！而在廷之臣不能對揚天心，充陛下仁孝之志，反以天子之尊，北面讐虜。陛下自念，以此事親，於舜何如也？且群臣智謀短淺，自度不足以任大事，故欲偷安江左，貪固寵榮，皆爲身謀耳。陛下乃信之，以爲必持是可以進撫中原，展省陵廟，來歸兩宫，亦何誤耶！夫夷狄等於狼虎，其好殺喜搏之心烏有限制？食其肉，寢處其皮，然後可得安枕而卧也。苟順其所欲而不吝，名號土地人民貨財以委之，正是以肉投虎，肉不盡，其搏噬不已。臣不知陛下何負於群臣，❶而群臣誤陛下乃至於此。

自初年至於今，益已久矣；義士之心，益已怠矣；百姓之心，益已安於亂矣。陛下不早自爲計，廣攬英

❶「不」，原無，據清鈔本、四庫本補。

雄以自輔翼，❶繩心之愆，糾心之謬，憂不如舜力行不倦以感動天下，臣恐四方豪傑有以窺朝廷淺深，無肯爲國家盡力者也。抑臣又聞之，湯有天下，聖賢相繼，臣服諸侯，五百餘年。及紂一爲淫虐，周武興兵誓衆，乃以爲世讎，❷誅之不赦。自常人觀之，武王之舉豈不過歟？而孔子定《書》，取以爲後世法者，蓋作民君師，代天而爲之子，其自任不得不如是也。

今海内大亂，二聖播越，元元叩心歸命，陛下威福大權豈異人任！東夷小醜深入諸華，刦遷天子，震驚陵廟，汙辱皇家，❸害虐蒸民，此萬世不磨之辱，臣子必報之讎，子孫之所以寢苫枕戈，弗與共天者也。其宜爲讎，孰與紂？而陛下顧慮畏懼，忘之不敢以爲讎。臣下僭逆，有明目張膽、顯爲負叛者，有協贊亂賊、爲之羽翰者，有依隨兩端、欲以中立自免者。夫既爲人臣而敢持二心，干紀逆節，反易天心，❹其宜誅也孰與紂？而陛下顧慮畏懼，寬之不敢以爲討，豈不與武王之志異哉！守此不改，是祖宗之靈終天暴露，無與覆存也；父兄之身終天困辱，而來歸之望絶也；中原士民没身塗炭，無所赴愬也。陛下念亦及此乎？故以和，則失事親之道，而害隨之；以戰，則得事親之道，而利隨之。其是非至易明也。然不求於本，故大論紛

❶「攬」，原作「覽」，據清鈔本、四庫本改。
❷「世」下，原有「仇」字，據清鈔本、四庫本删。
❸「皇」，四庫本作「王」。
❹「反易天心」，四庫本作「反行天道」。

紛，至今未定。孟子曰：「天下之本在國，國之本在家，家之本在身。」修身，本於正心。❶正心，本於誠意。所謂誠其意者，毋自欺而已。朝廷之上可自欺也，而四方不可欺也，❷而天地鬼神不可欺。善惡之應，急於影響，不可以不察也。

伊尹曰：「皇天無親，惟德是輔。民心無常，惟惠之懷。」又曰：「作善，降之百祥；作不善，降之百殃。」臣愚願陛下察天理，存良心，以身先群下，深憂如大舜，自任如周武，❸不牽於姑息之仁，不懾於强暴之威，立復讐之心，行討亂之政，積精積神，神而化之，❹與民更始。實宗社無疆之休也，豈特紓目前之禍而已哉！

臣聞三綱，人之本性；神化，天之良能。堯、舜、禹、湯、文、武恭己盡性，德合於天，一言一行，當物情之精，中民心之會，利用出入，民所共由。故精神感通，折衝萬里，天下心服，莫測其用。《易》曰「聖人以神道設教而天下服」，此之謂也。若夫德不能盡倫而三綱廢缺，昧於神化而政不能盡制，乃以智術利勢相傾者，則夷狄而已矣。

❶「本」，原作「在」，據清鈔本、四庫本改。。
❷「可」下，原有「自」字，據清鈔本、四庫本删。
❸「如」，原脱，據四庫本補。
❹「神」，原無，據清鈔本、四庫本補。

夫天下萬事各以類應，居中國而夷狄行者，❶必有夷狄之禍。周自平王東遷，王者迹熄，四夷交侵，然先聖之遺澤尚存，五伯猶能明大義，攘而斥之。然中國之道自此日敝，夷狄之風自此浸興。是以秦得逞其智力，滅六國，君天下。原其父子君臣之際，莫有當於禮義者，雖曰中國，實夷狄耳。立甫十三年，天下共起而亡之。

漢鑒其敝，法古先之餘烈，崇尚經術，留意三綱，政治淳簡，用智術而不專，行利勢而不縱，王道雖微缺，而正論未衰也。是以終漢之世，無夷狄之禍。

自此以降，如曹魏、晉、宋、齊、梁、陳、隋得尊位者，皆本於篡弑，以三綱爲虚假，以神化爲茫昧，以智術爲紀綱，以利勢爲權柄，前後相因，莫之能革。故五胡雲擾，愍懷遷死，神州陸沈，蹙居江表，終不能討夷狄、踰河而北定中原也。

李唐因隋失道起義兵，平暴亂。太宗創業，雖有英雄之略，身致太平，然三綱不立，家道内亂，近於夷狄，繼世因仍，❷又有甚焉。❸故禄山、思明豕突上京，窺竊神器，吐蕃、回紇連年侵暴。賴忠臣之力，僅克興復。雖夷狄少衰，而藩鎮跋扈，陵夷至於五代，夷狄制中國之命矣。迹其行事，皆以類應，非偶然也。昔孔

❶「夷」，原作「不」，據清鈔本改。
❷「世」，原脱，據清鈔本、四庫本補。
❸「甚」，原作「世」，據四庫本改。

子作《春秋》，謹華夷之辨，其旨深且遠，可不察歟！ 及本朝開基，太祖皇帝受命，市不改肆，得之以大功，受之以天命，綱本既正，神化斯孚，削平僭僞，如指諸掌。 西北二邊雖有動摇，終焉稽首。

及丞相王安石輕用己私，紛更法令，不能興教化、弭姦邪心以來遠人，乃行青苗，建市易，置保甲，治兵將，始有富國强兵、窺伺夷狄之計，棄誠而懷詐，興利而忘義，尚功而悖道。 人皆知安石廢祖宗法令，而不知其并與祖宗之道廢之也。

邪説既行，正論屏棄，故姦諛敢狹紹述之義，❶以逞其私。 下誣君父，上欺祖宗，誣謗宣仁，廢遷隆祐。使我國家父子君臣夫婦之間頓生疵厲，三綱廢壞，神化之道泯然將滅，綱紀文章掃地盡廢。 遂致夷狄外横，盜賊内訌，天師傷敗，中原陷没，二聖遠棲於沙漠，皇輿僻寄於東吴，囂囂萬姓未知攸底，禍至酷也。

若猶習於因循，憚於變易，不大剗革，正三綱之本性，❷邪説横議者不廢，干紀逆節者不誅，法不守道，誅不守義，昧神化之良能，長智術利勢之心。 行簿書期會之政，文繁實寡，僞長喪真，上下相蒙，莫肯致察，大吏棄置法令，小吏貪冒無恥，姦贓偏於郡縣，元元無所告訴，意愁心結，思所以自達於上者，❸非智術利勢

❶ 「狹」，四庫本作「挾」。
❷ 「正」，原脱，據清鈔本補；四庫本作「以返」，且無下「性」字。
❸ 「達」，原作「遠」，據清鈔本改。

無由也。❶于是億兆之心交騖于智術利勢矣。

上以利勢誘下，下以智術干上，犯法者不必誅，亂政者不必退。是非由此不公，名實由此不核，賞罰由此失當，亂臣賊子由此得志，人紀由此不脩。以臣干君，以賤干貴，子不聽於父，弟不聽於兄，夷狄不聽於中國，天下萬事倒行逆施，人欲肆而天理滅矣。殘賊之政暴著天下，危亡之憂日以益甚，孟子所謂「由今之道，無變今之俗，雖與之天下，不能一朝居也」。將何以異於先朝，求救禍亂而致昇平乎？

然上而公卿之議，下而士大夫之論，習以殘賊爲常，更爲當今之亂，將卒不精練，兵甲不堅利，饋餉不豐給，城池不高深之過也。昔商紂百克而卒無後，項羽百勝身死人手，秦倉以資劉、項，隋洛口以資李密，楚城郢而昭王出，大城陳、蔡、不羹而乾溪之師潰。故孟子曰：「城郭不完，兵甲不多，非國之災也；田野不辟，貨財不聚，非國之害也。上無禮，下無學，賊民興，喪無日矣。」臣是以願陛下深念三綱，潛心神化，明脩政事，大革風俗，使卓然與夷狄叛逆相反。則中國之道立，而夷狄之叛逆可破也。

昔孔子匹夫耳，天下無王，❷猶以身當天運，作《春秋》，承帝王之烈，行二百四十二年南面之事，誅伐亂賊，扶持三綱。况陛下居得爲之位，天開聖性，明於《春秋》，又有能爲之資乎！誠能更加聖心，勿牽制於文義，毅然討亂賊，定名分，正三綱，窮神化，日新厥德。九重朝誠，四海暮應，豈與漢、唐行智術利勢，與英雄

❶「無由」至「利勢」十六字，原無，據清鈔本、四庫本補。

❷「王」，四庫本作「主」。

角力角智而後臣之，葸葸然常恐臣妾之軋己者比乎！德格皇天，❶恩施萬姓，四夷歸命，豐功偉績，何憂于豫賊？何畏乎金寇耶？

臣原其要，亦曰「言舉斯心，加諸彼而已」。陛下念之，父兄之望，天下之願也。《傳》曰：「天生民而立之君，使司牧之，勿使失性；有君而爲之貳，使師保之，勿使過度。」是以堯舜爲天子，不樂尊位，而憂先輔佐。輔佐之重同于天地，❷必也相知以心，相輔以仁，外託君臣之分，中結朋友之義，吉凶成敗，相與同之，死而不變，然後爲盡其分矣。豈以言合意，行順旨，不問諸左右，不詢於大夫，不訪於國人，格天下公議而用之乎！

陛下自登大位，所命輔相多矣，然皆用之驟，退之速，豈其失於易有未慎而然乎？❸豈其以己私好惡不以天下之公而然乎？豈其悦人之佞惡人逆己而然乎？昔成湯之於伊尹，高宗之於傅説，皆一舉而終其身，既得久於其位，故政令綱紀有常而不紊，❹可久而不變。此其所以能創業興衰者也。陛下今欲任輔相，

---

❶「德格」至「憂于」十九字，原無，潛園補入，且於眉端寫校語云：「據舊抄本補十九字。」清鈔本、四庫本有此十九字，今從。清鈔本、四庫本「于」作「乎」。

❷「輔佐」，原無，據清鈔本、四庫本補。

❸「易」，原作「湯」，潛園改爲「易」。清鈔本、四庫本作「易」，今從。

❹「政」，原作「改」，潛園改爲「政」。清鈔本、四庫本作「政」，今從。

以二君爲法可矣。臣嘗思之，陛下所以不然者，其以未知群臣心志才德，❶將廣攬徧試，以識其賢不肖而後決進退之歟？臣恐計之疎也。昔禹思天下有溺者，猶己溺之，孜孜不倦，惜失寸陰。況陛下大讐未報，叛臣未誅，封疆日蹙，危亂交至？義之不可以已，孰若大禹？迫切於心，不可以怠，孰若大禹？陛下誠蓄乾元之德，施剛果之用，以大禹之事反求諸心，則輕重緩急可知，必不肯一日苟安其居矣，又何忍以九年之久嘗試群臣哉！

臣恐憧憧往來，朋從爾思，不足以傷賢於耕樂之陋也。是以在廷之臣，類皆苟媚，道尋常之言，理精微之故，虛延歲月，曾不能因時先事發憤慷慨，一爲陛下明陳斯道，致行期義，而黄金横帶坐於廟朝，更出迭入，傳呼輔相，孰有赤心許國不以浮名浮勢動其心者！大臣如是，則人主最病。臣原其本，亦人主之誠不至而自病也。曷不改更心慮，恭默思道，積誠於内，感通英賢，進而任之，使久於其位；責以功實，❷無爲坐費歲月，棄機會，縱讐逆而不治，使義士聞之而解體，姦雄闚之而動心也。群臣亦知以是爲憂，爲陛下言之乎！

夫欲成王業者，必用王佐之才。所謂王佐之才者，以其有王者事業素定於胸中也。故一旦得君，舉而措之，先後有序，綱施紀布，望道期功，如臂運指，莫不從心。今夫奕之爲數，小技也，規勢不先定，猶不能取

---

❶「其以」，原作「以其」，據清鈔本、四庫本改。

❷「功」，原作「恭」，潛園改爲「功」，且於眉端寫校語云：「據舊抄本改。」清鈔本、四庫本作「功」，今從。

勝。況欲興衰撥亂，倚任輔相，而用嘗試其術之人，僥倖以望成功，必不可得矣。

夫輔相者，百官之精選，人才之所自進，政事之所由定。陛下輕以授人，使各以類進，則執政侍從之臣可知矣，外臺耳目之寄可知矣，郡縣民之師帥可知矣，所以寄閫外却敵折衝者可知矣。廊廟非其人，則淺近之言日進，理義之論不聞，而是非亂於天下矣。監司非其人，則剌舉之政不行，黷貨懷姦、舞文弄法之吏得以臆逞，❶履正奉公、清修惠化之士無以自進，而名實亂於朝廷矣。守令非其人，則政繁賦重，民力殫竭，而盜賊起於困窮矣。將帥非其人，則敵讐外縱，蚌孽內生，而披枝傷心之禍萌矣。故人主之職，在論一相。

昔燕、齊，敵國也。昭王得一樂毅，而猶能以弱燕破强齊，而克仇報怨。今中原，陛下之舊，一則夷狄，一則叛臣。以名，則華夷非敵；以義，則叛逆之臣不可與我抗也。誠得賢士，❷舉而任之，使盡其職，則天下之善何所不進？正名定罪，任天下武勇起義兵，從西北思歸之士以誅暴亂，何所不克？

臣歷觀前古，天下未有無臣之世，患在人君好臣其所教而不好臣其所受教，則盛德之士不可得而官矣；好柔佞而惡剛直，則守正之士不可得而用矣；安齷齪而忘英果，則高才之士不可得而使矣。陛下必欲致士，能絶是三者，勿萌於心，絀權數，仗誠信，忘利勢，與天下之士相期于道義，則真儒命世之才將爲陛下出焉。或不若是，則詑詑之聲音顔色拒人於千里之外。士止於千里之外，而讒諂面諛之人窺伺乘間，僥倖

❶「舞」，原作「無」，據清鈔本、四庫本改。
❷「誠」，原作「試」，據清鈔本、四庫本改。

競進。權在輔相，則黨於輔相；權在閹宦，則黨於閹宦；權在將帥，則黨於將帥。欲固其寵，遂相擠陷，不論人之賢否，不計事之是非，不顧國之安危，苟可以傾人而便己者，無不爲矣。陛下亦安能人人而察之哉！

古者，聖王制爵位，所以明等級也；制寵禄，所以奉名器也。以此防民，猶有尸位素餐惟利之徒棄君如土梗弁髦莫之卹者。況人君自以爵位寵禄爲己私，則天下安知爵位爲明等級之義乎！❶安知寵禄爲奉名器之禮乎！君以富貴畜其臣，臣以富貴懷其君，而百官皆不知其職矣。在官者，無他事，大抵轉相承奉，務以榮進相先。❷欲綱紀文章之不墜，禍亂釁孽之不滋，❸其可得乎！

夫官人之義，以其賢也，以其才也。用其賢才，蓋爲民也。唐、虞、三代，莫不爲事設官，爲官擇人，君無姑息之命，臣無希冒之心。當斯時也，上法一而百度張，下心清而萬事理，遠邇肅安，封疆靖固，四夷歸命，而無狂狡之憂。譬之人身，血氣强盛，膚革充盈，自然陰陽之寇不作，而邪厲之氣不能干也。今世則不然，爲人設官，爲官造事，冗濫交錯，仰食縣官，❹侵漁百姓，壞風俗，亂政事。

往中原時，提封萬里，郡縣以百千計，論者猶以爲將不勝其敝。今地益狹隘，州縣無幾，士大夫自西北

❶「知」，原作「位」，潛園改作「知」，且於眉端寫校語云：「據舊抄改。」清鈔本、四庫本作「知」，今從。
❷「相」，四庫本作「爲」。
❸「孽」，四庫本作「隙」。
❹「官」，四庫本作「吏」。

而東南者，不知其幾千萬人矣，自東南而官者，不知其幾千百人矣。郡縣荒殘，百事宜簡，而官吏猥衆，上官大吏各私其親，不遵法制，移易往來，曾無定止，互相攘奪，不顧是非，受賄納賂，法禁不行，姦豪得志，暴虐日敷，根本摇動，大命將泛，流蕩而不可止。❶天下無事，食君之禄；天下有變，拱手圜視而不能救。則又有乘時僥倖，冒功射利，爲國結怨於民而增益禍亂者。

陛下操予奪之柄，握刑賞之威，胡不自爲深計，黜闒冗之官以俟英賢，奪冒濫之職以屈高士。大計若干職，定置若干員，於今在官者，按實功罪，誅賞必行。任官稱職者，使久於其位；過惡已彰者，編之於民，終身不齒；志氣不立、事業不修者，皆賜罷；其有學行未成者，歸之於學。庶幾官約事省，爲政有經，民聽不惑，而危亡可救矣。

或者以爲行此之政，則必大致煩擾，失人心，爲金夷豫賊斲才，豈不殆哉！臣痛之曰：夫國之所恃而上之所保者，億兆之心也。若夫士大夫乘君子之器而爲小人之行者，乃生民之蠹，國之賊耳。汰而黜之，則得民心。所去者寡，而所安者衆；所去者姦惡，而所安者善良。計道義，權輕重，則所爲失人心者，乃在彼而不在此矣。昔紂爲天下逋逃主，以有億兆夷人，而武王以三千人滅之。縱使仇敵得吾逋逃之士，是皆不忠不孝商紂夷人比耳。適足爲吾取勝之資也。苟或恐懼，動於浮言，不黜衰敝之士，則衰敝之政不更，而衰敝之俗不革。亂不息，威不振，而討逆復仇之兵未易舉矣。

---

❶「止」，原作「正」，據清鈔本、四庫本改。

延日引月，上陵下替，❶陛下春秋鼎盛，明並日月，威若雷霆，乃行小不忍，而棄大謀，高拱以成土崩之禍，生奸雄心，臣竊爲陛下懼焉。

臣聞堯授舜以天下，其付託丁寧之言曰：「衆非元后何戴？后非衆罔與守邦。欽哉！慎乃有位，敬修其可願。」夫衆所願者，飽食煖衣，仰有所事，俯有所育而已。后體元而仁覆天下，則衆得所願而歸戴之；后不體元，爲政不仁，無以保天下，則民擇仁厚而歸之。其心豈有常也！故大禹力平水土，拯民之墊，以有天下；桀不能守，滅德作威，而民歸於商。稷降播種，以救民饑，至文、武而有天下；幽、厲不能守，肆行暴虐，而民歸於五伯。此已然之明驗也。

本朝祖宗厚養天下，當時父老蒙恩被澤者已死已亡。後來子孫自王安石爲政，崇尚掊克，與民争利，獄訟繁滋，民不得安息。加以庸邪繼軌，閹宦握兵，求便其私，不爲國計，内修宫室、治苑囿，外拓邊疆、築城編栅。❷常賦不充，移易經費；經費不充，始有横斂；横斂不充，公私俱匱，天下力竭財盡。雖有感恩戴德之思，❸迫於威虐，如火銷膏，祖宗之澤日益斬矣。故金戎未動，而方賊已稱兵於江表，群盗已充斥於太行。❹

❶「上陵下替」，清鈔本、四庫本作「下陵上替」。

❷「編」，四庫本作「立」。

❸「思」，四庫本作「私」。

❹「太」，原作「大」，據清鈔本、四庫本改。

及其内侮，民無殺敵保家之志，望風崩潰，乘時爲盜，發其亂心，僥倖富貴，以偷安須臾，遠近繼起，連年未定。然則民心果有常，而祖宗之澤果可恃乎？陛下亦自强於爲善可也。

往中原時，國家全盛，提封萬里，鄉邑聚落，財物阜豐，所在百姓以億計，猶不能堪上命，以及敗亂。逮今地益狹隘，皆寇盜剽掠之餘，賊殺之殘也。生者流離，死者暴露，哭泣之聲未絶，傷夷者未起，怨恨愁痛，感傷和氣。故長星亘天，日食地震，川騰海溢，雷雹雨雹，愆時失序，木冰竹枯，❶災異荐臻。陛下即位，厲精求治，九年於兹。若之何民猶未安而天下猶未應乎？

臣深探其本，蓋陛下體元之功未加焉。是以聽善不明，擇善不審，執善不固，官人失賢，行政失禮，❷雖有愛民之心，屢下寬恤之詔。而有司壅遏，大命不能承流宣化，實惠不施於民。誅之如禽獸，取之如漁獵，發求無度，科斂無已，脅之以勢，劫之以威，官得其一，吏隱其九，號呼蒼穹，天聽悠遠，慘毒切於肌膚，凍餒迫於憂慮。其致敗亂，豈與中原比哉！必天有其定焉者矣！❸雖軍旅日興，糧餉器甲資於民，金帛乘車資於民，不發求科斂，則軍旅坐困，無以禦敵；發求科斂，而民益困，邦本先蹷，於軍旅何有哉！

然則奈何？亦選明正沉毅之士，天子親擢，寘於中臺，勤加勞問，任以爲朝廷天下耳目，勿使爲輔相權

❶「冰」，原脱，據四庫本補。清鈔本作「水」。
❷「禮」，清鈔本、四庫本作「理」。
❸「定」，四庫本作「意」。「天有其定焉」，清鈔本作「又有甚焉」。

勢鷹犬，信而聽之，聽而行之，以靖朝廷。然後明白公正精華之士出使郡縣，❶察舉可任，功賞可責，可以平政理訟，革邪歸正，姦盜不逞，使民有所赴愬矣。雖有不得已而調斂，均平無頗，盡入於公，用於有益，民孰不願輸也哉！孔子曰：「均無貧，和無寡。」如是，而軍實不充者，未之有也。

雖然，此可以救目前之急耳。必欲足食足兵，爲久遠可行之政，❷則莫若治其本矣。三代之時稅以出粟，賦以供車，無關市之征，無鹽銅之利，無榷酤之法，無稱貸之益。而天下財力日憂不足，海内有變，則剥膚椎髓，痛酷慘急之威猛於虎、烈於火，絶其生生之路，取之猶不足給。何三代不盡利而富，後世盡利而窮乎？臣竊思之，財者，天地有時，四民致功者也。❸取財于天地，則無窮；取財于四民，則有盡。

古者，溥天之下，四民而已，民無不食其力者。自漢、唐以來，游手滋衆，上無制以革其濫，下無學以推其弊，兵不本於農，人不食其力，爲之者寡，而用之者衆。臣請舉其大者，夫興師十萬，日費千金，靡然騷動者七十萬家，而後十萬之師舉。是故聖人教兵於鄉遂，以行師動衆爲毒天下，而未嘗輕用之也。歷代興廢，制雖不同，然皆隱兵於農。及李唐中季，漸壞舊章，兵農始分，全家坐食，是日日毒天下無時而已也。❹況

❶「華」，清鈔本、四庫本作「强」。

❷「政」，四庫本作「計」。

❸「致功」至「四民」十七字，原無，潛園補入，且於眉端寫校語云：「據舊抄補十七字。」清鈔本、四庫本有此十七字，今從。

❹下「日」，原作「曰」，據清鈔本、四庫本改。

今海内大亂，土地狹隘，國用空竭，民力凋敝，而披甲者無慮數十萬家，家以五口爲率，乃有數百萬端坐待哺於農民者矣。

夫國之有民，猶人之有腹心也；國之有兵，猶身之有手足也。手足雖病，心能保之；心腹苟病矣，四肢何有焉！是故欲富國者，務使百姓闢其地；欲强兵者，務使有司富其民。國無治亂，時無豐凶，政無經權，莫不以辟土地、養人民爲本。今乃行誅剥之政，縱意侵民，❶以奉冗卒，使田萊多荒，萬民離散。此臣之所未解者，一也。

夫釋氏之道，上焉者以寂滅爲宗，以明死生爲大，行之足以潔其身，不足以開物成務；下焉者轉罪業，取禍利，❷言之足以恐喝愚俗，因以爲利而已矣。魏、晉以上，爲僧有禁，梁、陳以來，曾無限制。今僧徒徧天下，以百萬計。問其力田、積粟、輸賦税以實倉廩則不知，問其利器械以供上用則不知，問其披堅執鋭爲國爪牙則不知。故凡問以實用、有益於天下生民者，則曰：「非吾事也。吾所事者，爲國焚修，祈天祝聖，以救度一切衆生耳。」自祖宗以來，德大包荒，於道無所棄，亦崇信之。道君皇帝雖有改更，旋復其舊。然水旱屢興，蝗螟薦起，胡馬生郊，王師傷敗，則祈天之效安在乎？二聖北征，皇宗遠徙，陛下巡遊，靡克有定，則祝聖之效安在乎？盜賊蠭起，賊盜殺人父兄子弟夫婦，流血成川，死於鋒鏑者以億萬計，則救度一切衆生

---

❶「意」，原脱，據四庫本補。清鈔本作「利」。
❷「禍」，清鈔本、四庫本作「福」。

之效安在乎？其爲欺妄，豈不昭明！而或者以爲朝廷固知其無用，而度牒之人亦有助於國家。且度牒一時之得幾何，而農工商賈之子孫既爲其徒，則不耕而食，不織而衣，高堂大厦，雕鏤文章，以自居處，役徒衆，致滋味，以自奉養而終其身，豈特十倍度牒哉！❶夫爲政以均平天下，而縱胡服庸愚欺誕之姦化誘善良，失國家丁壯，絶滅天倫，壞亂人紀，百萬群居，蠹生民之衣食。此臣之所未解者，二也。

古者，天子、三公、九卿、二十七大夫、八十一元士，降及諸侯、卿大夫、府史胥徒，皆有等差，官不踰事，禄不踰數，故民不疾上，而下無怨勞。漢世而下，官名滋衆，無其職而置空名，無所事而尸厚禄。公卿大夫既多，而府史胥徒之屬之家，❷亦不下數十百萬人矣。農人力作，自春徂冬，一歲之間，未嘗休息，乃不得免於凍餒之患。而膏粱子孫、游手末藝、舞文弄法者，依勢侵民，食其膏脂，耗蠹邦本。既不能立大正之心，施剛果之用，沙汰罷黜，省費寬民，今復無故廣增祠職，俸禄優厚，財用窘急，日益重斂，求千萬人之譽而失億兆之心。此臣之所未解者，三也。

陛下誠能聽臣之計，擴仁民之心，行不忍人之政。申明軍法，大加選練，高立標格，寧使入選者寡而厚其資給，❸以精則足用，以寡則易使。斥去罷羸，散歸南畝，大興屯田。罷度牒，天下僧尼道士，收其産業，

❶「豈」上，清鈔本、四庫本有「其費」二字。

❷「史」，原作「吏」，據清鈔本、四庫本改。

❸「給」，原作「經」，潛園眉端校語云：「經，舊抄作『給』。」清鈔本作「給」，今從。

即今存者令歲納復身錢一萬，其肯改過、歸民聘娶者隨口給以公田，使各食其力。罷廢冗濫之官，自西北而東南，饑寒無以自存者，亦隨口給以公田，使各食其力。不出三年，財用必充。唐劉晏曰：「理財當以養民爲先，户口衆多，賦税自廣。」使晏不曉財計則可，使晏而少知理財之道，有已行之驗，則其言必不可違矣。

夫與民親者，莫如郡縣之官，天子所與共治天下者也。今類皆以干逐廢棄者居之，豈爲民父母視民如傷之意哉！臣愚謂宜重其任，擇其人，使久於其位，期以成功。且申戒督視之官，廉問糾劾一路之廣，贓吏而監司發者罪守貳，守貳發者黜監司，自中臺發者，監司郡守俱賜罷終身，以不勝任廢。立是法而必行，庶幾陛下之仁得加於百姓，邦本安隆而討逆復仇之兵可振矣。

昔魏武侯浮西河而下中流，顧謂吴起曰：「美哉！山河之固。此魏國之寶也。」起對曰：「在德，不在險。君若不脩德，舟中之人皆敵國也。」魏氏失於不知本，吴起失於不知末。夫道有污隆，勢有强弱，因時處事，體用不遺，本末並行，然後爲得也。是故聖王明於天險，尊卑之分，貴賤之等，定天下之制，而姦邪莫能越；明于地險，山川丘陵以爲阻，城郭溝池以爲固，而暴客莫能干。險設如是，然後能守其國矣。不然，天險廢亂，雖潼關，何有於秦？地險不脩，雖人義，❶何有於趙？

金賊犯順太原，天下要害之地，始欲棄而不守，終雖救而不力，遂致崩陷。賊乃幸勝，席卷而南，如入無

❶「人」，四庫本作「仁」。

人之境，連年深入，所向無堅城，上下震動。南衡湘，❶東至於海，民無所庇。自古夷狄之禍，未之有也。去年之戰，賊無必前之心，諸將僥倖一勝，非有奇謀偉略真可以破堅陳摧强敵也，然將相受賞，榮禄兼極。天下皆喜，臣獨懼焉。昔田單以即墨破□之餘卒，❷有死之心，無生之氣，遂破燕復齊。及齊已定，有生之樂，無死之心，則攻狄不下。夫億兆之情，❸本乎一心，而君者，心之元也。三軍之志，同乎一氣，而將者，氣之元也。今君臣上下狃於無故之勝，❹心志驕佚，不復長慮。

淮南膏腴，壽春名郡，盱眙古縣，所宜高城深池，命將堅守，以遏敵人進取之道，而下流有屏蔽矣。今乃棄廢不省，失經畫之遠圖，有退縮苟安之意，人情離阻，❺啓迪人心。❻此臣所懼者，一也。

安陸、武昌，上流腋脇，亦宜遣將以兵鎮理，鑿深池，築高城，積糗糧，治守備，如中原時西北邊城，固以待賊。彼若不顧死亡，❼越城而進，則以一軍扼其前，城中出輕騎抄其後，隨宜設變，使彼欲進不可，求退不

---

❶「南」下，清鈔本、四庫本有「掠」字。
❷「□」，潛園補「齊」，且於眉端寫校語云：「據别本補。」清鈔本作「亡」，四庫本作「燕」。
❸「夫」，原作「失」，據清鈔本、四庫本改。
❹「狃」，原脱，據四庫本補。
❺「阻」，清鈔本作「沮」。
❻「迪」，清鈔本作「敵」。
❼「顧」，原作「願」，據清鈔本、四庫本改。

能，雖有馳突之騎，使不得縱。此乃用我之長，❶制其短也。今漫然不以爲意，雖長江大險，❷人力不施，何以守之？秋深賊至，臨難遣將，必復搶攘。人心不先定，而戰勝不可必，一有蹉跌，則大事去矣。此臣所懼者，二也。

襄陽，上流門户，北通汝、洛，西帶秦、蜀，南遮湖、廣，東瞰吴、越。欲退守江左，則襄陽不如建鄴；欲進圖中原，則建鄴不如襄陽；欲禦强寇，則建鄴、襄陽乃左右臂也。何以言之？長江萬里，賊至，下，必趨采石；中，必趨武昌；上，必趨襄陽。以臣料之，金寇遼遠，所在凋敝，多發兵則糧餉艱絶，其能來者不過數萬，以分則勢弱，諸將各擁大衆，自是制之。❸彼若屯兵而進，❹寇下流，則我以襄陽之兵直趨汴、洛；寇中流，則我以上下之兵更出迭入，交至以罷之；寇上流，則我以淮上之兵入青、徐。批亢擣虚，左右牽制，使賊内顧，不得專意侵伐。❺然後得寬於難，内可以脩政事，外可以觀時變，畜養精鋭，進討亂賊，平定中原，此事之幾也。今乃委置襄陽，戍以輕兵，不脩攻戰之備，不興屯田以充軍實，千里蕭條，人無固志。假令賊以輕兵犯淮南，翠華至重，人情惶駭，其勢必以重兵臨江抗禦。賊乃以精鋭破襄陽，走江陵，掠舟船，順流而下，

❶「此」，原作「北」，據清鈔本、四庫本改。
❷「大」，清鈔本、四庫本作「天」。
❸「是」，潛園改爲「足」，且於眉端寫校語云：「據别本改」。清鈔本爲「足」，有填描痕迹。四庫本作「是」。
❹「兵」，原脱，潛園補，且於眉端寫校語云：「據别本補。」今從。四庫本作「聚」。
❺「侵」，清鈔本脱，四庫本作「外」。

水陸並進，長沙以東必從風而靡，臨江將士乃摇心矣。以摇心之將敵乘勝之軍，百戰百敗，人心離散，雖有孫、吴之術，不能以取勝。此臣所懼者，三也。

楊幺爲寇，起於重斂，吏侵民急耳。本農畝漁樵之人也，其情不與他寇同，故治之之道宜與他寇異。陛下誠能選寬厚有謀之臣，爲江、湖間守，頗給以兵，❶大施恩信，招撫流散，務農重穀，道化善良，誅鋤姦宄，號令清一，明白可信，不出期月，楊幺之徒必大震壞。然後用其鄉導，選精鋭禽之，易於反掌。今陛下赫然震怒，命大將統數萬之兵，武震以懾威之。使彼懼而知悔，自相殘戮，歸命天子，實陛下神武，非草野微臣之所敢知也。如其不然，懼而協謀，舟船便利，隨方抗敵，威不能制，恩不能懷，平蕩之功不可以歲月冀。大軍久聚，所費不貲，❷誅剥遺民，侵肌及骨，死亡流散，不復聊生，胡馬秋高昧死復至，❸内敵外寇，相因而起，雖有良、平之智，不能爲謀。此臣之所懼者，四也。

陛下詳擇，舉而行之，去危就安，天下幸甚。昔顏回問爲邦，孔子不告以威福之柄、制馭之方，乃曰：「放鄭聲，遠佞人。鄭聲淫，佞人殆。」言之不足，至於再言，聖人之意可見矣。夫言不以正，悖道妨義，而持之有故，言之成理，足以悦人心、惑天下者，皆鄭聲也，豈必鐘鼓云乎哉！

❶「頗」，原脱，潛園補，且於眉端寫校語云：「據别本補。」清鈔本作「頗」，今從。四庫本作「少」。

❷「貲」，原作「資」，據清鈔本、四庫本改。

❸「至」，原作「生」，潛園改爲「至」，且於眉端寫校語云：「據别本改。」清鈔本、四庫本作「至」，今從。

鄭聲淺陋卑污，聽之易知，言之易從，悦之者衆。上無道以揆之，則天下波靡遂成風俗，而姦邪機巧才佞之士於是始得投間攘臂，肆行於其間，錯亂名實，顛倒是非，盜竊威權，其身榮而天子危矣。中正之人不阿意，不詭隨，據道而言，証經而論，方其犯顔敢諫，有如不恭，面折廷争，有如沽激。夫以螻蟻之命犯雷霆之威，自非誠心愛君，豈能如是哉！正孟子所謂「其兄關弓而射之，則己垂涕泣而道之」。❶不待勉强而親之心發於中，自然戀戀不期苟免，如待越人之疎也。❷若夫佞人之於君，安同其榮，危避其難，視君如國人矣。君天下者何憚不棄彼而取此耶！舉中正之人錯諸邪枉之士，❸則民心服，而有志必成；舉邪枉之人錯諸中正之士，❹則民不服，而仇益相陵，盜益肆暴，宗社有危亡之憂矣。

陛下即位以來，中正邪佞更進更退，無堅定不易之誠。然陳東以直諫死於前，馬伸以正論死於後，而未聞誅一姦邪，黜一諛佞，何摧中正之力而去姦邪之難也！此雖當時輔相之罪，然中正之士乃陛下腹心耳目，何以天子之威，握億兆之命，乃不能保全二三腹心耳目之臣以自輔助，而令姦邪得而殺之，於誰責而可乎？臣竊痛心，傷陛下威權之不在己也。

---

❶「垂」，原作「隨」，據清鈔本、四庫本改。
❷「越」，原作「趙」，據清鈔本改。
❸「士」，清鈔本作「上」。
❹「士」，清鈔本作「上」。

雖然，生不能用，死念其忠，既褒其身，又恤其後，臣見陛下天地之量，日月之明，改過不吝，日新其德，自今能主張腹心耳目之臣矣。存此心而不替，堯舜事業固可優爲。有君如此，豈忍負之？臣言已在前矣，陛下聽之，天下之福，臣之望也。

夫自堯舜以至于今，上下三千年，盛衰治亂，載在典籍。可法可戒者，非不備也，非不明也。而繼世創業之君治亂相循，不能自免者，仁與不仁而已矣。

陛下幸聽臣言，反求諸心，神而明之，施於有政，滅仇虜，誅叛逆，恢復中原，仁覆天下，乃其功矣。惟陛下加聖心焉，勿使臣徒爲此空言而已也。❶實宗社幸甚！

與秦會之書❷

癸亥春，嘗拜起居之問，自是遵稟傳業之誨，不敢失墜。上搜羲、炎、姚、姒之遺文，中考商、姬、孔、孟之大訓，下觀兩漢，偏閱歷代，以及五季，數千年間治亂之迹，正如風雲感會，來無定形，去無定體，得其道者昌，失其道者亡，故大要治亂，必本於人。

稽諸數千年間，士大夫顛冥於富貴，醉生而夢死者，無世無之，何啻百億。雖當時足以快胸臆，耀妻子，

---

❶「而」，原無，據清鈔本、四庫本補。

❷「會」，原脱，潛園補，且於眉端寫校語云：「據别本補。」清鈔本、四庫本均有「會」字，今從。

曾不旋踵而身名俱滅。某志學以來，所不願也。至於傑然自立，志氣充塞乎天地，臨大節而不可奪，有道德足以贊時，有事業足以撥亂，進退自得，風不能靡，波不能流，身雖死矣，而凛凛然長有生氣，如在人間者，是真可謂大丈夫矣。

某讀其書，按其事，遐想其人，意其胸中所存，澹然直與神明通，不可以口傳耳授也。方推其所存於數千年文字之中，茫乎昧乎，未能望其藩籬，窺其門户，又況其堂奥乎！業當從事於斯，不敢半塗而廢，此某之所以逡巡歷年，❶若自棄於門下，未能進而求仕者也。竊伏思念四十三年。

先人即世，忽已十載。惟是，布衣藜杖，❷尋壑經丘，勸課農桑，以供衣食；不如是，則啼饑號寒，且無以供粢盛，奉祭祀，將飄零慘澹，無以成其志矣。積憂思，與勤苦，而齒落髮白，夙興冠櫛，引鏡自窺，顔色枯槁，形容憔悴，境之窮困，如此足矣。

去年復哭子，而今年又喪婦，自嗟薄命，益不敢有意榮進。然立身行道，揚名後世，以顯父母，聖人之訓也。苟泊然無意於是，甘與草木同腐，則何以爲人子，豈先人平日教詔之所望耶？矧今聖明在上，而相公丈端秉化權，念及寒微，下詢所欲，儻於是時不顯寸長，思自振耀，則真自棄矣。❸

---

❶「以」，原無，據清鈔本、四庫本補。

❷「衣」，原脱，潛園補，且於眉端寫校語云：「據别本補。」清鈔本、四庫本有「衣」字，今從。

❸「真自棄」，原作「棄自真棄」，據清鈔本、四庫本改。

昔孔子成人之美，今相公丈曲敦故舊，欲先人身後不即衰落，將使某兄弟各遂其志，願人以所長表見於世，此誠莫大之德。若用不以其才，則醜拙陳露，非所以成其美矣。長沙湘西嶽麓山書院元是賜額，❶祖宗時嘗命山長主之。今基址皆在，湘山負其背，文水縈其前，静深清曠，真士子修習精廬之地也。至道二年，潭守李允則修而廣之，乞降書史以厚民風。天聖八年，漕臣黄揔奏乞特授山長進士孫胄一官，當時皆從之。今若令潭守與漕臣興復舊區，❷重賜院宇，❸以某有繼述其先人之志，特命爲山長，依州縣監當官，給以廩禄，於以表朝廷崇儒廣教之美。

凡學舍諸生，不樂近城郭，願居山間者，並聽之。俾舒卷數百千年之文，行思坐誦，一于斯，❹人一己百，人十己千，庶幾愚而能明，柔而能强，可以繼古人之後塵，而爲方策之先覺者矣。

❶「賜」，原字不可辨，瀋園改「賜」，且於眉端寫校語云：「據别本改。」清鈔本、四庫本作「賜」，今從。

❷「臣」，原無，據清鈔本、四庫本補。

❸「宇」，原脱，據四庫本補。

❹「一」上，清鈔本、四庫本有「精」字。

與吴元忠四首❶

久伏盛名之下，朝野異道，無緣祗謁，徒懷仰企之心。中春，大人造朝，❷家兄侍行，某獨將諸房，遠寓窮山。至中夏，王師討曹成於臨賀，成軍崩潰，所過殘暴。奔避崎嶇，幸免死亡。竊思寇盗縱横，使吾民至於此極者，以州郡敝而不振，❸而方伯久無其人也。日夜延頸威明之至，掃除凶姦，封植善良，有如饑渴。夫難得而易失者，時之會；易失而難得者，事之幾。然幾會之來，無有終極，聖賢英雄之所以凝神睇視而不敢忽者也。自靖事之初失幾會，以至於今大亂日滋。

聖主憂勤勞思，❹分江南根本之地以委元勳盛望之臣，此天下重任也。所繞之封，❺北跨漢、沔，西距瞿唐，東盡衡山，奄有北海。以地則廣，而形勢易張；以體則大，而威聲易布；以權則重，而智計可行。挾此三者，何事不濟？然荆、峽單殘，衡、湘罷敝，岳、鄂、武陵群盗之區，八桂五羊民方喜亂。以政則紊，啓姦宄之

❶「忠」下，清鈔本有「書」字。
❷「大」，四庫本作「丈」。
❸「以」，原作「必」，據清鈔本、四庫本改。
❹「勞」，原脱，據四庫本補。
❺「繞」，清鈔本作「統」。

心；以兵則弱，招外寇之侮；以財則匱，有内潰之虞。當此三者，求濟實難。苟相公恃前三者之虚名，❶則患必至；理後三者之實患，則功可成。雖然，理之有道，在乎得賢而已矣。得賢有道，在乎公心而已矣。公心有道，在乎循理而已矣。理一昭明，雖天地變化，了然胸次，況乎一時之會、一事之幾，而有不得者乎！相公誠能留心於此，則敵仇可滅，而中原可定。不然，幾何其不舉天下而一擲也。

某少習干時之業，長聞《大學》之方，❷性本迂疎，志與時左，自分逸於山林，望雲消意，臨水觀心，以適己事而已。矧今在疚，豈欲求名！然遭時不競，危亡之慮，家國惟同，輒恃父兄之契，敢陳愚者之衷。

竊以國本固則寇可息，寇可息則家可保。今之讀書入官者，莫不知民爲邦本，本固邦寧。然至於行事，則或失之遠者，類皆以急於近功小利，而忘經國遠圖也。

相公學兼本末，政通先後，豈如今日之仕者？然受天子之命，入封境之内，已踰月矣，未有以慰遠民之望。何也？夫欲除弊政，必除弊人。弊人不去，雖有仁心仁聞，而民不被其澤，欲以已亂而亂日滋，欲以扞寇而寇内興，必矣。

❶「恃」，原作「持」，據清鈔本、四庫本改。
❷「聞」，原作「開」，據清鈔本、四庫本改。

正今秋成，❶某耳之所實聞者，科役繁重，邵陽富民盡室以逃。目之所實見者，灌陽清湘貧民流轉，困於糴貴。舉此二郡，他處可知也。將來之慮，必有不可勝言者矣。

某方在疚，心無他營，所以復進言者，居今之世，譬如乘敝舟泛滄海，風濤洶湧，未知攸濟，而相公操楫相公居上流重地，宗社安危係焉。外寇强大，而本根如此，願相公念之。

者也，苟有所見，豈敢隱情？

奔走區區，百事荒廢，豈有以上裨謀議之末。然口誦古人之書，目覩今日之事，心維天下之理，深考撥亂致治之術，未有若得賢爲耳目之要也。

夫耳目者，心之所以流通也。若夫目形具而不能見，耳形具而不能聞，則亦奚用夫耳目之官哉！內雖有大公至正之心，❷孰與宣之；外雖有蒙蔽欺紿之事，孰與知之。是一身遂廢，坐而待斃也。

相公奄有四路，提封廣遠，既不可州州縣縣而至，而州縣之間，欺誕之風習而未改。相公以一人之身，當數百千官吏之欺蔽，苟不明目達聰，竊以爲未易治也。

方今山林之士豈無其人？相公推誠仗信，以友道咨之，必能有所裨益。廣求其類，而耳目通矣。耳目

---

❶「正」，四庫本作「現」。

❷「至」，原無，潛園補，且於眉端寫校語云：「據别本增。」清鈔本、四庫本有「至」字，今從。

通，則事情判矣。事情判，則政可行矣。昔齊威王一烹阿大夫及其左右而旌即墨大夫，齊國大治，❶稱於天下。❷此無他，耳目聰明而賞罰當。

以相公舊執化權，得天下之賢才衆矣。今某輒復進言，多見其不知量也。然泰山不棄土壤，故能成其大；江河不擇細流，❸故能成其深。王公不擇衆庶，故能成其德。是以周公握髮吐餔，而諸葛武侯孜孜求欲告於下僚也。❹不然，何以成功一時而垂光千載？相公其聽之。

昔孔子作《春秋》，明紀法，以繩諸侯，重用兵，戒興土木之役。❺使相公聽孔子之言，不治兵乎？則無以捍寇敵；不興土木之役乎？則無以保地利。將興土木之役而治兵乎？是孔子之言無用，而以無道行之也。

夫事有緩急，勢有輕重，知所先後，則近道矣。循道而行，則危可安，亂可治；悖道而行，則危遂傾，亂遂亡。故古人論兵，則以安民爲要，而甲兵犀利，❻非所先也；論治，則以親賢爲急，而城池高深，非所急也。

❶「大」，原脱，據四庫本補。
❷「稱」，原脱，據四庫本補。
❸「擇」，清鈔本、四庫本作「却」。「江河」，四庫本作「河海」。
❹「欲」，清鈔本、四庫本作「啓」。
❺「戒」，原作「戎」，據清鈔本、四庫本改。
❻「甲兵」，清鈔本、四庫本作「兵甲」。

矧夫壯麗宮室，欲以示威者乎？

相公所統四路，荆峽坐亡於解潛，鼎澧自殘於昌禹，湘中罷敝於張掞，八桂敗壞於許中，惟五羊寇所未至，差爲完實耳。今秋旱乾廣遠，疾疫盛興，死亡流散者不可勝數，正是安卑陋，甘麄糲，勤瘁救民之時。而聞諸道路，謂相公大治屋宇，市炭鐵槍杖牛羊之皮，追發丁匠，雖遠亦及。某竊以爲抑末也。❶本之未立，如之何？

自古戰争强弱成敗之勢，明著史册，可考而知矣。魯公伯禽宅曲阜，當治定之時，而徐夷作亂，侵逼東郊，是寇之在門庭，僥倖萬一者也。兵不亟用則寇滋，城不亟城則失險，而無以衛社稷矣。故伯禽雖在創巨痛深之中，出師誓衆，❷征師與築役同日並舉。聖人定《書》，取以訓後世，而莫之非也。

相公承大亂之後，緝破亡之邦，事與此異，而勢有未可者。一失民望而離其心，雖有甲兵，誰與用之？雖有城郭，誰與守之？雖有廣室大廈，相公其得高枕而卧乎？某故願先收群策，以易亂政之人；先易亂政之人，以附百姓之心。民心既附，然後用之，以守則固，以戰則克矣。豈復有怨叛亡之慮哉！❸

❶「抑」，原作「押」，據清鈔本、四庫本改。

❷「誓」，原作「擔」，據清鈔本、四庫本改。

❸「怨」下，清鈔本有「嘆」字，四庫本有「憤」字。

與明應仲書

天下之難平者，莫難平於時事；天下之難見者，莫難見於人情。自黠胡内侵，神州板蕩，帝室阽危，至於南邦九年矣。聖主憂勤願治，未見其効，諒必内自省曰：「豈於時事有未當歟？豈於人情有未察歟？古人起匹夫，不五六年遂定天下，今乃若是其難乎！」是以奮大辱之積志，臨遣信使，分行州郡，考時事，察人情，將斷自宸衷，以大有爲於天下。而閣下首膺此選，其任豈輕也哉！伏想登車攬轡，慨然有願佐聖主澄清海内、垂功名於竹帛之志，精勤周盡，不爲苟簡文具之事。風聲所至，州郡官吏矍然相聚，恐不爲簿書期會之政也。某是以樂有獻焉。

且閣下入湘中，事之明白易行者可平矣，情之憤鬱不通者可知矣，而事有虧國體、傷民心者，則不可得而平也。頻年盜賊徧天下，屠害所在以百計。呻吟者未絶，傷夷者未起，❶流亡滋甚，户口滅耗。❷雖赦令比下，所以告戒卹民者甚悉，徒文具而已，豈不虧國體、傷民心哉？今閣下雖欲正其虧傷，是重欺吏民，增其不信，而非將命之本意也。必欲正之，盍反其本矣。

❶「傷」，原作「痛」，據清鈔本、四庫本改。

❷「滅」，清鈔本作「減」。

閣下入湘中，吏之清修有惠化者可知矣，吏之姦贓無廉恥者可知矣，而吏有奸者不可得而知也。❶頃年亦嘗有御史出使矣，❷其所薦者不必賞，其所劾者不必罰。以爲不足信曷若弗遺，以爲不足從則曷若弗問。遺矣，問矣，而卒無所懲勸，是不覈實，自爲文具之事也。❸夫上之化下，疾於影響，欺誕之風習以成俗，又何罪焉？今閣下雖欲察其欺誕，必大致煩苛、詿誤吏民，❹而非將命之本意也。必欲正之，亦盍反其本矣。

夫所謂本者，何也？正天子之心也。閣下職居言責，出觀外政，倘不能察小以知大，觀微以知著，原天下之本，必歸諸天子之心而正之，竊恐是於此而非於彼，得於東而失於西，不可得而治也。

昔孟軻氏，聖人之徒，命世之英也。當天下分裂用兵争戰之際，嘗卑管仲合諸侯匡天下之功，❺而必伊、周自處矣。考其規誨時君之言，則未嘗有奇謀偉略也。齊王曰「吾好貨，好色，好勇」而不非之，又以公劉、太王、文、武之事導之，不忍一牛之死，則以爲仁術而可以王。又曰：「我非堯、舜之道不敢陳於王前。」而天下後世皆以爲真得堯、舜、文王、仲尼之傳者，豈非定天下之術，無以易此乎？不然，是直迂誕之論。

---

❶「奸」，原脱，潛園補，且於眉端寫校語云：「據别本補。」今從。清鈔本作「姦」，四庫本作「欺」。
❷「頃」，原作「湏」，據清鈔本改。四庫本作「頻」。
❸「自」，原脱，據清鈔本補。四庫本「爲」作「是」。
❹「詿」，原作「註」，據清鈔本、四庫本改。
❺「匡」，原脱，據清鈔本、四庫本補。

其曰「以齊王而定天下，猶運之掌」，又足信耶？

閣下讀古人之書，必希慕古人矣。歸輔天子，使合乎堯、舜、文、武之心，則事之難平者迎刃而解矣，情之難見者迎目而分矣。❶ 其於定天下之亂，必謀謨於廟堂之間，而折衝於千里之外矣。無或如今之人，汎然毛舉州郡之事，以塞責而已。

與高抑崇書

某自荆、襄避寇，漂流傍嶺，❷安貧而無求。❸ 惟抱孤忠，憤國威之未振耳，故敢僭易。

宣和之末，先君至京師，訪俊秀於祭酒楊公，❹首以閣下爲稱。❺ 逮閣下召自閑廢，有成均之命，竊自計曰：「大學者，明人倫之所在。今天下方無三綱，斯人其不來。」既而聞至，則受命，又自計曰：「天下方無三綱，斯人之所以來乎。」及聞有退詩賦、進經義之請，又自計曰：「此建明人紀之漸也。」此請既行，日月久矣，寂無所聞。及見請行幸太學之表，某心惕然，不意閣下有斯請，

❶「目」，原脱，據清鈔本、四庫本補。

❷「漂」，清鈔本作「滯」。

❸「安」上，清鈔本有「分」字，四庫本有「安分」二字。

❹「訪」，原作「諸」，據清鈔本改。「於」，四庫本作「謁」。

❺「首」上，清鈔本、四庫本重「公」字。

而有斯言也。自中原失守，鑾輿南渡，行幸之所雖無定計，然尚仇虜而不爲之臣也。及今柄臣擅國，違天逆理，專事阿黨，利惑君心壹塞義理之路，❶而汲引庸佞，戕伐國本，以奉事仇敵，襲舊京敗亡之道。

昔秦、楚敵國，懷王不返，楚人憐之，如悲親戚，蓋忿秦之以强力姦詐其君，使不得其死，其痛勝於加之刃也。太上皇帝，我中原受命之主，劫制夷狄，生往死歸，此臣子痛心切骨，❷坐薪嘗膽，宜思所以必報者也。而柄臣者乃敢欺天罔人，以大仇爲大恩乎！昔宋公爲楚所執，及楚子釋之，孔子筆削《春秋》乃曰：「諸侯盟於薄，釋宋公。」不許夷狄之人制中國之命也。太母，天下之母，其縱釋乃在夷狄之君，此中華之大辱，臣子所不忍言者也。而柄臣者乃敢欺天罔人，以大辱爲大恩乎？

大宋基業封疆，皆太祖、太宗收用英俊，勤卹民隱，躬擐甲胄，與天下均其勞苦以得之。又累聖嚴恭寅畏，不敢荒寧而守之者也。今關、河重地，悉爲虜封；園陵暴露，不得瞻守；❸宗族拘隔，不得相見；土地分裂，❹人民困苦，不得鳩集；怨恨之氣，外薄四海，不得伸雪。而柄臣者方且施施然厚誣天下，自以爲有大功乎！

---

❶「壹」，原脱，據清鈔本補。四庫本作「阻」。

❷「子」，原脱，潛園補，且於眉端寫校語云：「據别本補。」清鈔本、四庫本作「子」，今從。

❸「守」，原作「宇」，據清鈔本改。四庫本作「拜」。

❹「分」，原作「土」，據清鈔本、四庫本改。

閣下受其知遇，何不懇懇爲之言乎？言而或聽，天下國家實幸也。晉朝廢太后，董養遊太學，升堂歎曰：「天人之理既滅，大亂將作矣！」則遠引而去。今閣下目覩忘仇滅理，北面夷狄，以苟晏安之事，猶偃然爲天下師儒之首。既不能建大論，明天人之理，以正君心；乃阿諛柄臣，希合風旨，求舉太平之典，又爲之詞云云。欺天罔人，孰甚焉！是黨其惡也。人皆謂閣下平生志行掃地盡矣。數十年積之，而一朝毁之乎！

《春秋》之義，誅國賊者，必先誅其黨。歷觀往古，人君以無道行者猶不能終，况人臣而敢肆然以無道行之乎？一旦明天子監亂亡之禍，赫然震怒，以咎任事者，嗚呼危哉！豈不與董養異哉？閣下不及今翻然改圖，必與之俱矣。

某素以閣下爲一世人物，❶心所期望，義不得默，惟留意以無負名賢知許。

與曾吉甫書三首

方今聖學衰微，士風卑陋，可與共爲仁者極少。自非得真積力久，名世大賢作而振之，則人道何由而立？然遊河南之門，得其指歸者，零落殆盡。今之存者，雖未獲親炙、叩其所安，然言論風旨傳聞於人者，

❶「某」，原作「其」，據清鈔本、四庫本改。

亦似規矩寬縱，不加嚴謹。審如是，則後學將安所止也，只如王學士説佛氏：❶「實見道體，差了塗轍，❷故不可與入堯、舜之道。」大意雖是，而言語則有病矣。何以言之？某竊觀子夏所謂「君子之道，❸孰先傳焉，孰後倦焉，譬諸草木，區以別矣」。又伊川曰：「沖漠無朕，萬象森然已具，未應不是先，已應不是後，如百尺之木，自根本至枝葉，❹只是一貫，不可謂上面一節事無形無影，却待人之安排，教入途轍也。既云途轍，則只是一箇途轍。」若佛氏實見道體，❺則途轍何緣有差？故伊川謂佛氏略見道體。今王氏乃改「略」爲「實」，既以爲「實見」，又言「差了途轍」，豈不迷亂學者哉？

伏讀來教，謂佛氏所以「差了途轍」者，蓋由見處偏而不該耳。見處偏，故踐履處皆偏。大抵入道，自有聖人所指大路，吾輩但當篤信力行，其他異同一筆勾斷。竊仰所見分明親切，足爲後學津梁，正先人平日期望之意也。然吾丈又一書，既言「自可欲之善，至於聖神，若大路然，何疑何殆？」却又言「至於未發時一段，須力行以造極，自然明見」。竊疑前後似相抵牾，不知精意何如？伏幸垂教。

❶「士」，原作「氏」，據清鈔本、四庫本改。
❷「體差了」，原脱，據四庫本補。
❸「某」，原作「其」，據清鈔本、四庫本改。
❹「枝」，原作「根」，據清鈔本、四庫本改。
❺「實」，原作「貫」，據清鈔本改。

楊先生《中庸解》謂：「中也者，寂然不動之時也。」按子思説，喜怒哀樂之未發謂之中，則是楊先生指未發時爲寂然不動也。頃侍坐時嘗及此，謂「喜怒哀樂未發」，恐説「寂然不動」未得。

吾文曰：「楊先生如此解，某悚然愧懼。」竊謂於先覺所言，但當信受奉行，遂不復啓齒。今來教舉尹先生之説亦如是。某反覆究觀，茫然莫知所謂。「心性」二字，乃道義淵源，當明辨不失毫釐，然後有所持循矣。

竊謂未發只可言性，已發乃可言心，故伊川曰「中者，所以狀性之體段」，而不言狀心之體段也。心之體段，則聖人無思也，無爲也，寂然不動，感而遂通天下之故是也。未發之時，聖人與衆生同一性也；發則無思無爲，寂然不動，感而遂通天下之故，聖人之所獨。夫聖人盡性，故感物而静，無有遠近幽深，遂知來物；衆生不能盡性，故感物而動，然後朋從爾思，而不得其正矣。若二先生以未發爲寂然不動，是聖人感物亦動，與衆人何異？尹先生乃以未發爲真心，然則聖人立天下之大業，成絶世之至行，❶舉非真心耶？某雖粗承過庭之訓，而未嘗廣交天下之英，寡陋爲甚，矧今孤露，苟不肆言，激精微之論，以祛蒙除蔽，則將終身如是而已矣。故此言非敢直詆二先生，所以求教也。

二先生，萬夫之望，百世師表，所言但當信從，不可妄疑其失。然審問明辨，《中庸》之訓也。有所未明，

❶ 「世」，原脱，據清鈔本、四庫本補。

不敢但已，承舉先君子之言爲誨，愴然内傷，如見顔色。惟先君子所謂「不起不滅」者，正以「静亦存，動亦存」而言也。與《易》「無思無爲，寂然不動，感而遂通天下之故」大意相符，非若二先生指喜怒哀樂未發爲寂然不動也。

某愚謂方喜怒哀樂未發，沖漠無朕，同此大本，雖庸與聖，無以異也；而無思無爲，寂然不動，乃是指《易》而言，《易》則發矣。故無思無爲，寂然不動，聖人之所獨，而非庸人之所及也。無思無爲，寂然不動，故感而遂通天下之故，更不用擬議也。「喜怒哀樂未發」句下，還下得「感而遂通天下之故」一句否？若下不得，即知其立意自不同，不可合爲一説矣。恐伊川指性指心，蓋有深意，非苟然也。心性，固是名，然名者，實之表著也。義各不同，故名亦異，難直混爲一事也。尹先生指喜怒哀樂未發爲真心，❶既已未發，恐難指爲心。

又讀前教，❷蓋尹先生所論已發未發却偏指未發爲真心，❸故某疑其不然。今蒙垂誨，❹若見真心，則已發未發皆真，自是釋然無疑矣。

❶「尹」，原作「伊」，據清鈔本、四庫本改。
❷「又」，原作「人」，據清鈔本改。
❸上「未發」，原無，據清鈔本、四庫本改。
❹「垂」，原作「坐」，據清鈔本改。

來教又云「政使不見自真」，竊所未曉，惟不以煩瀆爲非。❶

與劉信叔書五首

天家暫寓江南，自東海至西蜀，延袤幾萬里，而太尉控制之地，辟如人身，適當腰膂。腰膂强，則手足舉，而元首興矣。

昔自晉及南朝，❷荆州財賦甲兵當江南之半，❸真天下重任也。由丁未歲以來，屢遭屠破，赤地千里。逮乙卯歲，群盜盡帖之後，州縣建置，二十有五年矣。今猶極目蒿萊，開墾不及十之二三者，由前此執國命者以爲繭絲，不以爲保障也。是以人户輸納之數少，❹而上供之數多。舉此一端不遺，❺民何由來集，❻而望蕃庶耶！

❶「非」，四庫本作「罪」。
❷「自」，原脱，據四庫本補。清鈔本作「東」。
❸「南」，清鈔本脱，四庫本作「左」。
❹「人」，清鈔本脱，四庫本作「民」。
❺「不」，原脱，據四庫本補。
❻「集」，原作「其」，據清鈔本、四庫本改。

太尉，國家謀士信臣也，宜以其實爲上言之。若得徭役遂希，賦斂遂薄，勞來安集，❶數年之後，便可富庶而士馬精强，以之守禦攻伐，無不如志矣。所以敢言之者，爲太尉天下人望，而某嘗蒙眷顧之重故也。

伏聞戴承天寵增俸攽田，❷上思舊勳，致此恩數。深原其旨，可爲太尉賀，又可爲天下忠臣義士賀也。上晦養海濱二十餘年，必有漢祖欲東之意，將行周宣「六月」之事，所以慨然發中旂，禮勳賢，爲起用之漸。太尉平日發舒有期矣，天下忠臣義士行有風雲之會，豈不可賀？

雖有尊主攘夷之心，然戰戰兢兢者，曾參所以全其身；慄慄危懼者，成湯所以大其業。推此心也，發而爲思。❸愚望太尉以聖賢此心爲寶，寶而持之。一旦當事任，則賢才可進，人心可收，中原可定，夷狄可服，而君父之仇可報可雪矣。

治道以卹民爲本。而卹民有道，必先鋤姦惡，然後善良得安其業。而鋤姦惡之道，則以得人爲本也。荀卿有言：「弓良，然後求勁焉；馬服，然後求良焉；士必慤，而後求智能。」若忠誠不足，雖有材用，譬諸豺

❶「集」，原作「某」，據清鈔本、四庫本改。

❷「攽」，原作「放」，據清鈔本改。

❸「發而」，原脱，據四庫本補。清鈔本作「際天」。

狼，不可邇。新幕屬向沈，其父忠毅公臨難死節，聞於天下。渠未嘗忘奪大辱之積志也，❶然恥妄攀附奇蹇，至今忠信誠慤，遇事不苟。若蒙知察，不以常人遇之，渠必欣然願居幕府，❷決能有補於高明，庶幾可以比方董幼宰、❸徐元直乎！不然，未必不逡巡不就矣。太尉問某使言，❹故敢僭越。

嶽廟百五十年間，天降之災者，再矣。某竊嘗探討天道與人事本於一理，在天爲皇天上帝，在人爲大君，豈有二哉？大君有二，則人事亂矣。五嶽視三公，此三代之制，不可改也。五嶽與皇天上帝並爲帝，則天道亂矣。又況嶽神者，總集一方之誠，通天通地，變化莫測，今乃爲之象貌，爲之立配，爲之置男女，屋而貯之，褻瀆神祇，不亦甚乎！禮官能乘天災，遂建此議以復古制，則大善矣。不然，勞民費財，豈易得成？既已請於朝，能少須之，❺奉命從事，庶幾無失也。太尉高明，何資愚者之見，以蒙謙下之命，不敢不獻其衷。

---

❶「奪」，清鈔本作「奮」。
❷「願居」，清鈔本作「顧君」。
❸「比」，原作「此」，據清鈔本、四庫本改。
❹「問」，原作「聞」，據清鈔本改。
❺「須」，原無，據清鈔本補。四庫本作「俟」。

荆、❶湘之間，有主户不知愛養客户，客户力微，無所赴訴者。往年，鄂守莊公綽言於朝，請買賣土田不得載客户於契書，聽其自便。朝廷敓行其説，❷湘人群起而竊議，❸莫不咎莊公之請。争客户之訟，有至十年不决者。某因躬耕之際，稽諸天道，察諸人情，則貴賤之相待，高下之相承，蓋理之自然也。蜂屯蟻聚，亦有君臣之義，况人爲萬物之靈乎？是以自都甸至於州，自州至於縣，自縣至於都保，自都保至於主户，自主户至於客户，遞相聽從，以供王事，不可一旦廢也。則豈可聽客户自便，使主户不得繫屬之哉？

夫客户，依主户以生，當供其役使，從其約束者也。而客户或禀性狼悖，不知上下之分；或習學末作，不力耕桑之業；或肆飲博而盜竊，❹而不聽檢束；或無妻之户，誘人妻女而逃；或丁口蕃多，衣食有餘，稍能買田宅三五畝，出立户名，便欲脱離主户而去。凡此五者，主户訟於官，當爲之痛治，不可聽其從便也。而不可不聽客户之從便，則有一焉。夫貴以賤爲本，高以下爲基者也。是以雖天子之貴，而保民如赤子，况主户之於客户本皆齊民乎！故主户之於客户，當爲之安立生業，勸其耕耨，平其收斂，哀其憂而賀其喜，使之生足樂而死無憾，則世世服役，雖逐之不去矣。若主户者不知保愛客户，呼之以奴狗，用之以牛羊，致其

❶「荆」，原脱，據四庫本補。
❷「敓」，原作「頌」，據清鈔本改。四庫本作「頒」。
❸「群」，原殘作「君」，據清鈔本、四庫本改。
❹「而」，清鈔本作「爲」。

父母妻子盻盻相視，愕然喪其樂生之心，忘其懷土重遷之真性，惟恐去之不速者，則主户之罪也。夫如是，官當戒斥主户，不受其訴，❶使知反身思善，各務保愛客户。一切細民均被天子之澤，咸樂其生矣。其有補於政教，豈不大哉？

如愚言或可採，當官者能合議，書爲條目，行下一路，以稱明天子倚仗仁賢、教養斯民之意，不勝幸甚！

與元仲兄書二首

某觀來書，❷頗推信釋氏。此誤之大者，某輒有獻焉。

河南先生舉世皆以爲得聖人之道者，某言曰：「道外無物，物外無道。」是天地之間無適而非道也。兄不事科舉，杜門讀書，有晨昏之奉，室家之好，嗣續之託，交朋友，使奴隸，夏葛冬裘，渴飲饑食。必如是行之，而後慊於心。此釋氏所謂幻妄粗迹，不足爲者。曾不知此心本於天性，不可磨滅，妙道精義，具在於是。聖人則寂然不動，感而遂通，而百姓則日用而不知耳，蓋不可以有適莫也。

今釋氏不知窮理盡性，乃以天地人生爲幻化。此心本於天性不可磨滅者，則以爲妄想粗迹，絶而不爲，别談精妙者謂之道。則未知其所指之心，將何以爲心？所見之性，將何以爲性？言雖窮高極微，而行不

❶「訴」，原作「訢」，據清鈔本、四庫本改。

❷「某」，四庫本作「頊」。

即乎人心。兄以爲最親切，得無未之思乎？

昔孔子下學而上達，及傳心要，呼曾子曰：「吾道一以貫之。」曷嘗如釋氏離物而談道哉？曾子傳子思，亦曰：「可離，非道也。」見此，則心迹不判，天人不二，萬物皆備於我。反身而誠，天地之間，何物非我？何我非物？仁之爲體要，義之爲權衡，萬物各得其所，而功與天地參焉。此道之所以爲至也。釋氏隘狹褊小，雖無所措其身，必以出家出世爲事，絶滅天倫，屏棄天理，然後以爲道，亦大有適莫矣，非邪説暴行之大者乎？

方今聖學衰微，自非真積力久之儒開而闢之，則天下之禍未易息矣。昨寄答曾漕書去，兄以書來，曰：「叔以主張名教爲心，其論甚正。」名教釋教，豈有心於分别，惟其是而已矣。釋教是也，名教非也，而欲主張名教，則私心矣。言豈能正乎？名教是也，釋教非也，則言必名教矣，豈有心於主張耶！其有心於主張者，二以私心也，言二豈能正乎？大人所言，蓋任理而言，以闢邪説，非苟以主張名教爲心而已也。

兄力學有年，行義信於鄉黨，後進之所矜式，願益弘聖人之正道，勿過聽釋氏之邪説。時賜警誨，某之願也。

昨蒙報教，反覆十讀，謹思自得之至言，博求之大論，以爲學道之規程，知言之蹊轍，不敢忘也。至於致疑聖人以爲未盡，推信釋氏以爲要妙，則愚意之所未安。

釋氏與聖人，大本不同，故末亦異。何以言之？五典，天所命也；五常，天所性也。天下萬物皆有則，吾儒步步着實，所以允蹈性命，不敢違越也。是以仲尼從心而以不踰矩爲至，❶故退可以立命安身，進可以開物成務。聖人退藏於密，而吉凶與民同患，寂然不動、感而遂通天下之故，體用合一，未嘗偏也。不如是，則萬物不備。萬物不備，❷謂本身而誠，❸某不信也。釋氏毁性命，滅典則，故以事爲障，以理爲障，❹而又談心地法門，何哉！縱使身心休歇，一念不生，以至成佛，乃區區自私其身，不能物我兼忘，與天下大同也。以其不識本宗，故言雖精微，行則顛沛，其去仁遠矣。正是小智自私之流，謂之大覺，可乎？若大本既明，知言如孟子，權度在我，則雖引用其言，變腐壞爲神奇，可矣。若猶未也，而推信其説，則險詖淫蕩、奇邪流遁之詞善迷人之意，使人醉生夢死，❺不自知覺。故伊川謂學者於釋氏「直須如淫聲美色以遠之」，非苟言也。

兄在家有孝弟之行，居鄉有信善之實，行之於身而安，施之於父母妻子而順，於性命之理得矣。奈何有弗察而推信之耶！不知釋教有聖人所未嘗言者何道，言而未盡者何事，乞一一見教。至如文中子謂「佛爲西方聖人，施之中國則泥」。夫聖人與天地合德，其生則有方所，其道豈有方所而施之中國則泥哉？且其

❶「以不」，原作「不以」，據清鈔本、四庫本改。
❷「萬物不備」，潛園删，且於眉端寫校語云：「據别本删。」清鈔本、四庫本均有此四字。
❸「本」，清鈔本、四庫本作「反」。
❹「以理爲障」，原無，據清鈔本、四庫本補。
❺「人」，四庫本作「之」。

教，天竺國人自不可皆從之。其泥而不可行，施於四夷八蠻皆然，何獨中國？使天道可已，❶秉彝可滅，則有行而不泥之方矣，然烏有是哉？

肆筆縱言，尚幸垂誨。

與陳應之書

頃蒙頒惠先集，伏讀再三。見諫議雖去言路，猶知無不言，言無不盡，剔抉姦邪，披其根而破其膽。坐是流離，至死不悔，大名揚於天下，昭若日月。執事遵守洪業，故得簡在上心，復寮宥密，雖不當言責，然後爲國家深思遠慮，固當異於人也。

某竊謂今日之事，名與實反，言與事乖，忘仇而曰愛民，降虜而曰和戎，方衰而曰中興。執此以爲國是，堅不可破，有動摇者竄逐隨之，忠臣義士雖欲建言，亦何恃而敢？夫壅塞言路，行於治安之時尚且不可，况今日危急存亡之秋乎？

某之愚計，以爲上春秋已踰鼎盛之時，自汴都横潰，皇宗北徙，枝葉未茂，維城之助，有識爲憂，而儲副未建，何以係天下之望？若群臣密謀，❷以此義達於左右前後，有思慮其力可以回天者，使明知利害者多，

❶「道」，清鈔本脱，四庫本作「倫」。
❷「群」，原作「郡」，據清鈔本、四庫本改。

然後言上，東宫儻得早建乎！ 於是廣搜天下之英俊，使與居處出入，庶乎有變通之道，於將來可以弭禍亂而救危亡也。 則諫議忠於國家之志益昭光明正大矣。❶

某少壯之時，自知禀賦蹇薄，頹心榮進，又更歷艱難，念益灰冷，惟忠與孝出於天性。 鑒觀前代，揆今日之事，愚實寒心，中夜撫膺，慨然興歎，敢以愚慮告於知己。 真如河濱之人將負土以塞孟津者，❷力雖不逮，是心豈可忘也。

與樊茂實書

丙午歲睽異，至戊子才一通問，以迄於今。 仰惟進德，不可量也。

伊洛老師爲人心切，標題「天理人欲」一句，使人知所以保身、保家、保國、保天下之道。 而後知學者多尋空言，不究實用，平居高談性命之際，亹亹可聽，臨事茫然，不知性命之所在者，多矣。

察院學該本末，必無偏而不起之處，以爲今日之事何如也？ 天理存乎？ 不存乎？ 人欲肆乎？ 不肆乎？ 天理純而人欲消者，❸三代之興王是也。 假天理以濟人欲者，五伯是也。 以人欲行而暗與天理合者，

---

❶ 「光明正大」，清鈔本、四庫本作「明光大」。
❷ 「負」，清鈔本作「捧」。
❸ 「純」，原作「絶」，據清鈔本改。

自兩漢以至於五代之興王盛主是也。存一分之天理而居平世者，必不存。其昭然如日月，斷然如符契。大綱隳壞，人欲滔天，未有如斯時者也。察院將何以救之？嗚呼！世道窮矣，而國儲君副未定，若能積其誠意，孚於上下，大論朝發，春宮夕建，輔之以智慮謀略之士，庶幾有變通於將來乎！

某年餘半百，多病已衰，不足爲世用矣，所以區區進言者，螻蟻天性，疾痛切身，不得已也。有言責者，不得其言則去，此守官者之常式耳。君子以康濟爲心，言不苟發，期於必中；事不苟言，期於有成。所以革蠱成新則爲之，可以表正天下則爲之。一身之去就，輕如鴻毛，不足計。公其勉旃，以慰朋從之望。

與汪聖錫書

人傳除目，❶知公漸登華近，可以行志，喜而不寐。大丈夫得路，固將輔是君，而濟斯民也。若隨行逐列，❷汩没塵中，不知大慮，則與常人何異哉！爲天下者，譬諸爲大厦，大厦將傾，必遷地易鄉，築正柱石，更掄棟梁，然後可也。而主人謙退未遑，祇欲修一榱，易一桷而已，❸是果有益於大厦之傾乎！踐履動摇，

❶「目」，原作「因」，據清鈔本、四庫本改。
❷「逐」，原作「遂」，據清鈔本、四庫本改。
❸「桷」，原作「角」，據清鈔本、四庫本改。

其傾必速。

都司謂今日之事勢何如也？《易》窮則變，變則通；通，然後可久。若能密贊於萬化之原，使國有儲君有副，輔之以端人正士，庶幾有變通於將來。不然，則天下孰敢有夏少康之望哉！由今之道，守今之術，以東南無根本藩垣之固，而欲與夷狄中原持久，是誠可爲寒心。

某年齡雖未齒，髮已衰，邇來疾病日侵，❶待盡而已。所願如都司輩人，舍頭目腦髓，爲天下布施也。雖然，舍之易，舍之而有益爲難。故聖人在睽乖未合之時，有見惡人之弘大，有遇主於巷之忠誠，不直情徑行求必濟，不阿諛苟合而但已，都司以爲何如？

與沈元簡書

竊惟古聖人之言，無不入時事者。孟子亞聖，故其言與聖人相似。其言曰：「聖人之於天道，命也，有性焉，君子不謂命也。」今日華夏衰亡，夷狄强盛，天子卑微，夷狄尊顯。以人事言之，倒行逆施，不可之甚者也。然「無平不陂，無往不復」，天道如此，一盛一衰，運行不已以成命。惟聖人參和天地，❷不淪於時，❸命

❶「日」，清鈔本、四庫本作「益」。
❷「和」，原作「知」，據清鈔本、四庫本改。
❸「不」，原作「以」，據清鈔本改。

之一偏，而失天性之大體，必自理於衰微之内，以須興盛之復，如夏少康堅忍自立於寒浞之時，而不委諸命是也。是故草木之凋落，所以滋根也；龍蛇之蟠蟄，將以王神也。根滋，然後發生有望；神王，然後變化莫測。今也花葉雖落，而根不滋；牙角雖蟄，而神不王。委於命，而不理其性。察院將何以救之？

某竊謂治亂興廢，循環無端，本無定體，顧在忠臣義士變化何如耳！今日事之大且急，有如國儲者乎？孰能奮不顧身，建此大議乎？昔司馬文正居官下位，❶猶敢發於平時，況今日耶？事若有定，❷輔以端正深思遠識之士，庶幾有變通於將來。不然，天下之事誠可寒心也已。古人立朝，扶顛持危，發言動聽者，其言不枉，❸其事不苟，至誠孚於上下，奠而後發，發而必中。

察院積學醇深，何用愚者進言，然千慮一得，想賢者亦願聞也。

與向伯元書

窮居杜門，躬理耕植，時讀經史，以求寡過。所恨離索，無講論之益耳。知代者未來，利害可以興除者，許仁者猶不倦也。

❶「位」，原脱，據四庫本補。
❷「若」，原作「君」，潛園改，且於眉端寫校語云：「據别本改。」清鈔本作「若」，今從。
❸「枉」，原作「狂」，據清鈔本改。

經界，真良法也。其初，依大禹九等法定，❶乃爲盡善。主議者堅執三等，以爲簡易。事既行矣，今再有旨令去害民者，若於今所定三等中分爲九等，雖有一時之煩勞，既定，則爲久遠之利，惠及一路，其德豈小哉！又不知令逐縣均税乎？逐鄉均税乎？欲逐縣均，須是深思博訪，曉然見逐鄉民户納税，遠近難易，然後一縣之税可均也。若逐鄉均，則一縣之税，諸鄉不同等，❷須於砧基簿總田上中下處各書其税數可也。上田一畝，税若干升合，中下亦如之。若不如此書，則民户不知所合承税數，❸税數出於鄉司輕重之手，❹而民受其弊矣。

與丁提刑書

論爲學者，貴於窮萬物之義；論爲治者，貴於識百職之體。孔子曰：「學之不講，是吾憂也。」夫聖人何憂？學者，所以學爲治也。講之熟，則義理明；義理明，則心志定；心志定，則當其職而行其事無不中節，可以濟人利物矣。反是，則其害豈可勝言？聖人心在天下，豈得不以爲憂？

❶「法定」，四庫本作「之法」。
❷「等」，原脱，據四庫本補。清鈔本作「恐」，則當屬下。
❸「所」，原脱，潛園補，且於眉端寫校語云：「據别本補。」清鈔本作「所」，今從。四庫本作「分」。
❹「手」，原作「乎」，據四庫本改。

明公持節登車，來臨澤國，有澄清之志，有愛民之誠。惜乎講之不素，未得憲臺之體也。憲臺者，法令之所在也，綱紀之所憑也。行法令、振綱紀，❶莫大於舉才能、刺姦宄，❷使盗賊屏息不敢作，刑獄清明得其情而已。今明公不然，大攬七郡、一監、三州、六縣之詞訟而畢聽之，竊恐失其職也。古人有言曰：「庖人雖不治庖，尸祝不越尊俎而代之。」明公憤郡守縣令之不治，哀在下細民之冤若失職，慨然欲使之各得其所者，何不審察守令之行事，博採於輿言？治有善最者，舉而揚之，則莫敢不勸矣。

與黄繼道書

侍郎以明哲之資，抱經濟之學，不知以今之世爲何等世也。務引責難，天下望焉。某雖未獲承教，然寄示《語解》之德不可忘，故不敢不盡其忠。

孔子曰：「成事不説，遂事不諫，既往不咎。」雖成事不説，遂事不諫，然事既未往而猶在也，可但已乎？朝中熙洽安居，無一興作，而遠方自困敝極矣。上下相蒙，不知其終，此愚者在閒曠猶寢食不能以自安者，況參法從當論思獻納之任者乎！願進忠嘉，以慰天下之望。

❶「綱紀」，原作「紀綱」，據清鈔本、四庫本改。

❷「宄」，原作「究」，據清鈔本、四庫本改。

與柳允升書

辱書，不意令祖母傾逝。《禮》曰：「父在，爲母齊衰期。」❶在齊衰中不敢見其父者，不敢以喪禮見也。父爲至尊，至尊在，則不得伸其私尊。於嫡母如此，於妾母則又不得如此矣。

與張欽夫書

愚無知，而賢者過聽，以爲似有所聞，可以論學，下問以爲仁之方。世衰道微，及此者鮮，過望，幸甚！第某孤陋，不足以發賢者之深思也，然蒙謙下之誠，不敢虚辱，請試道愚見。

私意害仁，賢者之言是也。如令尹子文之忠，似不可謂之私意，而孔子不以仁許之；如陳文子之清，亦似不可謂之私意，而孔子亦不以仁許之。仁之道大，須見大體，然後可以察己之偏而習於正。乍見孺子入井之時，❷孟子舉一隅耳。若内交，若要譽，若惡其聲，此淺陋之私，甚易見也。若子文之忠、文子之清而不得爲仁，則難識也。欽夫試思之。此言或有理，幸深思之，則天地之純全，古人之大體，庶幾可見乎！

---

❶「期」，原脱，據清鈔本補。

❷「時」，原脱，據清鈔本、四庫本補。

又

尋常士子講學，舉疑義，欲相滋益，其不復嗣音者多矣。向以子文、文子不得爲仁之義聞於左右，❶左右久而不忘，❷復以見教，此所以加於人一等也。來教曰：「仁豈易言哉！須會於言意之表，而的然有見焉者，可也。」此言誠是也。

某反覆來教，以左右未能進於此者。然則欲進於此，奈何？左右試以身處子文、文子之地，按其事而繩以仲尼之道，則二子之未知者庶幾可見，而仁之義可默識矣。孤陋據所到而言，未必是也，惟留意裁察，幸甚！

又

示諭子文、文子之説，善矣。然猶是緣文生義，非有見於言意之表者也。子思曰：「思事親，不可以不知人；思知人，不可以不知天。」仁也者，人之所以爲天也，須明得天理盡，❸然後克己以終之。以聖門實不

---

❶「仁」，原作「文」，據清鈔本、四庫本改。
❷「久」，原作「又」，據清鈔本、四庫本改。
❸「天」，原作「失」，據清鈔本、四庫本改。

與異端空言比也。空言易曉，實難到，所以顔回、仲弓亞聖資質，必請事斯語，不敢以言下悟便爲了也。欽夫高明謙下，愚見及此，不敢不告，然亦未必便是極致也。有以見教，却望毋惜。

又

學聖人之道，得其體，必得其用。有體而無用，與異端何辨？井田、封建、學校、軍制，皆聖人竭心思致用之大者也。秦、漢而下興者，雖是英雄，亦豈能勝於聖人哉？改制立法，出其私意，一世不如一世。至於近世，壞亂極矣。

欲復古者，最是田制難得便合法，且井之可也。封建，擇可封者封之，錯雜於郡縣之間，民自不駭也。古學校之法，今掃地矣，復古法與今法相增減，亦可也。軍制，今保伍之法猶在，就其由增修，使之合古，行之二十年，長征兵自減而農兵日盛。但患人不識聖人因天理、合人情、均平精確、廣大悠久之政，不肯行耳。圖畫是死法，無用也。心之精微，筆舌豈能既哉？其法具在方策，只是散亂不成條理，精考精思，便自可見。

又

昨蒙不棄，❶訪以大道，殊激頹衷。夫理不窮，則物情不盡；物情不盡，則擇義不精；義不精，則用不

❶「昨」，清鈔本、四庫本作「時」。

妙；用不妙，則不能所居而安；居不安，則不能樂天；不能樂天，則不能成其身矣。故學必以窮極物理爲先也。然非親之，則不能知味。惟不知味也，故終有疑，必待人印證也。左右既進乎實，第必敬以持之，高明博厚，日進無疆。聖門有人，幸甚，幸甚！

又

不意尊夫人傾背，伏惟孺慕號絶，何以堪居。然先王制禮，❶歸於一者也，所以消息以道，毋過摧傷，勉襄大事。古之人進德脩業，正在難處之間，要不失至理而已。

又

疊蒙相公親翰之賜，又蒙特遣名醫爲之切脉察病，而叔父處又傳致均念之厚，下情感戴，不可言宣。❷竊伏自念，所以得此者，豈不以其粗能安貧守道，或不玷其先人故乎！大君子顧盻後進，成人之美，幸甚，幸甚！

愚望相公推此心，廣收天下真才實能忠信之士，使無遺棄，以俟明天子赫然震怒，欲匡天下，圖仕舊勳，

❶「王」，原作「生」，據清鈔本、四庫本改。

❷「宣」，清鈔本、四庫本作「陳」。

則拔茅連茹，使各盡其器用，臨時無乏，使之嗟而中原可復矣。此固相公之素有，區區之意，自不能已耳，不敢專札塵瀆告代，❶次致此愚誠。❷

又

比得款論，竊識左右胸中正矣，大矣。大體既是，正好用功，近察諸身，遠察諸物，窮竟萬理，一以貫之，直造寂然不動之地，然後吉凶與民同患，爲天之所爲矣。此聖門事業也。欽夫勉之哉！則又有進於左右者。堯授舜，舜授禹，曰：「人心惟危，道心惟微。」微，言微妙也；危，言無常也。故孔聖自十五志於學，積十五年工夫，然後敢以自許。自是而後，每積十年工夫而一進，末至「從心所欲不踰矩」，❸方才純是道心，與天無二。故《中庸》稱孔子之德，終以天地之所以爲大結之，更不稱仲尼也。

今之學者少有所得，則欣然以天地之美爲盡在己，自以爲至足矣。就世俗而言，亦可謂之君子，論於聖人之門，乃是自暴自棄耳。左右方妙年，所見大體已是。知至矣當至之，知終矣當終之，則曾、顏地位何患

❶「代」，清鈔本作「待」。
❷「次」，原脱，據清鈔本、四庫本補。「愚誠」，原作「誠愚」，據清鈔本、四庫本乙。
❸「所」，原作「不」，據四庫本及《論語·爲政》改。

不到？❶ 欽夫戒之哉！ 乾乾不舍，工夫深後，自然已不得也，今且當以速成爲戒耳。

某病渴已十餘年，又見中外兄弟皆不壽，心常不自保。 道學不明，夷狄禽獸逼人甚矣，未有能振起者。欽夫資禀穎異，故樂以告，不自知其愚也。 有不中理，却幸指摘，當益思其所未至。

又

辱示《希顏録》，足見稽考之勤。 輒忘孤陋，肆筆寫其所聞，未必皆當也。 欽夫所得，却以見告，至望。先賢之言，去取大是難事。 如《程子語録》云：❷「顏子合下完具，只是小，要漸漸充擴之。」此乃常人，非顏子也。 既是小，則如何謂之完具？ 若論秉彝，則人人完具也，何獨顏子？ 顏子所以資禀過人者，正以其大，便有一箇合德於天地氣象也。 此段正先生所謂「一兩字錯，便轉了只訛得他意」，❸此類是矣。 又如《正蒙》云：「顏氏之進，則欲一朝而至焉，可謂好學也已。」似如此迫切，亦説顏子未着也。 文中子之言，誕漫不親切；楊子雲淺陋，不精通；莊子坐忘費力，心齋支離。《家語》如「不容，然後見君子」，恐亦未免於陋也。 欽夫勇猛精進，諸人有未到處，他日當自見。 以下喻謙勤，故不敢不摘其一二也。

❶「何」，原無，據清鈔本補。
❷「云」，原作「去」，清鈔本描正作「云」，今從。
❸「訛」，清鈔本作「記」，四庫本作「知」。

又

《莊子》之書，世人狹隘執泥者取其大略，亦不爲無益。若篤論君子，❶句句而求，字字而論，則其中無真實妙義，不可得而行也。❷其説夫子奔軼絶塵事，類如此矣。如關西夫子説顔子之歎，於顔子分上雖未精審，❸然正學者之所當有事也。與「欲一朝而至」迫切之語，❹蓋不同矣。龜山如字之解，左右之論，是也。某之意，《希顔録》如《易》、《論語》、《中庸》之説，不可瑕疵，亦須真實見得。不可瑕疵，然後可也。其他諸説，亦須玩味，於未精當中求精當，此事是終身事。天地日月久長，斷之以勇猛精進，持之以漸漬薰陶，❺升高自下，陟遐自邇，故能有常而日新，日新而有常，從容規矩，可以贊化育、參天地而不過也。

與彪德美書

辱示以所見，甚慰。此事真要端的有著落，空言泛泛，何益於吾身。上蔡先生「仁敬」二字，乃無透漏之

---

❶「論」，清鈔本作「誰」，四庫本作「信」。
❷「得」，四庫本作「依」。
❸「審」，四庫本作「當」。
❹「與」，原作「無」，據清鈔本、四庫本改。
❺「漬」，原作「積」，據清鈔本改。

法門，惟益勉旃，以副所望。

又

「形而上者謂之道，形而下者謂之器」。不知公如何分解？須是指摘分明說出，難爲模糊說也。看《通鑑》有得，毋惜以一二精義見教。吾徒幸不蔽固於俗學，聖賢事業幸有一綫路可以究竟。惟不志於功利，死而後已者，可與共進此道耳。吾友勉之！

又

「形而上者謂之道，形而下者謂之器」。更曾細觀《語録》，入思慮否？「陰陽亦形而下者」，此語如何？理趨須是自通貫，隨人言語是不可也。某見侯先生說此句，信以爲是，更不致思，前日頓省猶未是也。經可易讀乎？如尹先生《語解》，亦未可輕易，恐高明之人有蚍蜉撼大樹之笑也。❶如何？某年齒往矣，雖摧頹，而志方欲振耀，所望直諒之友左提右挈，庶幾不喪素志乎！勉之，勉之！交相警戒，可也。

❶「恐」，原作「忠」，據清鈔本改。

又

寂然不動，感而遂通天下之故，與未發已發不同。體用一源，不於已發未發而分也。宜深思之。

又

所見果分明，不必虛爲謙讓。若未分明，正要提起熟講，然後可望上達。天命至微，自非亞聖大賢，孰敢便謂已貫通。惟是念念不忘，庶幾日日有功，不至墜墮也。

又

左右書詞有得有失。篤志近思，得也。迫切則苦而不可久。悔過而不能釋去，則局束而不可大。欲速如聖賢，以未見近功而自謂恐終身不能至，❶則大非所望也。孔子曰：「無欲速，無見小利。」不特爲政，學亦如是也。孟子曰：「心勿忘，勿助長也。」此養心之要道。今欲進學而不終，其去仁也遠矣，吾友勉之哉！

❶ 「身」，清鈔本、四庫本無。

又

學問之道，但患自足自止耳！若勉進不已，則古人事業决可繼也。史書自威烈王三十三年而下，❶其年紀、世次、興亡，大致嘗略考之矣。自是而上，及鴻荒之世，所可知者，則未嘗深考之也。今博取群書，取其中於理，不至誣罔聖人者，用編年爲紀，如《通鑑》然，名之曰《皇王大紀》。考據三代，雖未精當，然亦粗有條理，可辨王伯，不至紛紛駁雜如前史所紀也。

又

黄、沈有《論語説》，某因其説，亦有數段。學問不可不講，講看，便見病敗也。前輩彫零殆盡，❷續之使不絶，正在後輩，吾徒其可以此事若存若亡乎！直須如粥飯，不可少一頓可也。又況欲張而大之乎！嗚呼！執書册，則言之；臨事物，則棄之。如是者，終歸於流俗而已矣。切不可不戒也。

---

❶ 「威」，原作「成」，據清鈔本、四庫本改。

❷ 「殆」，原作「殘」，據清鈔本、四庫本改。

又

社祭禮秩視三公，不知有何經可以爲証。伐鼓於社，以助陽也，非責社也。變置者，更新壇位，盡敬焉耳，非責罰也。更試思之，有可見告者，無吝反覆。明道所謂不有益於此，必有益於彼，❶不可寢默但已也。

又

聞有相從欲學文者，須依東坡之法，令熟讀《左氏》、兩《漢》、韓、柳之文，則他日所成就必大有可觀者。因是虎變，亦未可知也。若苟且近功，辟如萬户碁子爭勝負，能提先手，超邁等倫乎？

又

天帝精義，須自有説，但恐思之未至耳。不可便以《孝經》之言爲不是，須反覆思索可也。禘嚳郊稷，却似無可疑者。太王爲狄所攻，屈己事之，豈得已哉！可謂之樂天乎？

---

❶「彼」，原作「此」，據清鈔本、四庫本改。

又

郊社之禮，建正之義，考之頗詳，然恨未精也。如蜡祭，既謂合聚萬物而索饗之，則何可謂以八神爲主？社主報嗇，❶其祭在春，首見於何經？地固配天，謂當立北郊方丘，與天分庭抗禮，恐於義理不然，更思以見教。三王建正不易月，《通鑑》紀秦、漢已遵用矣。《大紀》中固已紀實。更進者，❷《通鑑》可也。

又

「思曰睿，睿作聖」，豈可放下？若放下時，却是無所事矣。無所事，則妄人矣。若太勞，則不可。誠如教語也。

又老人、病人、衰人有死之道，然以目前觀之，死者亦未必便是老人、病人、衰人。蓋脩短有數，一定而不可變，雖聖人與造化同，於脩短亦聽之，未嘗别致力也。此所以爲聖人歟？在衆人，則不奈何着死耳。凡事皆然，不特死生也。

---

❶ 「主」，原作「王」，據清鈔本、四庫本改。

❷ 「進」，清鈔本、四庫本作「精」。

飲水曲肱，安静中樂，未是真實樂。須是存亡危急之際，其樂亦如安静中，乃是真樂也。❶此事豈易到，古人所以惟日孜孜，死而後已也。

讀書，一切事須自有見處方可，不然，汩没終身，永無超越之期矣。衆人汩没不自知覺，可憐，可憐！

又

下諭衛所以爲變風之首者。伊川云：「以衛首壞王制，并邶、鄘之國故也。」嘗考衛頃公之薨，在夷王末年，夷王之世，方下堂而見諸侯，未見諸侯有相呑併者。伊川云「衛首并邶、鄘」，據《詩》而言，可信也。故各繫其國，以見衛之罪也。文中子爲《小雅》爲周之盛者，言其初也；季子以爲周之衰者，言其末也。其從如雲如雨如水，恐先公之説得其要也。何以言之？夫民從君者也。❷君從之，❸然後臣民從之。聖人之法常在於端本清源，豈可舍本源而就末流乎？

❶「是」，原作「事」，據清鈔本、四庫本改。
❷「夫」，清鈔本脱，四庫本作「蓋」。
❸「君從之」，原無，據清鈔本、四庫本補。

又

《關雎序》云：「不淫其色。」故伊川言：「淫其色，非后妃之事。求淑女，詩人之意也。」此雖先生之説，然録者亦多誤，未可全信也。

先生之説，何以未可信？爲《關雎》之詩言后妃之德故也。❶若是詩人之意，即非后妃之德矣。后妃之德，以不妬忌爲至，❷故樂得淑女以配君子。憂在進賢，不淫其色，進其賢而已，非以貌，❸不使君子淫其色也。此在后妃分上大有意味。使后妃有是德，則人君不脩内行等事，一切消磨掃除殆盡，雖欲發而不可得。此《易》之所謂女貞者也。深考此説，則伯氏之言非苟發矣。

又

《大紀》工夫不敢輟。首盤古，不可移也。事則信以傳信，疑以傳疑。理則可存者存，可削者削。近於

❶ 「言」，原作「皆」，據清鈔本、四庫本改。
❷ 「至」，原作「主」，據清鈔本、四庫本改。
❸ 「貌」下，清鈔本有「進」字。

三皇之世，載些語言甚有意思，俟回見求益也。❶

來書末後所贊鄙言，因事憤發，既以自警，又以奉告。❷若不於此省悟着工夫，真可惜逡巡枉過一生也。臨死而後悔之，則無及矣。德美當有見處，不可爲事物所驅役不知覺也。大抵情所重處，便被驅役，自以爲是，而不知區區於一物之中，可惜哉！人本與天地同德，乃自棄於一物，可惜哉！

某爲此言者，非謂德美爲事物驅役也，大概相警發耳。其爲事物所驅役，不爲事物所驅役，惟德美自知之，某不得而與知也。勉之，勉之！

又

井田封建，施仁恩之大端也。商鞅、王莽事甚明白，在所不論。董子限田之策，欲漸近古。而唐宗府兵之制，亦師古者也，更能將歷代田税制度精考，❸幸甚！

周之宗廟只在鎬，却於經無可據之文；而在洛，却有可據之事。當時周公營洛邑，郊於此，社於此，烝

❶「回」，清鈔本作「面」。
❷「又」，原作「人」，據清鈔本、四庫本改。
❸「精考」，原無，據清鈔本、四庫本補。

於此，諸侯朝於此，祼太室、行封賞於此，似宗廟在洛無疑也。故康王命畢公之文，直以洛邑爲王室。❶唐、虞五載一巡狩，周制六年王乃時巡，車徒簡易，非如後世有千乘萬騎，辨嚴之難也。四時來朝享，何難之有？洛在畿疆之内，無告行之禮，若適諸侯，則告行，亦非難事也。諸侯來朝享，禮必行於廟，報功行賞亦必於廟，則洛邑固已朝諸侯，行封賞矣。故曰以宗廟在洛無疑也。

惟告朝一事，思天子以祝文遣使，命東郊大臣代告，疑亦可也。但無經文可証耳。主命之文，爲出疆設或謂設虚廟於洛，載主在於是，遇時祭則祭，如烝於文王、武王是也。《禮》曰：「當七廟五廟無虚主。」祭祖禰，❷告命爲主，事有主名，非可泛行他事爲文，❸况祭祀必於宗廟，而可行於疆外乎！

則廟不可虚設矣，則所謂四嶽之下皆有廟樹。

又曰：❹「明堂見於泰山。」不知據何經而云然乎？成周宣榭火，是周東遷，平王都於此矣。❺其有固宜，又何可引以爲証也？切更思之。

---

❶「王」，原作「三」，據清鈔本、四庫本改。
❷「祭」，原脱，據四庫本補。「祖」，原作「俎」，據四庫本改。
❸「爲」，原脱，據四庫本補。
❹「又」，原作「人」，據清鈔本、四庫本改。
❺「王」，原作「主」，據清鈔本、四庫本改。

又

郊社之義，謹案孔子曰：「禮者，義之實也。」王者祭天於郊南，面陰也。陰氣者，地之體也。天尊地卑。王者，父天母地，不敢悖天地之大義也。郊特牲，而社稷太牢，具牛羊豕爲太牢。❶太牢固非特牲，又安知其非□□乎？❷禮有以多爲貴者，有以少爲貴者。王者，父天母地，不必事事同，然後爲禮。天無二日，土無二王，家無二主，尊無二上，自有等降也。只如人事父母，其孝愛之心則一，其事則不可同矣。禮以節文爲主，若無節文，乃非禮也。《周禮》成於劉歆，歆是不知三綱之人，其書不可引以爲証。孟子之言有激而云耳，當以活法觀，若以死法觀之，則得乎天子而爲諸侯，得乎諸侯而爲大夫。諸侯大夫莫非有功於民，乃得爲諸侯大夫，若以得乎天子諸侯而爲諸侯大夫，成甚説話。謂變置社稷，如天子變置諸侯。若欲變置土穀，❸則土穀不可變；若欲變置勾龍周棄，則一世偉人英靈在天，❹不可以比。無道諸侯，誅責而變置之也必矣。

❶「爲」，原重，據清鈔本、四庫本删。

❷「□□」，四庫本作「牛羊」。

❸「土穀」至「變置」十二字，潛園補，且於眉端寫校語云：「據别本補。」清鈔本、四庫本有此十二字，今從。下「可變」下，清鈔本、四庫本有「置」字。

❹「天」，原脱，據四庫本補。

又旱乾水溢，人主當反躬修行，今反加誅罰於鬼神，果何義耶！《曲禮》下篇曰：「天子祭天地，祭四方，祭山川，祭五祀，歲徧。」來教謂：「《禮》曰：『天子祭天地，祭社稷，祭五祀。』」出於何篇也？《曲禮》下篇又曰：「諸侯祭方祀，祭山川，祭五祀。大夫五祀，歲徧。士祭其先。」《王制》曰：「天子祭天地，諸侯祭社稷，大夫祭五祀。」夫天固諸侯之所不得祭，地雖爲母道，又妻道也，臣道也。天子大社封五色土，❶諸侯各以其方色，是諸侯雖祭天，❷而比之天子則有等矣。諸侯方祀，殆爲是乎！夫諸侯之不敢祭天，猶支庶人之不敢繼祖也。諸侯之得祭地，猶支庶人之各母其母也。又案孔子曰：「祭帝於郊，所以定天位也；祀地於國，❸所以列地利也。」又曰：「禮行於郊，而百神受其職焉；禮行於社，而百貨可極焉。」又曰：「郊，所以明天道也；社祭土而主陰氣也。」❹又曰：「夫禮必本於天，殽以降命。❺命降於社之謂殽地。」❻又曰：「社，所以神地之道也。地載萬物，天垂象，取財於地，取法於天，是以尊天而親地也。故教民美報焉。」禮雖無明文，猶當以義起，況順於理義，又有明文如此之多乎！更加深思博觀天下之義理可也。

---

❶「土」，原作「上」，據清鈔本、四庫本改。
❷「天」，四庫本作「地」，清鈔本脱。
❸「地」，《禮記・禮運》作「社」。
❹「社祭土」，原作「郊祭上」，據清鈔本、四庫本改。
❺「以」，原脱，據清鈔本補。
❻「地」，原脱，據清鈔本、四庫本補。

又

示諭數端，皆列聖因革大致也。謾具鄙見，幸却指其未到。

建正，自黄帝、堯、舜皆建寅，夏后氏受禪，因而不革也。商之所以建丑，周之所以建子者，爲天道至微，所以因革命改建，❶所以發明三陽之義，以詔天下後世。其旨深遠，不可淺近看也。二帝而上，恐未有是也。

服色，恐是垂五德之運。禹平水土，北方黑，故尚黑。湯征伐，西方金，故尚白。周亦征伐，火克金，故尚赤。不只以物生之色爲上也。

忠、質、文之更尚，承忠之弊以敬，太史公之言非是。忠與質相近，大抵虞、夏質，殷、周文。殷人以木輅爲先輅，是尚質也。周之五冕皆玄冕朱裏延紐，❷五采繅十有二就，皆五采玉十有二，❸玉笄，朱紘，其文可知也。聖人欲乘殷之輅，服周之冕，是文質參用也。周以玉輅爲先輅，今乘殷之輅，謂之變周之文從殷之質，亦可也。

❶「革」，原脱，據清鈔本補。四庫本作「時易」。

❷「玄」，原避清康熙帝名諱作「元」，今改回。

❸「玉」，原作「王」，據清鈔本改。

禮樂之儀章器數須有本文，爲之記可也，不可謂之經，以其是有司之事耳。若《禮》之理、《樂》之義，則存乎《易》、《詩》、《書》、《春秋》之中矣，故通謂之《六經》。

貢賦，王畿之内，穀粟自足用，若夫禮樂制度所須之物，則取之九州四海然後足。故任土作貢，各以其所出，不必云取其美物以當穀税也。

又

魯惠欲以私愛立桓公，隱公承父之志，不立乎其位可矣。今既居其位，又以讓桓，則與有罪矣。傳説未可非也。

首止之盟，義繫於齊桓之會王世子，而不繫於王世子會齊桓。無虧之殺，❶義繫於宋襄，而不繫於齊人。齊昭殺孝公之子，三《傳》不載，未詳其事，不可鑿也。春秋之時，天子無號令，甚矣！衛惠既死，王命討之，雖爲後時，然猶勝終不討也。齊桓承王命而不動大衆，亦得輕重之宜矣。爲衛侯者，即日因齊桓之京師，請歸罪於司寇，以忠孝蓋前人之愆，可也。齊師以是日至，直以是日與之戰，甚矣！故義繫於衛，而非繫於齊也。

凡有疑，則精思之。思精而後講論，乃能大有益耳。若見一義即立一説，初未嘗求大體、權輕重，是謂聖人權輕重，不失毫釐。君子積數十年探討之心而爲之傳，豈苟然也。

❶「虧」，原作「騎」，據清鈔本、四庫本改。

穿鑿。穿鑿之學，終身不見聖人之用。

又

承討論《春秋》學，某未能得髓，何足以辱公問？姑道所見。大一統之法，奉天子正朔是矣，恐不當更用首年也。❶商、周必改正朔者，三陽之發，天道至微，聖人推而行之，其用妙矣，但人未之思耳，非止於易民觀聽也。易月之意，無可疑者。聖人制作萬世不易之典，其中大有革而不因者，曾易月之可憚乎！一箇「春」字，便是行夏之時，正次王，王次春，則旨意又別也。❷以《周書》考之，嗣子即位於初喪者也。踰年之制，方欲討論，深恐只是國史於此年之首方紀即位之事也。❸

《春秋》之法，大復仇，然不爲復仇而作也。復仇，《春秋》法中一事耳。幽王寵褒姒，黜申后，廢嫡子，立伯服，破滅宗周，其罪甚大。故其父子間，聖人所難言也。及其賵仲子，❹蹈覆車之轍，然後書而深罪之也。然則聖人所以不以復仇責平王者，其意所見，殆與書晉弒其君州蒲之類相近似乎！故謚法名之曰「幽」、

❶「當更」，原作「更當」，據清鈔本乙。

❷「旨」，原作「首」，據清鈔本改。四庫本作「立」。

❸「恐」，四庫本作「思」。

❹「及其賵」至「罪之也」十八字，原無，潛園補，且於眉端寫校語云：「據別本補。」清鈔本、四庫本有此十八字，今從。

「厲」。雖孝子慈孫，不能改也。隱公若不自立，使諸大夫具事本末請王命，則可免矣。《傳》謂隱無正者。正，謂不請王命耳。故仲氏以攝爲無正，爲非義之所存也。故紀侯之去，與其他出奔者不同。故仲尼以去國書之，而不書奔。故不與其他失國者一例，以名書之也。可謂權輕重，不失毫釐矣。伊川先生未成書，故不能無毫釐未盡善處也。

公子郢雖當立，孔子正名，必須請王命，然後爲正也。田常弒君，告於哀公，哀公使告三子，孔子豈得不告？告而從，❶則必請王命，王若能從魯請，興義師，便爲平定天下之端，不爲東周矣。

又

首年之義，恐不可泥於一說。諸侯奉天子正朔，便是一統之義。有事於天子之國，必用天子之年。其國史紀政，必自用其年，不可亂也。當時諸侯紀元，乃是實事，與後世改元者不同也。聖人於元上見義，若諸侯無元，則亦不成專君矣。❷如元亨利貞，乾坤四德，在他卦亦有之，不可謂乾、坤方得有元，他卦不得有也。《易》載其理，《春秋》見其用，恐義亦當如此也。

祔禮必行之於廟，但皆不見其制度。書中有康王受命一事，恐或可推，但無徵不信，不敢遽立說耳。

---

❶「告」，原無，據清鈔本、四庫本補。

❷「專」，清鈔本作「爲」。四庫本作「耑」。

聖人釋欒書，歸弒於一國之人，若聖人事親，在乎當誅一國之人乎？不然，《春秋》亦空言耳。宜更思之。

吾友□須當以復仇責平王，❶而聖人不責之意，亦别有説乎？不然，愚説亦有味也。

隱公不請王命固不是，請王命而有得國之意亦不可。若革先君之不義，請王命而立宗人之賢者，疑亦可也。道固多端，不可執一也。若紀侯，非齊侯無道暴横之甚，則多守其國者也。❷去太王則遠甚，亦賢於其他自取滅亡者矣，故聖人書法如此。舜之爲子，烝烝乂不格姦，不可與常人比並而論也。天下有大義，亘古亘今，不可磨滅，要在識之而已。以衆授齊侯，亦聖人與狂獧之意，非盡善也。無情反覆，然心之精微，言豈能宣？涉着言語，便有滯處。歷聖相傳，所以不專在言語之間也。

又

先儒之説，須傍附義理，不可輕破，要在自以意觀之，所以謂田爲地統者，爲是二陽也，偶便是坤矣。若陰，則從陽者也，豈可以爲統乎！明者，陽也；晦者，陰也。見者，陽也；不見者，陰也。寅正三陽發見，明

❶「吾友□須當」，四庫本作「竊意《春秋》當」。「□」，清鈔本作「以」。

❷「多」，清鈔本作「能」。

孰加焉。故先儒謂夏數得天，百主所同。❶聖人南面而聽天下，必以此爲正也。

與孫正孺書

貧家絶禄，又供遠費，會計歲入不贍，正以爲撓，辱下喻。尋常亦爲公憂之，然聞公每言纔親生産作業便俗了人，❷果有此意否？古之人蓋有名高天下、躬自鋤菜如管幼安者，隱居高尚、灌畦粥蔬如陶靖節者。使顔子不治郭内郭外之田，則饘粥絲麻將何以給？又如生知將聖，猶且會計升斗，看視牛羊，亦可以爲俗士乎？豈可專守方册，口談仁義，然後謂之清高之人哉！正孺當以古人實事自律，不可作世俗虚華之見也。以先世之契，不敢不盡言。

又

「大抵行貴精進，言貴簡約」。欽夫之言，真有益於左右者也，便可於此痛加工矣。平仲云：「心者，萬化之原，至理之所在。」此是籠罩語，非端的見者也。何以明其然？天也，命也，性也，豈不可如此言乎？餘所立言，皆如此也。道學須用博學、審問、慎思、明辨，然後力行，則不差耳。

---

❶「主」，清鈔本、四庫本作「王」。

❷「纔」，原作「讒」，據清鈔本、四庫本改。

又

禮者，因人情而爲之節文者也。不知此庶母者，平日事先人，其禮秩何若？其功勞何若？若重則從重，輕則從輕，似不必虞，不必作主，爲之服緦。既葬而除，歲時若當祭之，則爲位可也，更自隨輕重裁處可也。苟非其人，道不虛行。先王制禮，只是大概，斟酌得中，正在當人耳。

又

左右資禀過人，大要學問擴充之，❶須「日知其所亡，月無忘其所能」，汲汲焉如不及，然後可耳。光陰易失，古大禹所以惜寸陰也。❷辱許顧我少留，幸甚！惟恐不肯留耳。雖然，相守着亦不濟事。古詩云：「與君一夕話，勝讀十年書。」若左右積思積疑有不決處，則一夕話真勝讀十年書。不然，雖某竭其愚，而左右未能脱然有悟處，則亦空相守也。切望深察。

❶「擴充」，四庫本作「充擴」。清鈔本作「充横」，蓋「充擴」之形訛。

❷「古」，清鈔本作「此」，四庫本作「故」。

又

和公所以眷存契末者，❶甚厚甚勤。而某適以畏陰濕，不能副其意，深懷不足也。欽夫特訪陋居，一見真如故交，言氣契合，天下之英也。見其胸中甚正且大，日進不息，不可以淺局量也。河南之門，有人繼起，幸甚，幸甚！

又

仁之一義，❷聖學要道，直須分明見得，然後所居而安。只於文字上見，不是了了，須於行住坐卧上見，方是真見也。更須勉旃，光陰易得，摧頹之人亦有望於警策也。

與談子立書

向謀之仙墅，果否？人但恐立志不堅確，樹立不終久，自退步耳。若志意堅定，樹立日豐厚久長，則所居即爲勝地，亦何必依名山大川也。見處要有領會，不可泛濫，要極分明，不可糢糊，直到窮神知化處，然後

---

❶「眷」，原作「養」，據清鈔本、四庫本改。

❷「一」，清鈔本作「與」。

爲是耳。道學衰微，風教大頽，吾徒當以死自擔，力相規勸，庶幾有立於聖門，不淪胥於污世也。

又

禮，緣人情而爲之節文者也。古者，既葬而反虞，虞必作主。祔者，以主祔於廟也。❶夫喪三年，則凶事也。三年之外，則四時祭享爲吉矣。父在，有母之喪不敢見其父者，不敢以喪禮見也。宗廟祖宗，尊者之所安也，未除喪而祔，而以喪禮入廟，可乎？故伊川先生以爲必三年而後祔，禮也。卒哭謝弔者，有輕重遠近，或往或不往，度吾之情何如耳。古人居喪，百事皆廢，雖不往，豈不可乎？《禮》曰：「送形而往，迎精而返。」精在我者也，心誠，則得之矣。此則知鬼神之情狀。子立其勉之！

與毛舜舉書

伯氏爲題齋名曰「不息」，其意蓋曰：天之所以爲天者，至誠無息而已。君子不息，所以法天也。人以窮理盡性參贊化育天地之事期我，我其可不自强耶！

此事在謝先生《論語》中説得甚力且分明，可反覆熟看，直俟看得入神，不在語言文字間，然後爲真得也。吾友勉之！

---

❶「主」，原作「上」，據清鈔本改。

五峰胡先生文集卷第三

雜文

邵州學記

延平陳公正同，天資忠信，克世其家。❶作守於郡，小心恭畏，布詔行令，以明倫爲先務。歎郡庠庳下，❷褻於囂塵，考按厥始，乃元符中因皇華館之舊也。公曰：「嘻！此豈尊師重道之禮，其何以明施於天子德政乎？」士子合詞曰：「神霄廢宫，地勢高明，棟宇閎麗。今爲戒壇寺，其徒二三人，坐視廢頽，而加之拆毁，❸請更以奉先聖。」公大説，從之。咸自勸，❹以金穀給力役，民不知而學宇一新。既告成蕆事，移書某

❶「家」，原作「守」，據清鈔本、四庫本改。
❷「庠」，原作「産」，據清鈔本改。
❸「拆」，原作「折」，據清鈔本、四庫本改。
❹「自」，四庫本作「以」。

曰：「子爲我記之。」某以樸學無文辭，不獲命，敢起《春秋》不書脩泮宫之義敬爲公書。❶

夫爲是學者，非教士子美食逸居，從事詞藻，倖覬名第，蓋將使之脩身也。身脩，然後人倫明，小民親，而人道立。故學在天下不可一日廢。

愚嘗遠探鴻荒，天地方開闢，未有文字，而黄帝已學於大真矣。至唐、虞始設官作命，建教人之所。三代興王，肇脩人紀，乃新其名。逮周之季，人不説學，諸夏衰落，天生孔子，發憤忘食，講學成經，然後人知所立。後世人之欲保大其業，未有不尊崇斯道者也。

今新天子臨御萬幾之餘，手寫諸經，不厭不倦，至誠無息，風動天下；内興太學，外詔郡邑，❷咸崇庠序。夫子被王者服，巍然當坐，群弟子以公侯環列，春秋二時受天下盛禮。在昔黄帝、堯、舜、禹、湯、文、武，真天位之君也，❸乃有所不如。其故何哉？成一時之勳業有限，❹而開萬世之道學無窮也。若直守流行於世數卷紙上語，而不得其與天地同體、鬼神同功之妙，則非善學矣。

其合於天地、通於鬼神者，何也？曰：仁也。人而克仁，乃能承天運，御六氣，贊化工，生萬物，與天地

❶「起」，四庫本作「援」。
❷「邑」，原作「邑」，據四庫本改。
❸「真」下，清鈔本、四庫本有「居」字。
❹「成」，原無，據清鈔本、四庫本補。

參，正名爲人。若徒掇拾章句，馳騖爲文采，藉之取富貴，緣飾以儒雅，汲汲計升沉，領光景以快情遂欲，誇妻妾而耀鄉里者，是吾棄我經天緯地、建三才、備萬物、至大至妙不資之身於一物之小也，❶其不仁孰甚焉。

孟子曰：「仁也者，人也。合而言之，道也。」仁之道，非便儇皎厲、耳剽口誦之所可得，必剛毅篤實，主忠行恕，而後可至。君子平居尚論，❷莫不有效古人横身濟世之願，而莫能致知、用力於仁。❸一旦得仕，所行非所志，所用非所業，勢利誘於前，❹風俗驅於後，患害生於左，咻尼起於右，則必倀倀然冥行而陷於荆棘。雖□高當代，❺智足以謀，勇足以決，譬猶杞梓連抱而心朽蠹，良匠掄材，必不敢以柱六寢，梁五門，棟明堂太室矣。又況初無志願，而游冶於詞藝，縻爛於富貴，雖侏儒店楔，亦孰敢倚而用之？故孟子論人而不仁，❻則不能保其業而全其軀，此天下之大戒也。有能繹斯言而知味，❼悟俗學之失真乎？廓然大觀，解其膠固，蹇然高舉，拔於卑陋。潛心夫子之文章，期得夫子之道於文章之表。尚志不自棄，親師求性初，取

---

❶「資」，清鈔本、四庫本作「貲」。
❷「君」，原無，據四庫本補。「尚」，原作「向」，據四庫本改。
❸「仁」，原作「人」，據清鈔本、四庫本改。
❹「利」，原脱，據清鈔本、四庫本補。
❺「□」，四庫本作「功」。
❻「人」，原作「仁」，據清鈔本、四庫本改。
❼「繹」，原作「譯」，據清鈔本改。

友資器利。情欲之妨於理義者消忘之，氣質之戾於中和者矯正之。無須臾不敬，無毫忽自欺。則庶幾可以言仁矣。

人仁，則道立，廣大無疆，變通莫測，作絶世真儒於百代之下，續孟氏不傳之學以待有司之舉，發六經精微，論百家得失，陳當世之要務，何施而不可？雖然，此特道其源，開其端耳。譬諸卉木，培擁發生，凌雲照日，則在乎人焉。游於斯，食於斯，惟爲己之學是務，然後識公脩崇是學，期望於士子者遠矣，大矣。斯道也，與天地相並，造化相關，亘萬世而常存，視石上之蕪詞，又何足爲不朽。

復齋記

《易》卦有復。孔子曰：「復，反也。」所以反本復始，求全其所由生也。人之生也，父天母地，天命所固有也。方孩提，未免於父母之懷。及少長，聚而嬉戲，愛親敬長，良知良能在，而良心未放也。逮成童、既冠，嗜欲動於內，事物感於外，内外紛糾，流於所偏勝，故分於道日相遠也。❶此《大學》所以不傳，而人心之所以流漫支離，不可會歸於一歟！

扶風馬君名其種學績文之所曰「復齋」，不汩於流俗，❷慨然有志《大學》之道，因予友彪子也來求言。

---

❶ 「道」下，四庫本有「者」字。「相」，清鈔本脱，四庫本無。

❷ 「汩」，原作「泊」，據四庫本改。

予安能知？然從事於斯，如老農之服田力穡也久矣，請試言其耕耨收穫之功焉。

夫人非生而知之，則其知皆緣事物而知。緣事物而知，故迷於事物，流蕩失中，無有攸止，自青陽至於黄髮，茫茫如旅人不得歸家而安處也。今欲驅除外誘，不失其赤子之心，以復其所由生之妙，則事事物物者，乃人生之所不可無，而亦不能掃滅使之無者也。

儒者之道，率性保命，與天同功，是以節事處物，不厭不棄，必身親格之，以精其知焉。夫事變萬端，而物之感人無窮。格之之道，必立志以定其本，❶而居敬以持其志。志立於事物之表，敬行乎事物之内，而知乃可精。目流於形色，則知自反，❷而以理視；耳流於音聲，❸則知自反，而以理聽；口流於唱和，則知自反，而以理言；身流於行止，則知自反，而以理動。有不中理未嘗不知，知之未嘗復行，此顏子所以克己復禮，不遠復而庶幾聖人者也。及其久也，德盛而萬物一體，仁熟而變通不窮，豈特不爲事理所迷惑而已哉？❹

視、聽、言、動皆由至理，形色、音聲、唱和、行止無非妙用。❺事各付事，物各付物，人我内外，貫而爲

---

❶「立」，原作「亡」，據清鈔本、四庫本改。

❷「知」，原作「志」，據清鈔本改。

❸「聲」，原作「擊」，據四庫本改。

❹「理」、「惑」，清鈔本、四庫本作「物」、「亂」。

❺「行止」，原無，據清鈔本、四庫本補。

一，應物者化，在躬者神。至此，則天命在我，無事於復，而天地之心可一言而盡矣。復之道，於是爲至焉。馬君勉之哉！毋驚焉而謂予言之狂也。必顧名思義，與其友朋牽連而復於道，❶然後爲稱矣。

馬君名寧祖，字奉先。

有本亭記

紹興庚戌歲，先君子自荆、郢趨吳、越，遇腹心之疾，不至而返。徜徉遊行，遂至湖南，横涉清流，顧而歎曰：「此水滄浪之水乎？❷何其清之甚也！源可尋而濯我纓乎？」則命門弟子問津於居人。於是傍西山之陰，逶迤而入。不及百步，蒼然群木之下，翠緑澄淨，藻荇交映，俗以其色故號爲「碧泉」。

登山四顧，❸乃洞庭之南，瀟湘之西，望於衡山百里而近，蓋太古荒夷未闢之墟。而泉出於盤屈石山之下，凝然清光，微瀾無波，沄沄而生。平岸成溪，放乎遠郊。却步延目，溪雖清淺，而有長江萬里之勢焉。先君子徘徊不能去，拂石□箚而坐，❹喟然而歎曰：「水哉！水哉！惟其有本也，故不舍晝夜。仲尼

❶「復」，原作「後」，據清鈔本、四庫本改。
❷上「水」字，清鈔本、四庫本作「非」。
❸「登」，原作「顧」，據清鈔本、四庫本改。
❹「□」，四庫本作「倚」。

所以有取耳。吾老矣，二三子其相吾志。」乃求得其地，夷榛莽，植松竹，❶山有爲樵牧所殘者養之，流有爲槁壤所壅者疏之，❷巖石之爲草木所湮没者闢之。未及有成，而先君子長棄諸孤。

今也免喪而不死，慨念先君子道學德行，淵源溥博，不可涯涘。其移見於天下，皆應時而出者也。惟以身有之，❸是以感是水而崇之。藐然不肖，深自思念，仰望先君子，智之不及至遠也。然守遺體，奉遺訓，期確然自守，❹不敢與流俗同波，故作亭源上，名曰「有本」，表著其所願學，以無忘先君子平生之言。此於盤盂之銘、❺几杖之戒，庶幾我先君子之志不隕於地，亦若是泉之流衍，亘萬世而不窮也。後之人毋念爾祖，尚其嗣之。

不息齋記

紹興二十有九年春，友生毛子請曰：「以謨齋房，衡麓先生名曰『不息』，惟義之奥，至於今十年，若存若

---

❶「竹」，原無，據清鈔本、四庫本補。
❷「爲」，原重，據清鈔本、四庫本删。
❸「以」，清鈔本、四庫本作「其」。
❹「期」，原作「斯」，據清鈔本、四庫本改。
❺「此」，當作「比」。

亡，請先生辭而達之，以比盤盂几杖之銘戒，❶庶幾可以朝夕從事。」

予聞其言，喟然嘆曰：先兄既爲子名，我其可不敷暢厥義，以勵子志，然難言也。子試察夫天地之間，❷有一物息者乎？仰觀於天，日月星辰不息於行也；俯察於地，鳥獸草木不息於生也；進而觀乎朝廷之上，卿士大夫不息於爵位也；退而觀乎市井之間，農工商賈不息於貨財也。滔滔天下，若動若植，是曾無一物息者矣。今予兄以不息教子，無乃使子泯泯然與萬物同波，❸淪胥以亡乎！將何以收子之放志喪萬物而正之耶？惟子知其有道也。

子其審聽吾之言乎？日月星辰雖不息於行，而息於象；鳥獸草木雖不息於生，而息於形；❹卿士大夫之不息於爵位也，而固息於名；❺農工商賈之不息於貨財也，而固息於利。夫有所息則滯於物，滯於物者不全於天。不全於天者，❻雖日月星辰不能以自化，而况於六尺之軀乎！

❶「比」，原作「此」，據清鈔本、四庫本改。
❷「子」，原作「予」，據清鈔本、四庫本改。
❸「子」，原作「乎」，據清鈔本、四庫本改。
❹「生而息於」，原無，據清鈔本、四庫本補。
❺「固」，四庫本作「同」。下「固息」同。
❻「不」，原作「下」，據四庫本改。

噫！六尺之軀有神妙，而人不自知也。聖人闡之曰：❶「人者，天地之心也。」此心宰制萬物，象不能滯，形不能嬰，名不能榮辱，利不能窮通，幽贊於鬼神，明行乎禮樂，經綸天下，充周徧咸，日新無息。雖先聖作乎無始，而後聖作乎無窮，本無二性，又豈有陰陽寒暑之累，死生古今之間哉！是故學爲聖人者，必務識心之體焉。識其體矣，不息所以爲人也。此聖人與天地爲一之道。

大哉言乎！舜舉知之乎！吾徒其可以日月至焉而已乎？孔子曰：「學而時習之。」此不息之端也。言有盡，旨無窮，有志於道者其可旦夕偷安以自忽諸？

程子雅言前序

天生蒸民，必有聖賢爲之耳目。自堯而上，如黄帝、伏羲，雖時有見於傳記，不可得而詳其事矣。自堯而下，有大舜，有伯禹，❷商有湯，周有文王，群聖相繼，中覆載而立，定海宇之民，政教列乎史官，事業光乎百代，分也。獨吾夫子窮不得居天位，道德之積與天地同大，道德之發與日月並明，政莫才争慕，❸有不言

❶「闡」，四庫本作「詔」。
❷「禹」，原作「禽」，據清鈔本、四庫本改。
❸「政莫才」，四庫本作「凡在斯人莫不」。

而化者，有聞一言而悟者，□新人才，❶力侔造化，裁成六經，以配無窮，亦庶幾堯、舜、文王之功矣，命也。

及顔氏子死，夫子没，曾氏子嗣焉。曾氏子死，孔氏之孫繼之。於其没也，孟氏實得其傳。孟氏既没，百家雄張，著書立言，千章萬句，與六經並駕争衡。其間最名純雅、不駁於正統者，莫如荀、楊。然荀氏以不易之理爲僞，不精之甚也；楊氏以作□得後爲心，❷人欲之私也。故韓子斷之曰：「軻之死，不得其傳。」

嗚呼！甚矣，夫子之窮也。□無位以攄其急行斯道，❸既没之後，傳數世而遂絶者，已百年矣。❹嗚呼！甚矣，夫子之窮也。天於斯文，何其難哉！

或曰：然則斯文遂絶已乎？大宋之興，經學日盛，❺卓然有力於士林者，王氏也，蘇氏也，歐陽氏也。王氏盛行，士子所信屬之王氏乎？曰：王氏支離，❻支離者，不得其全也。曰：歐陽氏之文典以重，且韓氏之嗣矣，屬之歐陽氏乎？曰：歐陽氏淺於經，❼淺於經者，不得其精也。曰：蘇氏俊邁超世，名高天下，屬

❶「□」，四庫本作「作」。
❷「□」，四庫本作「用」。
❸「□」，四庫本作「既」。
❹「已」，清鈔本脱，四庫本作「且」。
❺「日」，清鈔本脱。「日盛」，四庫本作「倡明」。
❻「支離」，原無，據清鈔本、四庫本補。
❼「淺於經」，原無，據清鈔本、四庫本補。

之蘇氏乎？曰：蘇氏縱横，縱横者，不得其雅也。然則屬之誰乎？曰：程氏兄弟，明道先生、伊川先生也。

或者笑曰：其爲言也不文，世人莫之好也；其制行也倣古，世人莫之信也。其講道也惟開其端，其言治也不計其効，蓋迂闊之至也，曷足以爲斯民耳目，纂堯、舜、文王、孔、孟之緒乎？而子屬之以傳，過矣！曰：言之不文，❶乃發於口而門人録之。且先生之道，❷澤及天下，是其樂也；傳之其人，又其次也。脩飾詞華，以矜愚衆，非其志也。行之倣古，不狥流俗，必準之於聖人也。講道啓端，不騁辭辨，欲學者自得之也。治不計効，循天之理，與時爲工，而期之以無窮也。若夫仲春風日，拂拂融融，蓋其和也；風洌而霜凝，蓋其肅也；山之定止，萬貨滋生，蓋其德也；川奔放而來無盡，其應也；❸四時更代，蓋其變化也。莫知其所以然，蓋先生之神明不可得而測也。其爲人也，可謂大而化矣。吾將以之爲天。嗚呼！其不及堯、舜、文王之分，則又命也。雖然，唱久絶之學於今日，變三川爲洙泗之盛，使天下之英才有所依歸，歷古之異端一朝而謬戾，見比於孔子作《春秋》、孟子闢楊墨，其功大矣。屬之以傳，又何過哉！

予小子恨生之晚，不得供灑掃於先生之門，姑集其遺言，行思而坐誦，息養而瞬存，因其所言而得其所以言，因其所以言而得其言之所不可及者，則與侍先生之坐而受先生之教也又何異焉！故此書之集，非敢

❶「不」下，原有「聞」字，據清鈔本、四庫本删。
❷「生」，原作「王」，據清鈔本、四庫本改。「且」，四庫本作「傳」。
❸「其」上，四庫本有「蓋」字。

傳之人也，姑自治而已。

程子雅言後序

風氣有醇漓，故真元不常會，則聖人不世出，道時有不明。賢智過乎大中之表，愚與不肖陷乎卑污之陋，統紀紛錯而天下始病矣。

自堯、舜之盛，暨乎孔子，風氣浸漓，上無明王，天下皆病，❶至道泯然其將滅。苟非載以文而指示焉，則後世雖有間氣英明之士，亦且惑於異端。天下幾何其不流而入於禽獸也？聖人有憂之，爲之作六經。六經，指道之大路，❷而《語》、《孟》又指入六經之關要也。是舟楫之作，❸雖十步之川，人人咸知得舟而後濟。夫六經，濟天下之大舟也。治身而不循六經者，喪身；治家而不循六經者，亡家。❹天下陵蕩，紀綱摧圮，未有不由棄六經之言者。

或以爲孔子没而朱、翟肆，孟氏死而黄、老盛，六經安在其有益？《易》曰神而明之，存乎其人。昔王莽

❶「天下皆病」，四庫本作「下無賢佐」。
❷「指」，原作「旨」，據清鈔本、四庫本改。
❸「是」，清鈔本作「自」，四庫本作「彼」。
❹「亡」，原作「忘」，據清鈔本、四庫本改。

誦六經以滅身，❶霍光聞一言而建殊績。以孔子之言，可因是思而知矣。

自秦焚書坑儒之後，章句紊亂，六經之義浸微浸昏。重以本朝丞相王安石專用己意訓釋經典，倚威爲化，以利爲羅；化以革天下之英才，羅以收天下之中流。故五十年間，經術頹靡，日入於暗昧支離，而六經置於空虚無用之處。

方其時也，西洛程伯淳、其弟正叔二先生者，❷天實生之，當五百餘歲之數，禀真元之會，紹孔、孟之統，振六經之教，然風氣仍衰而未盛也。❸故明道先生早世，先進高第相繼以亡，伊川先生以一己之力横制頹波，是以六經之文猶有未贊者，而先生已没。然大綱張理者，亦多矣。十餘年間，後進高第亦從而逝，故先生之文散脱不類，流落四方者，率皆訛舛，天下所傳無完本。

予小子既深知天下於六經，如無舟楫之不可濟，儻不爲之類集，則罪人也，用是汲汲以成之。然其言質素而不華，理平淡而無奇。無文之言，猶璞玉也。雕琢者在於玉工，吾能存之而已。無欲之理，天理也，非存純粹精一之心，操弘大毅然之志，未易得也，我則行之。

❶「昔」，原作「者」，據清鈔本、四庫本改。

❷「生」，原無，據清鈔本、四庫本補。清鈔本無「者」字，「生」字有描改痕迹。

❸「仍」，原作「未」，據清鈔本改。

試言讀此書之法，爲同志起予之益乎！反覆乎句讀，神明乎心體，❶知六經爲啓我之要。與其滯泥訓詁傳注之末，不知六經之志，漫然放誕，不切於身者，猶王莽、霍光之有間，其初一間而已，可不慎哉！又況不爲霍光而睎孔、孟者乎！必潛心於此書，妙如伯樂之相馬，然後足以振歷古之衰弊，破王安石之姦説，嗣先聖之志，守先王之道，以待後之學者緜緜不絶，❷尚足以助風氣之盛，而興夫太古之淳也。

周子通書序

《通書》四十一章，周子之所述也。周子名敦頤，字茂叔，春陵人。推其道學所自，或曰：傳《太極圖》於穆脩也。脩傳《先天圖》於种放，放傳於陳摶。此殆其學之一師歟，非其至者也。希夷先生有天下之願，而卒與鳳歌荷蓧長往而不來者伍，於聖人無可無不可之道亦似有未至者焉。

程明道先生嘗謂門弟子曰：「昔受學於周子，令尋仲尼、顔子所樂者何事。」而明道自再見周子，吟風弄

❶「心」，原作「六」，據清鈔本、四庫本改。

❷「以待」至「淳也」，原「緜緜」下有「而」，「助」下有「夫」、「而」下有「有以」、「淳」下有「風」，潛園删，且於眉端寫校語云：「據别本删。」清鈔本、四庫本無此五字，今從。「夫」，清鈔本、四庫本無。

月以歸。道學之士皆謂程顥氏續孟子不傳之學，❶則周子豈特爲种、穆之學而止者哉？❷粤若稽古，❸孔子述三王之道，❹立百王經世之法；孟軻氏闢楊、墨，推明孔子之澤，以爲萬世不斬。又謂孟氏功不在禹下。今周子啓程氏兄弟以不傳之妙，一回萬古之光明，如日麗天，將爲百世之利澤，如水行地，其功蓋在孔、孟之間矣。

人見其書之約也，而不知其道之大也；人見其文之質也，而不知其義之精也；人見其言之淡也，❺而不知其味之長也。顧愚何足以知之，然服膺有年矣，試舉一二語爲同志者啓予之益乎。患人以發策决科、榮身肥家、希世取寵爲事也，❻則曰志伊尹之所志。患人以知識聞見爲得而自畫，不待價而自沽也，則曰學顔回之所學。人有真能立伊尹之志，脩顔回之學，然後知《通書》之言包括至大，而聖門之事業無窮矣。故此一卷書，皆發端以示人者，宜度越諸子，直與《易》、《詩》、《書》、《春秋》、《語》、《孟》同流行乎天下。是以叙而藏之，遇天下善士尚論前脩而欲讀其書者，則傳焉。

❶ 下「學」，原作「德」，據清鈔本、四庫本改。
❷ 「止」，原作「正」，據清鈔本、四庫本改。
❸ 「粤」，原作「奥」，據清鈔本改。
❹ 「王」，清鈔本作「五」。
❺ 「人」，原無，據四庫本補。
❻ 「取」，原無，據《叢書集成》本《宋四子鈔釋》、《南宋文録録》補，今從。

横渠正蒙序

斯文施設乎二帝三王之政，筆削於孔子、孟軻之書，其教亦備矣。然軻没未幾而遭焚坑之禍，歷兩漢，涉魏、晉，至唐、五代，緝之者不足以藥瘡孔，補罅漏，大爲異端之所薄蝕，斯文之氣奄奄欲盡。《易》：「窮則變，❶變則通。」是以我宋受命，賢哲仍生，舂陵有周子敦頤，洛陽有邵子雍、大程子顥、小程子頤，❷而秦中有横渠張先生。

先生名載，字子厚。自童幼則知虔奉父命，❸及長，博文集義，致深沉之思，取友於天下，與二程子爲至交。知禮成性，道義之皃粹然有光，❹關中學者尊之，信如見夫子而親炙之也。❺先生間起從仕，道大不偶，以疾歸休。

著書數萬言，極天地陰陽之本，窮神化，一天人，所以息邪説而正人心，故自號其書曰「正蒙」。其志大，

❶「窮」，原作「通」，據清鈔本、四庫本改。
❷「頤」，原脱，據清鈔本、四庫本補。
❸「自童」，原無，據清鈔本、四庫本補。
❹「皃」，四庫本作「出」。
❺「之信」，清鈔本作「信之」。

其慮深且遠矣。而諸家所編，乃有分章析句、指意不□閎深者錯出乎其間，❶使人讀之無亹亹不倦之心，思以傳久，❷不亦難乎！今就其編剔摘爲《内書》五卷、《外書》五卷，傳之同志，庶幾先生立大本、斥異學之志遠而益彰。雖得罪於先生之門人，亦所不辭也。

皇王大紀序

天道保合而太極立，氤氲升降而二氣分。天成位乎上，地成位乎下，而人生於其中。故人也者，父乾母坤，保合天命，生生不窮也。

天生萬物，日月星辰施其性；❸地生萬物，水火金木運其氣；人生萬物，仁義禮智行其道。君長陪貳由道以綱紀人生而理其性，然後庶績熙，萬物遂，地平天成而人道立。三皇五帝、三王五伯者，人之英傑，爲君爲長，率其陪貳，應時成物，如春之生，夏之長，秋之利，冬之貞也。

自堯而上，六闕逢無紀。堯之初載甲辰，迄於赧王乙巳，二千有三十年。天運之盛衰一周，人事之治亂備矣，萬世不能易其道者也。後人欲稽養生理性之法則，舍皇帝王伯之事何適哉！

❶「□」，四庫本作「复」。

❷「思」，原作「忘」，據清鈔本改，四庫本作「望」。

❸「其」下，原有「所」字，據清鈔本删。

嗚呼！聖人作書契，以紀事之情，明心之用，自皇帝《墳》《典》，至於孔子《春秋》，法度文章盈天下。七雄諸侯棄禮縱欲，竊去害己之籍。逮秦吕政窮欲極凶，遂公行焚禁。孔子八世孫鮒，雖以藏經爲己任，然亡秦之暴烈於猛火，藏之甚祕，禁未解而鮒死。漢興數葉，然後出於孔氏屋壁，❶壞爛漫滅，經是以僅存而不完。

若夫史傳則莫爲之主，追紀録於襍識多聞之士，或出於好事者之胸臆，故有甚悖於理、害於事者。歷世老師宿儒，❷或循習而不悟，或存置而不察，或偏倚而不該，後生蒙苟，不知取於正道。夫道之爲百家裂也久矣。

我先人上稽天運，下察人情，述孔子，承先聖之志，作《春秋傳》，爲大君開爲仁之方，深切著明，配天無極者也。愚承先人之業，輒不自量，研精理典，泛觀史傳，致大荒於兩離，齊萬古於一息，根源開闢之微茫，究竟亂亡之徵驗。事有近似古先而實怪誕鄙悖者，則裁之削之；事有近似後世而不害於道義者，咸會而著之。庶幾皇帝王伯之事可以本始百世諸史乎！諸家載記，所謂史也。史之有經，猶身之支體有脉絡也。《易》、《詩》、《書》、《春秋》，所謂經也。經之有史，猶身之脉絡有支體也。支體具，脉絡存，孰能得其生乎？

夫生之者，人也。人仁，則生矣。生，則天地交泰，乾坤正，禮樂作，而萬物俱生矣。是故萬物成於性者

❶ 「氏」下，原有「子」字，據清鈔本、四庫本删。

❷ 「師宿」，原作「宿世」，據清鈔本改。

也，萬事貫於理者也。萬化者，一體之所變也；萬世者，一息之所累也。若太極不立，則三才不備，人情横放，事不貫，物不成，變化不興，而天命不幾於息乎？愚是以將求友於天下，❶與之合堂同席而論焉，又與之接袂比肩而進焉。不得於今，必得於後，此《皇王大紀》之所以書也。

向侍郎行狀

向氏出於神明之裔，子姓之支别，世爲開封人。生於國朝，❷文簡公以儒學登相位，欽聖憲肅皇后以名家有德居椒房。❸及中原衰亂，天下汙誕，頹然成俗。❹薌林公有高才遠識，❺以忠勤勵行，端潔其身，特立一時之表。故向氏世益光大者，不獨以相家后族，蓋以其德厚流長，而本支有才子也。

薌林公名子諲，字伯恭，文簡公之五世孫，欽聖皇后之再從姪。曾祖傳範，皇任汝州管内觀察使，贈太

❶「愚是」，原作「是愚」，據清鈔本乙。
❷「生」，清鈔本作「主」，四庫本作「至」。
❸「房」，原無，據清鈔本、四庫本補。
❹「頹」，清鈔本脱，四庫本作「褭」。
❺「高才」，原作「材高」，據清鈔本、四庫本改。

尉，謚惠勤；❶妣萬年郡主趙氏。祖繪，皇任太子右贊善大夫，贈正奉大夫；妣碩人曹氏。考宗明，❷皇任武德大夫、江東提點刑獄，贈開府儀同三司；妣永國太夫人李氏。

公自生而秀異，五歲誦書，日記數百言，七歲通書數，十三能幹蠱。開府嚴重，公率群弟承訓，專意詩書，宗族以爲法。欽聖聞而悦之。元符庚辰，后復辟，有司以故事上屬籍，推恩當百數，后曰：「吾不敢自同先后。」擇長而孤貧、幼而有立者，官十八人。公以幼而有立補假承奉郎。

明年，后登遐，遺恩遷雄州防禦推官。時開府居憂貧甚，亟使公從官監濱州鹽酒税。會新法行，人皆幸賞，奔湊榷貨，客鈔既至，人皆談食，鹽無以繼。州民素以煮鹽爲生，抵罪者不可勝計。公言於部使者，聽近郭官置牢盆，募亭户煮於是，所積如丘山，民商咸便。

東南建帥府，除鎮南軍節度推官，臨事健决，守正不撓，府中畏服。時行居養之政者，務多數以幸賞，一家有冒三四名者，蠶食太倉，不給，則反誅剥於民。公令計屬邑所入，析處之，於是自狀求歸者過半。屬邑水旱，將計分減放，公曰：❸「若是，則貧下户不得盡除，畸零合鈔輸納尤艱矣。」乃請行視，從實除放，百姓稱善。

❶「勤」，清鈔本脱，四庫本作「莊」。據《宋史》卷二八二《向敏中傳》附，謚「惠節」。

❷「考」，原作「孝」，據清鈔本、四庫本改。

❸「公」上，原有「於」字，據清鈔本、四庫本删。

秩滿，用荐者改宣義郎、監儀鑾司。以恥與閹寺共事，乞歸。銓部改真州司録事。守倅不咸，庶事不理，公獨振綱紀，一州賴之。擢知開封寺咸平縣。時行方田，又創水利，衆争趨功病民，咸平獨行之若無事。會册皇太子，將肆赦，邑人用先倚蔭無賴，養寇拒捕，殺傷巡檢。辭具當上，尹盛章方以獄空冀賞，却不受，公直以聞，勑許自論決。章大怒，劾公脩學買木踰期，直請御寶特勤停。❶久之，復官監杭州洞霄宫。

未幾，除淮南江浙荆湖制置發運司文字官。淮南連年旱，漕運不通，揚州尤甚。徽廟憂之，遣中使按視，欲浚河與江淮平。時方臘亂兩浙，童貫爲宣撫使，譚稹爲制置使。貫欲運於海，輦於陸，稹欲開一河自盱眙出宣化，興作有日，❷言者以爲不便，朝廷下發運司相度以聞。❸發運司陳伯亨求肯任此事者，❹屬官皆辭，公請行。自宣化陸行至盱眙，而運自龜山水程至瓜洲。□圖籍察地勢，❺言於伯亨曰：「運河高江、淮數丈，自江至淮數百里，❻非人力可平也。唐李吉甫廢閘置堰，❼治陂塘，泄有餘，防不足，漕運流通。本朝

❶「勤」，疑作「勒」。
❷「作」，原作「化」，據清鈔本改。
❸「下發」，原作「發下」，據清鈔本改。
❹「亨」，原作「亭」，據下文改。
❺「□」，四庫本作「按」。
❻「自」，原作「至」，據清鈔本、四庫本改。
❼「廢」，原作「發」，據清鈔本、四庫本改。

發運使曾孝藴嚴三日一啓之置，復作歸水澳，惜水如金。比年行直達之法，走鹽茶之利，且應奉權幸，啓閉不暇，欲歸水則力不給矣。又頃毀朝宗閘，自洪澤至邵伯數百里，不爲之節，故山陽上下不通。今欲救其弊，宜於真州太子港作一埧，❶以復懷子河故道；於瓜洲河口作一埧，以復舟堰；❷於海陵河口作一壩，❸以復茱萸待賢堰；使諸塘水不爲瓜洲、真、泰三河所分，於北神相近作一壩，權閉滿浦閘，復朝宗閘，則上下無壅矣。」伯亨從之，漕運無滯。

貫輩求識面不能得。徽廟聞而器其才，遷官一等。明年召見，顧問甚厚，除淮南轉運判官。公言爲治以得賢爲急，及乞復轉般粂本，上皆然之。陛辭，對崇政殿。

時軍糧不足，諸州兵多，欲爲變，上甚憂之。公奏曰：「淮南歲租百三十萬，上供額乃百三十萬，別供金帛又百五十萬，而茶鹽之利盡在榷貨，此兵食之不足之本也。伏見手詔應奉司所費皆從中出。」語未終，上曰：「誠不欲費漕計。」公對曰：「郡縣惟知奉行，豈知陛下有社稷之深憂乎！如王從永者，誠無分毫之費，朱醜則不然，恐處分有異。」上反愕然曰：「朕豈欺人者耶？」公曰：「醜父子兄弟挾此爲姦，致一大石用八百

❶「埧」，四庫本作「壩」。下「埧」字同。
❷「復」下，清鈔本、四庫本有「龍」字。
❸「於」，原作「作」，據清鈔本、四庫本改。

餘舟，一綱費輒千斛，❶數千緡，甫官軍支請之期則奪之，故多有怨言。此大弊也。」上曰：「可説與王黼，待委卿覺察。」❷公謝曰：「微臣踈遠，付以此事，死無日矣。」上曰：「朕未嘗姑息此輩，凡事直以聞。」即降御筆：「王從永失□應奉綱，❸悉從御前給外路，不合支付。向□收□有旨，❹而其專一覺察應奉騷擾違法者。」

公即詣所部，一切按治。覡大沮，無所施其□。❺歲有四十萬□，❻守過惡尤甚，被罪未幾，已復職。公及論其狀：「招信豪民，兄弟無賴，殺仇家二十口，誣以爲盜，且冒賞。」泗守與憲司保任欲官之，□乞窮治。❼宰黼弟以書來，請公弗聽。楊守交結大閹梁師成，詔免輸賦，奪泰州屬邑隸焉。公刻論再三，竟得復故。

時宿、亳、通、海四郡旱，方以應奉司錢移真、揚米，❽賑救民饑。而發運司上言：「江淮米賤，乞均糴。」

❶「綱」，原作「網」，據清鈔本、四庫本改。
❷「待」，原作「侍」，據清鈔本、四庫本改。
❸「□」，四庫本作「察」。
❹「□」，四庫本作「係」、「管」。
❺「□」，四庫本作「計」。
❻「□」，四庫本作「緡」。
❼「□」，四庫本作「復」。
❽「揚」，原作「楊」，據四庫本改。

仍折以香藥鈔，淮南分抛四十萬斛。公力論其欺君害民，取所在實直以闐。❶淮甸二十郡百縣，吏職猥衆不可程督，公悉籍其鄉里産業家口與保任者，罷額外名利爲籍額，闕則補，冒役教訟爲姦者，重置于法，吏皆膽落，於是文移不失期會。

同心請留州縣財賦一分，❷以備移用，公善而從之。才有數萬緡，則密遣其屬指爲差餘三十萬，以獻應奉司。公曰：「今秋苗當理來歲之額，方用四十萬有奇以補。今歲不足，豈更有餘？」乃具以實聞，王黼遂不敢受。

初，公到官，❸籍州縣户口家業，置廳事，會抛燕山絹，公自差等，貧民得不及，災傷之郡得免焉。白時中壻守海陵，妄作，姪壻蔡嶷有田不輸税，公督責不少假。既連忤權貴，數有擠之者。及時中相，首被罷。東夷遂襲言師，詔公乘驛赴闕。淵聖即位，除京畿轉運判官。寇退，公即走延津、陽武諸邑，又乞丕隣路䢖、❹鄭、汜水、滑、濬，視□

❶「闐」，四庫本《文定集》卷二十一《徽猷閣直學右大中大夫向公墓誌銘》作「聞」。
❷「心」，清鈔本脱，四庫本作「事」。
❸「到」，原無，據清鈔本、四庫本補。
❹「丕」，四庫本作「合」。

豐，❶計水陸利害，遣官置糴，隨宜支移。先是，内帑出百萬□，❷未有所用，公亦請以糴。沿什糴於南京，惠民河糴於陳潁，❸廣濟河糴於曹濟，得穀莜數十萬石。

公上言：「國初，江南糧運於京畿下卸，初無限量，内外之間，□兵食足，❹元豐中，歲用百三十萬以知納稽滯，如以百五十萬爲額。崇寧初，以六十萬入中都，始以九十萬□額。❺至宣和末，乃得十萬□已。❻二十餘年中，兩浙漕臣皆權幸姻舊，止以入中都六十萬，較殿最，爲幾漕者不知究其本末，故六食常憂不足，而必請於朝廷，給於内府。自今迄兩浙殿最從京畿覆實。」是歲十一月終，已得七十萬。及虜再入圍京師，諸道兵還屯城外，得免科率餽運、重困民力者，以公之職事素脩也。除右司員外郎，❼議詳户房檢討官。時宰執不協，公自度不能從容其間，引嫌不就，以直秘閣，陞副使。

時運法大壞，朝廷令公相度。公言：「祖宗置發運一司，經制六路，財賦盈虛，調度無不關焉。置糴於

❶「□」，四庫本作「凶」。

❷「□」，四庫本作「錢」。

❸「惠」上，清鈔本有「□州」，四庫本有「惠州」。

❹「□」，四庫本作「而」。

❺「□」，四庫本作「爲」。

❻「□」，四庫本作「而」。

❼「司」，原作「師」，據清鈔本、四庫本改。

諸路，如年額綱運未到，即以所糴代發，候到，依舊截留。❶ 災傷州縣還以原價，復於豐熟路分收糴補填。漕米至真揚，❷截鹽以歸，充經費，故漕計不乏而民力亦寬。 自鹽課歸榷貨，漕計已自不足，繼行直達，廢倉廩以爲無用，獻糴本以爲羨餘，押綱使臣及兵梢無往來私販之利，❸遂侵盜官物，負欠者十之九。 又使臣兵梢不復以官舟爲家，一有損漏不脩治，復遂使破壞。 而負欠者常自排岸司追逮入司農寺，由司農寺下大理推治，既無以償，❹率數月則以無罪出。 近年，雖欲復行轉般，而無舊轉般一年之積，故搭運鹽則廢，而直達之弊不除。 今轉般舊法未易卒復，欲救目前之急者，發運司副判官三員，宜以一員在真州本司，主江、湖；一員在泗州行司，主淮、浙；一員在京置司，主下卸理欠。 治泗州者，依例奏計三人，周而復始，移治應折欠排岸司，徑下發運司推治。❺ 仍下吏部差使臣數十員，以備管押事故綱，庶幾惜身計可保官物。 仍請以梁師成竹木場充修船料，以窑務營充造船營，以王黼陸家店園宅充發運行司，廢外排岸司充發運公事官廨。」淵聖大喜，可其奏。

---

❶「截」，原作「裁」，據清鈔本、四庫本改。
❷「場」，原脱，據清鈔本、四庫本補。
❸「梢」，原作「稍」，據清鈔本、四庫本改。下「兵梢」同。
❹「償」，原作「儻」，據清鈔本、四庫本改。
❺「下」，原作「中」，據四庫本改。

一日，急召對。上曰：「朕昔在東宮，聞卿淮南之政，今除卿開封府尹，❶以親札付三省密院。」公惶恐稱謝，固辭。遂改直龍圖閣，兼淮南、荆湖置制發運副使、治京城外行司。

公方具辭，而京師已戒嚴，議遣公使虜軍。公曰：「李鄴屈膝於斡離悖，❷既已失國體，今先定相見之禮，則可行。」或謂公不能屈，恐敗事，乃止。殿帥范瓊遣人清野，❸肆行焚掠，公命城外巡檢捕得數十人殺之，以聞，得旨用使宣。❹明日，欲詣都堂白事，而虜騎已至，城閉不得入矣。繼被旨促東南兩道，總管胡直孺、張叔夜進兵。公自至黎陽驛，勉直孺。公先之雍丘，道遇守河潰將，勸使立功贖過，揚言東道先鋒以敗虜於雍丘矣。

明日，直孺屯邑門外，虜騎大至，直孺戰潰，爲虜所獲。公將詣南道，而道不通，行及太康，遇潁昌五縣弓手，公率之擊虜於太康，衆多不支，乃自鹿邑趨汴上。❺而發運司迓吏方至，❻先是都水使者聶字決汴

❶「今」，原作「令」，據清鈔本、四庫本改。

❷「悖」，清鈔本、四庫本作「勃」。「斡」，四庫本作「斡」。

❸「帥」，原作「師」，據清鈔本、四庫本改。

❹「使宣」，清鈔本作「使宜」，四庫本作「便宜」。

❺「趨」，原作「趍」，據清鈔本、四庫本改。

❻「方」，原作「先」，據清鈔本、四庫本改。

水，❶欲斷賊路。汴水既涸，綱運阻淺，半爲賊掠。公於虹縣上下權築數堰，收約水勢，措畫綱運。時虜騎已至亳社，公至宿州，選宋良嗣權鈐轄帥衆捍戰。❷於是，虜不得肆掠江、淮。凡兵潰在江、淮者，公悉收之，得數萬。遣詣南京朱勝非及范訥軍，令入援。時以外路平安□措置事，❸募壯士，奏京師，復以京師及大元帥府動息，行下東南八路，以安人心。

後朝廷以蠟丸許監司郡守勤王，公乃募兵，遣其屬賫輕貨十萬，餉元帥軍，仍請元帥移軍曹濟，約諸道同進。❹既而被詔，不得輕舉勤王之師，害國大計，於是衆軍疑惑不前。公獨遣部將金汝爲由鹿邑至太康，遇虜力戰，爲粘罕所獲。❺虜遣使分道取李綱、吴敏、蔡靖、宗澤、❻徐處仁及蔡京、❼王黼、王安中等家屬凡百餘人。公執其使按問，然後知京城失守，二聖播遷。張邦昌僭位，放僞赦之變也。邦昌遣吕勤、齊知禮以洪汴催綱爲名，勾當密切公事，又遣快行親從官持勑書至廬州問其家。公牒郡

❶「先」，原作「方」，據清鈔本、四庫本改。
❷「鈐」，原作「鈴」，據清鈔本、四庫本改。
❸「□」，四庫本作「得」。
❹「同」，原作「罔」，據清鈔本、四庫本改。
❺「罕」，原脱，據清鈔本、四庫本補。
❻「宗」，原作「宋」，據清鈔本、四庫本改。
❼「徐」，原作「涂」，據四庫本改。

守馮詢及提學鹽香范冲拘縻之。邦昌又手書至南京尹。尹，邦昌之連也。或勸公執尹自爲，公曰：「時方艱難，尤宜謹守法度。」乃移書勝非曰：「公所守乃巡遠忠義之地，不可汙也。」勝非不得已，❶繫邦昌使於獄。

邦昌用王時雍謀，分遣御史黎確、陳戩等，以書詣公及趙野、范訥、翁彦國、趙子崧等軍，徵兵問勞，有褒用之詞，仍斥名用國寶。公繳於大元帥府，請大元帥移屯南都，❷而勝非言財賦不足，公即辦三十萬以報，破其姦謀。於是張邦昌之使還者具言在外人心形勢，❸知逆圖之不可遂矣。乃召其黨入議，請元祐太后聽政。

公遣其屬及子澹請於大元帥曰：「今天下無君，人心惶惑，大王宜處分軍國事，乘勤王憤怒之兵，親率諸將，北度大河，討豕突徂詐之虜，救二聖之急。若失機會，恐謀逆之徒內連外結，未易誅鋤也。內侍班直潰在四遠者，宜即招收；禁衛六尚局等人在京師者，宜早喻使來。茶引鹽鈔，乞從行府彤造，委發運司置局，許南賈茶鹽舊鈔自四月後盡填者不行。❹東南綱運，汪、真、楊等州約二百餘萬，轉般倉數與此相等，乞先計度軍屯所在分撥，恐積聚過多，去秋不遠，❺適以資寇。」元帥多從之。

---

❶「非」，原無，據清鈔本、四庫本補。
❷「請大元帥」，原無，據清鈔本、四庫本補。
❸「張」，原作「國」，據四庫本改。
❹「茶鹽」，清鈔本脱，四庫本作「諸處」。
❺「秋」，原脱，據清鈔本、四庫本補。

元帥至南都，得運國寶，五月一日即位，欲除公版曹。公以僞是黨盛，辭以不能赴國城之難，敢冒寵乎！二親在東南，願得補外授。公直龍圖閣、發運副使。而邦昌以三公參預大政，❶公乞致仕。或久任宫觀，朝議乃謂公在宿州差宋良嗣權鈐轄不當，落職。與郡未幾，行宿州捍禦之賞，良嗣與焉，亦還公一官。公曰：「前日以爲非，則今日不當以爲是。」乃立辭。宰潛善大怒。御史遂言公有不法事，考驗無一實，猶降三官，知襲慶府，丁開府憂。

明年，奪喪，知潭州，力辭不獲。時累政姑息，軍士有殺人而不問者。宣撫司調數百人戍襄陽，衆方憚行，公到官七日而作亂，夜半縱火殺掠。公亟命傳呼列炬登城，飭持更者，一若無事，時賊所未至，人皆安堵，乃下令諸營曰：「作亂者，戍兵耳。悉力擒捕者，有厚賞。」牙兵聞之，相率攻亂兵，斬首百餘級。黎明皆遁，追襲遂降之，誅其魁首，盡以所掠賞有功。三日，復遣戍，無一敢喘者。

是冬，虜騎大入，一道自郴城南度略武昌，由咸寧、蒲圻將襲豫章，州縣皆望風投拜，有司擁隆祐太后去之。虜遂入豫章，所過殺掠，不可勝計，抵長沙境上。公分布將兵火甲，得萬餘人，爲守計。或曰：「衆烏合而城大，虜鋒不可當，盍避諸？」公曰：「朝廷使我守此藩也，委而去之，非義矣。」於是虜騎傳城，檄公使降，公以檄報之。大略言：「朝廷無負於金國，華夷之限，如天地之有陰陽也，不可亂。」虜知不可屈，大治攻具，悉衆薄城。公登門誓衆，激以忠義，將士協力，晝夜捍禦，雖殺傷相當，而驍將皆死。凡八日，而外城破，公

❶「公」，原作「分」，據清鈔本、四庫本改。

率軍民入子城，巷戰兩日。虜縱火燒延府舍，❶公猶在樵樓督戰，虜兵已四合，兵民懼公之陷於虜也，擁公下樓死戰，焚虜柵，奪門以出。遂渡水，軍於湘西。長沙之人，咸從公以忠義自奮，無一降賊者。虜以故不敢離城縱掠，留四日而遁。公即入城鋤治疆蠹，撫安善良，上章以失守自劾。朝中不樂公者，以抗賊爲罪，是落職放罷，❷而以轉運使賈收權州事。於是王以寧以京西路節制入横長沙中，群盜孔彦舟以鼎澧鎮撫使趨長沙，擊逐以寧，居數月，大縱殺掠，上趨衡永。而群盜馬友自江北入據長沙，税賦不復入王府。

上始思公，乃降詔奬諭，復還職任。公乞持餘服，至於四五不許。公方於所部視事，會詔改湖南、北爲東、西路，置湖東安撫司於鄂，除高衛爲帥。俄知其誤，復令公代之。❸孔彦舟西阻嶺嶠，兵不得縱鼓而下，公喻馬友共擊之，❹彦舟大敗，北走。時本路土寇季冬至起於宜章❺，侵擾三路之境，有吴錫提精兵數千，亦自北來，屯於益陽，乞糧於邵守魏舜臣。舜臣拒之。錫即以兵趨郡，走舜臣。公聞而招之，欣然歸附，激以忠義，錫願盡死，擊滅冬至，平其巢穴。

---

❶「縱火」，原作「縱縱公」，據清鈔本、四庫本删改。
❷「是」，四庫本作「坐」。
❸「代」，原作「待」，據清鈔本改。
❹「公」，原作「分」，據清鈔本改。
❺「季」，清鈔本作「李」。

公方欲之鄂，而郡盗曹成擁衆十餘萬，太尉張俊招之不降，自江北縱掠，入湖南屯於攸縣。❶時馬友陰有馬氏之謀，乃誘成以廣西之利，成張聲勢欲南。公曰：「若使群盗遂其謀，則三湘五嶺皆寇，而江南之形勢壞矣。」乃屯於衡之安仁，有卒才數千。命韓京軍回雁，吴錫軍桂陽。遣人喻成以禍福，分給糧餉，覊縻之。成逡巡不敢進。公以諸路形勢利害請兵於朝，求援於隣路者相繼也，皆不報。相持百餘日，賊衆忿公之扼己，鼓譟直抵屯下。公知不可遏，乃乘輿入其軍，❷開諭國家威靈，表羅拜。❸公與之□，❹毋焚掠。成等從命，擁公至道州。公時有聽訓，厲賊憚公之正，使己不得大縱，乃送公出營。

公上章以討賊不効自劾，固乞追服。❺有旨召赴行在，力伸前請，得補服。終，長起知貴州。

時南海賊號大棹，與福建多槳船商販者劫掠海道，所在竊發，咸不奠居，兵時疲於奔命，討捕不能得。公一日召胥魁詰之曰：「吾聞大棹陰與汝曹通，故兵將動息，賊皆先知。今亟實言，❻不然，置爾於死地矣。」胥魁大恐，具言城中富家某人，大棹之囊橐也。遂命捕至，盛陳刑具，詰責之，即首服。令悉具徒衆名姓往

❶「南」，原作「而」，據清鈔本改。
❷「乘」，清鈔本脱，四庫本作「肩」。
❸「表」，四庫本作「賊」。
❹「□」，四庫本作「約」。
❺「乞」，原作「元」，據清鈔本改，四庫本作「請」。清鈔本「乞」字亦爲「元」字描改。
❻「亟」，原作「逐」，據清鈔本改。

來宿食之所，窮□，❶盡得其實。令州縣籍其産業，五家爲甲，羈縻其家族，已乃釋之。令指縱掠無不獲。❷其多檗船，命依市舶過蕃法召保給據，然後得行。於是賊黨消散，海道清静。

州爲蕃商所聚，人多入其貨而隱其置，訐訟，❸則書不可識，語不可曉，官必憑譯者，❹而譯者受□，交其情實，❺蕃商終不能自白。公命求蕃書千文及他書數種，先識之矣，乃命吏以蕃書告喻，群商争來愬，盡得其情，應負之者悉徵還，咸呼舞歸其國。清明之政，播於海外。未幾，言者希時宰意論公，罷之，公遂乞致仕。繼丁永國憂，服闋，善類交章論荐，詔多致仕，□江州，❻陰江東轉運使，公皆固辭。被旨赴都堂稟議。❼

明年，至闕下，奏曰："太宗時，許轉運使乘驛入奏，❽以絶壅塞之患。真宗亦令更互赴闕。自蔡京擅權，凡召用人才，止令赴都堂，審察在外，職事官亦止都堂稟議，於是人才賢否，政事得失，上無由知。臣多

---

❶「□」，四庫本作「詰」。

❷「縱掠」，清鈔本作「蹤□」，四庫本作「縱多」。

❸「許」，原作「許」，據四庫本改。

❹「譯」，原作「繹」，據清鈔本、四庫本改。

❺「其」上，四庫本有「隱」字。

❻「□」，四庫本作「歸」。

❼「都」，原脱，據四庫本補。

❽「驛」，原作「駬」，據清鈔本、四庫本改。

病早衰，實不堪事，願得一望清光，乞身歸田。」有旨不隔班引對，問勞甚渥。

公上奏曰：「陛下方圖中興之業，而規模未定，故號令不一。昔漢祖之取天下，其謀先定於漢中；先主之謀巴、蜀，其計預陳於新野。今無一定之論，是以九年而無成。且君子小人之進退，實安危之所繫。今廟廊之上，乃有附逆之人，而欲驅夷狄寧區夏，❶不亦難乎！願陛下無忽。」天語稱獎，加秘閣修撰。公固求退，不許。

時東南漕臣當餉劉光世、張俊軍，誅求無限量，公曰：「吝於出納，有司職也。」痛加裁損，遂少横斂。葺蕪湖廢倉，寄卸諸路綱運，以省般運之勞。」又乞置造船塲於建康府、南康軍，以絶掠奪舟船之擾。兩軍軍衣例以夏税絹充。絹惡，至一疋添結錢千五百，❷謂之估剥錢。公行下諸郡，令納絹者書親納、攬納於鈔及姓名於絹端，❸以絶濫惡，免估剥之費。

僞齊入寇，劉光世軍於合肥。賊軍渡淮，公方在上江，光世欲走，乃聲言乏糧。時車駕在姑蘇，中外震動，詔令促公濟光世軍。公晝夜併行，至太平州，光世輜重已蔽江而下。公至廬州，而光世已引兵出東門

❶「夏」，原作「下」，據清鈔本改。

❷「疋」，原作「是」，據清鈔本、四庫本改。

❸「書」、上「於」，原作「當」、「子」，據清鈔本改。

矣。公直入城，具以倉庫金穀岸次綱運上聞，按撫居民，以大義責光世。光世乃改圖進襲劉麟，❶破走之。非公，則光世幾敗大事。

然公爲漕臣，而與主帥不協，❷乃力求去。詔與浙漕張匯兩易。鎮江府吕城夾崗勢高，久不雨，則漕甚艱。公取唐韋，損劉宴，攷覊覈狀，鳩工聚材，增補浚治，❸遂無淺阻之憂。於德勝橋置倉和糴，乃以平價，且免脚乘欠折。每上江淮糧運至鎮江則候潮閘，占舟船，妨摺運，而綱兵侵耗。乃乞置倉以轉般爲名卸納諸路，朝廷從之。

公連年入覲，未嘗不求歸。上嘉歎高志，親書「薌林」二大字以賜公，除徽猷閣待制，陞轉都運使。公辭，上曰：「此舊物，無可辭也。」居三月，除户部侍郎。再辭，皆批答不允。

公奏曰：「安民固國，必資儲蓄。江西宜於洪州置糴，於江山置轉般倉，❹以給淮西。湖南於潭州置糴，於鄂州置轉般倉，以給襄漢。❺湖北于鼎州，淮西於廬州，淮東於真州，興造舟船，❻則遣戍出兵無往不利。

---

❶「光世」，原無，據清鈔本、四庫本補。
❷「與」，原作「興」，據清鈔本、四庫本改。
❸「補」，原無，據清鈔本補。
❹「山」，四庫本作「州」。
❺「以給」，原作「給以」，據清鈔本、四庫本改。
❻「興」，原作「與」，據清鈔本改。「船」，原作「造」，據清鈔本、四庫本改。

當今天下急務有三焉：一曰士風不競，二曰兵籍不修，三曰户版失實。顯忠良，黜僥倖，法則舉，循名責實，所以正澆薄也。去老弱，升勇健，創簿正名，使諸州上帳於兵部，❶諸將上帳於樞府，著鄉貫，書事勢，季申歲攷，所以除詐冒也。凡詭名挾户，典買推收，進丁退老，分煙析生，田畝升降，貨殖盈虚，必以時覈實，所以革斯弊也。此特大略耳，推而行之，則在乎人焉。」

公因入對，言虜情不可測，宜飭邊臣，嚴爲之備。論奏甚詳，上顧問再三，❷奏對移時。中書舍人潘良貴攝左史，忽出位言曰：「天時暑甚，向某不可以無益之言久勤聖聽。」

公退，即上章待罪，且乞致仕，曰：「身叨侍從，職在論思，入覲嚴宸，疊蒙清問。但欲丹衷之罄，不知寸晷之移，遂致糾彈，是爲過咎。」上批：「向某無罪可待。」所乞致仕，降詔不允。良貴亦待罪，上曰：「榻前之語，良貴何由得聞？可謂面謾矣。」特放罪與宫祠。

公求去不已，乃除徽猷閣直學士，知平江府。公復力辭，不允。上賜舟，親題曰「泛宅」。

公之官兩月，復乞致仕，聞王倫使回，欲行非義之禮，歸意益堅，復伸前懇，仍具奏曰：「比王倫由平江聞河南故地可得，惟知使人以詔諭爲名。臣竊惟禦戎之道，自古人主不憚屈己，與之和親有之，未聞首足易位者也，宜諭韓世忠卻之。臣又聞本朝使金國者多於城外經過，自有此例，已關國信。」

❶「部」，原作「卸」，據清鈔本改。
❷「再」，原作「辱」，據清鈔本改。

計議所訖，會詔許公致仕，仍特降詔奬諭，以寵異之。

公歸舊隱，創堂别圃，摘話語名曰「改疎」，追和陶淵明《歸去來詞》，以見遂初知止之意。逍遥徜徉，高視宇内，遐觀物表，自適其適者，凡十有三年。雖懷忿恨，❶不然和議，而亦不遭死徙之禍，可謂能見幾而作者也。

開府公葬清江之芙城，公於其側待地，曰「金澤」。植松柏，營兆域，棺槨衣衾，無一不具。壬申三月十有六日，以疾没於正寢，享年六十八。疾中自占遺奏，其末曰：「勿爲小康而忘大計。」訃聞正奉大夫諸孤奉公之喪，以七月庚申葬焉。

娶宗子博士范瓛女，封碩人，子七人：洛，右奉議郎；澮，右奉議郎；浯，右宣教郎；餘早卒。女七人，長適右宣教郎劉長福，次適右從事郎吴敦謙，次適右迪功郎黄掞，餘在室。孫男四人，孫女六人。

公天姿迢邁，讀書務觀古人大節，不專守章句。志大氣剛，見義必爲，置死生於度外。識慮深遠，洞見物情，剸劇治煩，迎刃而解。興利除害，不計目前，爲政雖嚴，而宅心忠恕。性至孝，承顔養志，必探其微。友愛諸弟，恩澤徧諸姪，然後及孫，和睦宗族。置敦義莊，以贍貧者。敦故舊，親名賢，與朋友交，盡言無隱。賙人之急，不計其私，自奉甚約。素重常某，死之日，經營其大事。陳公瓘、黄公廷堅以貶死，皆往會其葬，竭力資助焉。

---

❶「恨」，清鈔本脱，四庫本作「慘」。

少見劉公安世問爲學之要，安世曰：「誠而已，此司馬公之教也。」公敬受以歸。其後復見，極論天下事。器之，深加歎賞，曰：「異時必有立於世。」

方臘作亂，朝廷下發運司捕之。公時爲屬，獻言曰：「若急請於朝，以劉公安世尹南都，陳公瓘鎮金陵，人望歸之，可不勞兵而破矣。」識者曰：「此真良策也。」司長不能用。

致仕之後，積俸錢三百萬，謂子弟曰：「無功而受禄，可乎？」悉捐入郡庠，爲養士藏書之費。❶則公之仕也，不志於利禄可知矣。

建炎己酉之冬，與先君遇於熊湘之西，神觀爽邁，超出群衆，議論英發，忠誠動人。涖官臨政，聲震一方，望之隱然。先君嘗言於廟堂曰：「向某氣質忠鯁，心向國家，尊戴君父，狗公忘私，正今日扶持三綱、可備使令之人也。」惟宏於公，既當弟子之列，而終身不獲贄見，狀公平日，不已僭乎！❷方聖學衰微，異議繁殖，或能使君子大人心之精微不明白於天下後世，是以徵諸先君之言，敢書公行事，以俟作者而不辭也。

劉開州墓表

紹興二十有六年閏十月乙卯，元祐丞相劉忠肅公曾孫芮，葬其皇考開州太守、皇妣孺人蔡氏於潭州湘

❶「書」，原作「身」，據清鈔本、四庫本改。

❷「僭」，原作「見」，據清鈔本、四庫本改。

西谷山之原。故諫院潁昌韓璜先既爲之銘，故判監江陵孫偉繼嘗表其在嶠南之墓，而芮又有《甲寅碣陰釋疑》之記矣，它人尚何言哉！

推芮三世，專以脩其天爵，負荷世業。芮毅然之氣激切動人，念念以不能從先志返葬嶺北爲深憂。自癸酉歲至於丙子，居阨窮中，卒克成其志者，實賴彭城劉公錡矜芮誠孝，大推錫類之仁也。芮始卜地，屏去陰陽家禍福之説，曰：❶「克襄大事，死則瞑目。」既葬，人咸以爲江山形勝，土厚水深，真公侯家嘉兆也。

夫事無大小，運無興廢，要貴在有成而已。❷志立不貳，神明來應，如芮孤潔之身，積其誠意，天星再周，越嶺浮湘，水陸千餘里，一舉而葬者千，喪在芮之分，亦可謂能辨大事矣。此志也，可爲天下人子法。

君子尚之，常人忽焉。而某精知之，所以直自恕其不足以及先進，而敢踵二公記開州之葬，以詔天下後世之爲人子者，當勵志存誠，不可以力不足而遂死其親也。

❶「説曰」，原脱，據清鈔本、四庫本補。

❷「貴」，清鈔本無，四庫本作「之」。

趙監廟墓表

君諱睦之，❶字□□，我宋太祖皇帝弟魏王之五世孫也。❷以祖在檢校少保鎮潼軍節度使蔭補入右選。積階至秉義郎。❸紹興二十九年八月乙卯，宴坐而終，享年五十有九。娶張氏。子五人：公□、❹公通、公□、❺□□。❻二女早卒，一女未笄。孫男二人：彦回、彦弓。以十月壬申葬於天柱峰南官塘之原。

靖康二年春，京師淪陷，君奉母夫人，攜幼弟孤姪南奔，寓於衡山。女兄孀居，自嶺表迎致，以禄養。從仕婁爲筦榷官。公勤廉潔，嘗監嶽祠，前政不良能行，值寇暴至，左右皆棄去，獨一兵負免之。君至，即拔爲部轄。曰：「士大夫遭亂失節者多矣，小人而能義事，不可不旌也。」

君事偏親，撫弟甥於隱約中，至於成立而人無間言。與人交，開心見誠。待下寬慈，民間號爲佛子。遭親喪，哀毁無違，服闋如在。

---

❶「睦」，原作「陸」，據清鈔本、四庫本改。

❷「世」下，四庫本有「裔」字。

❸「積」，原作「精」，據清鈔本、四庫本改。「階」，原作「偕」，據四庫本改。

❹「□」，四庫本作「遠」。

❺「□」，四庫本作「達」。

❻「□□」，清鈔本作「公□□□」，四庫本作「公適公巡」。

所見權臣欺天擅命，慨然而歸，不復出仕。食指日衆，忝養微薄，而心安意恬，❶了無憂慍。延禮脩儒，教子以《詩》、《書》，不耽於釋，不溺於老。時時獨酌，澆灌胸中，以抒寫忠憤。好論秦、漢以來興亡大事，品量撥亂濟世人物。自東夷深入及朝家，不得已行孟軻氏畏天之論，義氣填膺，嚬蹙切齒，言曰：「人能磨琢性情，至於無血氣争競之心，然後可以從仕。吾儕狹隘小人，豈能廣大如此！」

惟君平易簡直，不脩飭以取譽，不奔走以干進，雖聖主仄席，有詔求親賢，而當路無由知之。未及舉用，遂爾淪亡。夫干將鏌鎁，不斬不伐，則莫知其足以摧擊堅强也；鏡涵其明，不照不鑑，則莫知其足以區别妍醜也。士藏其器，不登不潔，則莫知其足以處大事、濟大難也。國步方未平，有如此宗子，猶不得一伸其所蓄，況幽遠之大哉！安得掄材之士肯盡搜求舉用之道乎？

噫！國家興隆，在天下賢才彙征而已。欲以覺今闡後，此趙君墓表之所以特書之也。

彪君墓志銘

君諱虎臣，字漢明。❷生七十五年，紹興二十有二年卒。卒之日，湘中賢士大夫失聲嘆息，曰：「善人亡

❶「心安意」，清鈔本作「心意安」，四庫本作「安心意」。

❷「臣字」，原脱，據四庫本補。

矣！適有一人。」將葬於湘潭沿湖之源，其子泣而請叙述行治，❶求銘。

作者謹案：彪氏出於楚鬭穀於菟，❷實令尹子文。❸傒始著姓於衛。❹君七世祖避李唐中葉之患，自山東徙於潭州湘潭縣。曾大父翼、大父淑好善樂施，有長者稱。父約，天性孝友沉厚。

君生六齡，家貧甚，有道流誘之，奮然曰：「我家世讀書，可從爾乎！」父甚壯之，力遣就學，穎出諸童穉。年十有一，遊郡庠，俊偉不群。既而連遭大父母喪，竭力營養，不汲汲求進。獲薦之日，年逾四十，益念親老，不復求仕。以經術教授，學者争迎致，因是徙居湘潭縣之冠田。❺

天性和易，而教尚方嚴，以不欺爲本，❻以孝弟爲先，以文藝爲後，故從之者不徒務進取，率有不畏而不爲。青人張所蚤遊京洛，聞二三先生餘論，所至知訪求人物，宣和中典教長沙，遣其壻就學，遠近士子益依歸焉。號爲「鄉先生」。

居親，則油油翼翼，不忍暫出，毫髮無忤。丁父憂，慮無以葬，友人譚烈父奉議公極見其哀毀，惻然心

---

❶「而」，原作「二」，據四庫本改。「述」，清鈔本脱，四庫本作「其」。

❷下「於」，原作「發」，據四庫本改。

❸「實」，原作「寶」，據四庫本改。

❹「始」，原作「世」，據清鈔本改。

❺「田」，原殘脱，據清鈔本、四庫本補。

❻「以不」，原作「不以」，據清鈔本、四庫本改。

動，則與以己所卜地，又使用其最吉者。及至葬，遠近來觀，無可恨恨，皆歎息曰：「此誠信所致也。」因母有上氣疾，遂究心於醫，每疾作，與其配王氏衣不解帶。及母喪，年始衰矣，哀慕如童少。夫婦始終相敬，居必整冠衣危坐。❶生二子，曰居厚、居正。女一人，適鄉人許君。君又早卒，女從父母志，守節不二。❷收教親族孤遺者三人，教之不入，自恨自責，爲之婚娶，死又撫其孤。

終身與人交，惟恐其有不善。父子兄弟朋友之間有争忿，欲離絶者，必爲之洗磨瑕垢，❸復相和好。鄰有幼孤，以門内鬩奪潛寄槖中巨萬，君哀而受之，長而歸之，無毫髮取。奉上不過恭，接下不輕狎，愛重故舊，犯而不校，胸中了然，不妄臧否，遇人饑寒，解衣推食。君之學本諸六經，汎觀百氏，無所不通，甚不喜浮屠學。

我仲氏被召造朝，訪以治道，君慨然曰：「今日之急，民心涣散，收之在於理財，理財在寬其力。省官吏而嚴限冗襍，併州縣而尊重守令，禁侈而節制衣服，勵任予，舉孝廉，嚴保仕，❹增泉貨。行法之初，遣使觀風，考較真僞，❺信賞必罰，時不小康者，未之有也。」其言明辨，亹亹有條理，真懷才抱道，不試之人也。有

❶「居」，原作「君」，據清鈔本改。「冠衣」，清鈔本作「衣冠」。
❷「志守」，原作「守志」，據清鈔本改。
❸「必」，原作「以」，據清鈔本改。
❹「仕」，疑當作「任」。
❺「考」，原作「者」，據清鈔本改。

《湘山野老十一論》傳於知己。

方君壯年，靖州守王公某倜儻好士，聞名立挽致，一見奇之，欲以邊功奏。君曰：「此澆冒事，某不爲也。」晚年欲勸就恩，❶君笑曰：「早乖志願，晚而竊禄，非本志矣。」少時與同郡王以寧負豪氣，不相下，後二十年，王因亂自達，以詩問君，曰：「浩歌排兩脚，豪思横天涯。今如何也？」君謝曰：「初年習氣，掃除盡矣。窮達異道，何相問爲？」足跡不入城府者二十年，伏臘寒，❷泊如也。交遊哀金，爲求田問舍，君不肯受。我伯氏又向公子忞交，以書喻之，君雖不得辭而終自愧。

自春陵周先生死，湘中學者無所師承，吾先君南渡熊湘，君一見則有得於心。及其子長，遂命受業於門矣。

將啓手足，命居正曰：「爾其卒業於文定之門。」援筆書曰：「痛哉永訣，累吾良友。」又命居正達意許氏：「俾爾姊得終其節，則吾死瞑目矣。」語畢而卒。

嗚呼！生不爲名利樂，❸死不爲兒女悲，□大變，❹質諸義，無愧辭，全天歸之，可謂仁矣。惟君深知

❶「欲」，清鈔本作「或」。
❷「臈」，原殘缺，據清鈔本補，四庫本作「臘」。
❸「樂」，清鈔本脱，四庫本作「累」。
❹「□」，四庫本作「臨」。

宏，義不得辭其子請，謹狀。

後九□，❶居正再拜而前曰：「衡楚先生既終矣，銘先人之墓者，舍先生誰可爲之。」銘曰：維時子文、孔聖以爲有未知兮，後二千年其曾孫能之。不王不伯紓國難以成其忠兮，❷而天命嬰之。□振厥祖有曾孫兮，❸啓佑嗣人而敬承之。我作詩詔爾三楚之士兮，庶或賡之。

譚知禮哀詞

梗、❹楠、豫章，材之良者也，不可以其夭於斧斤而等之樗、櫟也。五穀，種之美者也，不可以其傷於蟊賊而謂之不若荑稗也。吾友譚知禮，是不失節於逆臣，痛憤主辱而死，追贈延康殿學士，譚公世勣之族姪也。

知禮生長市廛間，本碌碌讀書，從衆爲舉子事。一日，聞武夷胡先生來寓衡山，慨然束書，登堂拜伏，請受業焉。退居近便地，掃除前日氣習，抱《春秋》經三傳，閱《資治通鑑》。未幾，文定先生殁，知禮乃去。既

❶「□」，四庫本作「年」。
❷「國」，原作「圖」，據清鈔本、四庫本改。「伯」，清鈔本作「霸」。
❸「□」，四庫本作「克」。
❹「梗」，原作「梗」，據清鈔本、四庫本改。

而委其妻以事親，遺二稚子，來居蕭寺，讀書不舍晝夜。以壞器盛粗飯菜羹而食，知禮益僝然，若不勝衣。

宏嘗聞之，❶曰：「何苦如是？」曰：「我爲必得計也。」宏曰：「世路紛華，蓋有命焉，其可必乎？」禮笑曰：「世路紛華，不足以立身事親，我之意，惟有讀聖人書，求聖人之道，庶乎其可。然而知禮愚，欲苦形清慮，❷磨以年歲，必欲見聖人之道，然後歸耳。不如是約，恐資斧盡，則不足以成吾志。」宏因贊之曰：「是在我者，真可以得，子其勉之！」知禮益自信。時友儕亦有爲是念者，不能如知禮之堅決必求也。則有以浮言椰榆之者，知禮不爲動，其志益勵。不幸其親病，知禮歸，不及見其親之終也。先時椰榆之者悻然以不孝爲知禮罪，且播之鄉曲。

嗚呼！匡章通國謂之不孝，而孟軻氏獨禮貌之者，以其志之無罪也。今觀知禮之志，加於章子一等矣，遭是名也，可謂不幸。非惟是之不幸也，未及終喪，又疾而死焉。❸

嗚呼！使知禮而不死，則充其志，崇大業，庸詎知其不可以爲濟生民之津洧乎？❹庸詎知其不可以

---

❶「聞」，清鈔本作「問」，則「之」不當句斷。

❷「苦」，原作「若」，據清鈔本改。

❸「又疾而」，清鈔本作「又□□」，四庫本作「旋又身」。

❹「洧」，清鈔本脱，四庫本作「筏」。

爲薦之神明，❶德盛而充天下乎？❷夫人欲以如是一身而事其親，天下孰能加焉！噫！受命之窮，其重不幸也。雖不得見其成而原其志，即其根種，乃五行之秀，天地之英也。彼紛紛之誹謗，豈能掊鑠其精神而誣蔑之哉！

後二十年，二稚子長者夭，少者頗能憶其父事，固窮事母孝，以讀書立身，來拜且泣曰：「自先人重遭不幸，其孤不肖，至今未有銘文。知先人者，惟先生在，敢以請。」宏曰：「是誠在我，我其可辭。」

銘曰：周公而上大道行，孔聖孟氏而下大道不明，仁義充塞千百五年有二程，□下□方見者教育各有成。❸惟我先君子，挺然後生，知之以聞；晚歲卜居衡山之下，慕而後者有如君；不幸短命死，苗而不秀，知者悲辛！

題呂與叔中庸解

靖康元年，河南門人河東侯仲良師聖自三川避亂來荆州，某弟兄得從之遊。議論聖學，必以《中庸》爲至。有張燾者，携所藏明道先生《中庸解》以示之，師聖笑曰：「何傳之誤！此呂與叔晚年所爲也。」燾亦笑

❶「之神明」，清鈔本作「神明之」。
❷「盛」，清鈔本脱，清鈔本「充」下脱一字。
❸「□下□」，四庫本作「天下諸」。

曰：「燾得之江濤家，其子弟云然。」

按河南夫子，侯氏之甥，而師聖又夫子猶子夫也。❶師聖少孤，養於夫子家，至於成立，兩夫子之屬纊，皆在其左右，其從夫子最久，而悉知夫子文章爲最詳。其爲人守道義，重然諾，言不妄，可信。

後十年，某兄弟奉親，南止衡山，大梁向沈又出所傳明道先生《解》，有瑩中陳公所記，亦云此書得之燾。❷某反復究觀詞氣，大類横渠《正蒙》書，而與叔乃横渠門人之肖者。徵往日師聖之言，信以今日己之所見，此書與叔所著無可疑明甚。惜乎瑩中不知其詳，❸而有疑於行狀所載「覺斯人」、「明之書」、「皆未及」之語耳。雖然，道一而已，言之是，雖陽虎之言，孟軻氏猶有取焉，况與叔亦遊河南之門，大本不異者乎？尊信誦習，不敢須臾忘。勇哉，瑩中之志！❹某雖愚，請從其後。

題司馬傳公帖

愚晚生於西南僻陋之邦，幼聞過庭之訓，至於弱冠，有遊學四方，訪求歷世名公遺跡之志，不幸戎馬生

---

❶ 下「夫」字，疑衍。
❷ 「燾」，原作「濤」，據清鈔本改。
❸ 「瑩」，原作「瑩」，據清鈔本、四庫本改。
❹ 「瑩」，原作「瑩」，據清鈔本、四庫本改。

於中原，此懷不得伸久矣。今獲覩文正司馬公、獻簡傅公書詩十有二紙，反復誦玩，亦足以見君子之交雖相稱譽，必以情實，無朋黨比周之意也。

哲廟之初，拔茅連茹，以其彙征，❶故元祐之政，斯民鼓舞，乃有立黨論以排君子者，遂使神州陸沉，❷衣冠蹙於江左。孰能反斯道，任如文正、獻簡者之人，以佐天子，内脩政事，外攘夷狄，復祖宗之境土乎！堂堂大宋，必有人焉。《易》曰：「否終則傾。」言否之不可長也。愚儻不以窮困疾病即死，庶幾及見焉。

題劉忠肅公帖

劉忠肅公曾孫芮訪某兄弟於南山，論心講道，因得觀其先世遭讒誣之本末。則顧有以自附者，於禮有之；賤不誅貴者，爲其近於諂也；幼不誅長者，爲其近於僭也。推是禮而伸之，則晚生下士而欲稱揚群公先正之德業，多見其不知量也。故某於丞相德業不敢復措一詞。

惟是歷觀前世名公巨卿辛勤立門户，不旋踵而敗壞，蔑有聞焉者多矣。其所以敗壞無聞者，何也？後無人也。若今忠肅公之子，執義明白而不懾於威武，不渝於患難，不移於貧賤。若忠肅之孫，尚守其先志。其曾孫雖貧且賤，然明於事君之義，强學力行，益能保世以滋大。富貴功名，一時事耳，惟久處窮約之中，而

❶「征」下，原有「吉」字，據清鈔本、四庫本删。

❷「沉」下，原有「者」字，據清鈔本删。

能滋其大德業，傳之無窮，真可謂人之子孫矣。

某以綿力負荷先業，戰戰兢兢，常懼勿克，❶見忠肅公曾孫之能若是也，既欣且慕。其識此也，以自固也，亦以詔我後之人。

題孫判監奏稿

余友孫蒙正會文南山，示予以其先人奏稿。嗚呼！此上蔡先生所謂不爲一身之謀，而有天下之慮者也。存是心而不識，❷大可優於天下。豈特竇是故紙陳墨歟？固將推是心，負荷先業，光而大之也。孟子曰：「古之人所以大過人者，無他焉，善推其所爲而已矣。」正孺勉之哉！

題張欽夫希顔録

顔子資禀天然完具者，以其天地心，大則高明，高明則物莫能蔽，故聞一知十，觀聽夫子言行，終日不違，更無疑議，亦可謂賢達之士，自足了一生矣。然夫子必更博之以文，約之以禮，使顔子求知所至而至之，使顔子既知所終力進而終之，致顔子進德脩業，與天同大，不止了其一生。此聖人所以成就英才，欲與共代

❶「勿」，清鈔本作「弗」。
❷「識」，清鈔本作「失」。

天工者也。

《論語》之所謂禮，即《中庸》之所謂善。「顔子有不善，未嘗不知」，至明也。❶非物格者，❷不能也。「知之，未嘗復行」，至勇也。非若仁者，不能也。起居言語，❸無非妙道精義，自不可須臾離，故「欲罷不能」也。「既竭吾才」，可用力處，❹顔子無不盡也。「如有所立卓爾」，顔子見夫子妙處，卓然分明也。「雖欲從之，末由也已」，非不能從也，妙處不可以才力進也，要當加之以歲月，自然而化耳。此顔子之學所以爲有準的也。

當時夫子循循善誘之方，今雖不可得而聞，然博之之文，約之之禮，具載於《易》、《詩》、《書》、《春秋》，粲然盈於天地日月之間，患在人由之而不知，或少知之而遂自畫，不下顔子進退不已之功耳。此聖學之所以罕傳，❺異端之所以横流，爲可懼者也。

欽夫著《希顔録》，有志於道。大哉志乎！顔子欲爲大舜其所爲者，有始有終如是焉，終亦不已矣，故夫子既許顔子以損益四代，而猶戒以「放鄭聲，遠佞人」，不以人心爲可恃也。使欽夫而得是意，則玩是録可

❶「至」，原無，據清鈔本、四庫本補。

❷「非」，原作「至於」，據清鈔本、四庫本改。

❸「起居」至「不能也」二十二字，原無，潛園補入，於眉端寫校語云：「據别本補。」清鈔本、四庫本均有此文，今從。

❹「可用」二字，原重，據清鈔本、四庫本删。

❺「罕」，清鈔本、四庫本作「鮮」。

也，忘是録可也，庶幾傳之者廣，而聖人可作，邪説可息，豈小補哉？

某從事於斯，既專且久，故樂爲欽夫道，不自知其愚也夫。

題大學

傃甥，爾曾叔祖祭爾考之詞曰：「勿憂傃不俊，當憂其不學；勿憂傃無官，當憂其不立。」嗚呼！至哉斯言也。

夫不學，則不能有立；不能有立，雖俊而貴，將焉用之？自恃俊才、挾貴勢以覆宗亡家者多矣，余故曰爾曾叔祖好學有立之言爲至也。雖然，世學多岐，罕知正務。❶《大學》一書，孔氏之人指學道之正路也。余今授爾以伊川所正之文，往熟讀之，朝夕勿忘，必至於能有所疑。親師而問之，取友以磨之，必至於昭然若發蒙，一見天地之全、古人之大體，庶幾學成有立，不負爾曾叔祖敦厚本宗之志，❷以不墜爾祖延康公之業矣。傃勉之哉！

---

❶「罕」，清鈔本、四庫本作「鮮」。「務」，清鈔本作「路」。

❷「負爾曾」，原作「曾爾負」，據清鈔本、四庫本改。

題祖妣志銘

建炎乙酉之秋，江、淮、河、漢之間，群盜縱横，先文定被召趨行在，❶仲任行事，某當家責，以强暴逼人沮、漳之間，非遺種處也，則奉母令人及諸親屬，棄生生之資，渡岷江而南。不幾月，大盜蜂集，故廬文書數千卷悉爲灰燼，而祖考祖妣志銘亦在焚中。庚戌歲，得祖妣志銘於吴郛衛道。衛道，先君門人也。紹興戊辰仲春，得祖考志銘於游掞德華。德華，廣平先生幼子也。此吾祖考祖妣之德義行業，微二子者傳焉，❷殆將泯矣。爲人子孫，乃震於一時離散死亡之慮，忘其祖考祖妣之所以明揚於千萬世者，而不知負之以生死，死不瞑目矣。今也幸而得之，謹手録而藏之，又將與知敬其祖者傳而廣之，庶幾哉可以息黥補劓，❸圖全而歸之於父母也。

被召申省劄子

聞命震驚，罔知所措。伏念某昨受先父蔭補，旋丁外艱，服除之後，廟堂亦嘗憐其貧，因俾之竊禄。而

❶「定」，原作「正」，據清鈔本改。

❷「業微」，原作「微業」，據清鈔本、四庫本改。

❸「黥」，原作「黔」，據清鈔本改。

某一向災蹇疾病頻仍，曾無好歲，血氣衰損，重以長兄亡於瘴毒，痛心傷血，鬢髮成絲，目視昏花，步趨緩縱。顧兹凋朽，乃蒙嚴召，雖有陳力就列之心，已覺筋骸之難强矣。起坐徬徨，無以爲計。退而深念，使某奔走承命，能有涓涘裨益於國事，則雖顛踣道途，亦無所恨。若只貪冀榮寵，忘其臨深履薄之志，徒然冒昧而不可謂之孝，尚何望其忠哉！

輒布悃誠，❶上干洪造，伏望都俞之間一爲敷奏，寢罷成命，俾某得保其支離以終天年，非特小生之幸，亦足以昭聖朝不使一物失所之仁於天下矣。

求仁説

關西劉子禮訪愚於南山之下，相與論聖人之道焉。如愚者真所謂道師之言，❷僅能不失者也，❸烏能呈人容色，知病淺深，而藥人之病，起人之廢乎！雖然，論道者解博學之難，如子禮之謙，不恥下問，而不一言，是失人矣。

夫聖人之道，本諸身以成萬物，廣大不可窮，變通不可測，而有一言可以蔽之者，曰：仁而已。仁也者，

❶「布」，原作「怖」，據清鈔本、四庫本改。

❷「謂」，原作「爲」，據清鈔本改。

❸「失」，原作「識」，據清鈔本改。

人也。人而能仁，道是以生。生則安，安則久，久則天，天以生爲道者也。人之於道，下學於己而上達於天，然後仁可言矣。❶

《論語》一書，大抵皆求仁之方也，審取其可以藥己病。病去則仁，仁則日新，日新則樂矣。此豈言語之所能及乎！故爲求仁之説以贈，所以相勉也，亦因以自警云。

祭楊子川文

嗚呼子川！元年乙酉之冬，我兄弟奉板輿渡岷江而南邁，始識君於熊湘，屈指二十六年。❷終始保而無虧，常離憂於聚散，今云亡而莫追。

嗚呼子川！信先民□有道，❸友仁以自輔，事賢以自將。我兄弟情與□款狎，❹美景良辰，往來上下，覽衡山之雄秀，觀碧泉之清洌，鱠神鯉以食我，酌清酒以飲我。❺酒酣意得，談今玩古，目視霄漢，氣吐虹霓，或好詞以我譽，或正色而相規，生遲莫而不休，心晞慕而不退。

❶「後」，原作「使」，據四庫本改。
❷「二」，原作「六」，據清鈔本改。
❸「□」，四庫本作「之」。
❹「與□」，清鈔本作「□」，四庫本作「與相」。
❺「酒」，清鈔本脱，四庫本作「泉」。

嗚呼！人誰不生，而子川之生爲有知也。人誰不死，而子川之死尚有詞也。有知不昧，有詞可垂，❶君蹈常理，又奚以悲！

敬陳薄奠，惟君歆之！

祭趙仲禮文

嗚呼仲禮！出自秦王。嗚呼秦王！宗室之英。如何後嗣，亦弗能振。惟時仲禮，禀氣之純。❷菽水致歡，孝於事親。死而不忘，恭於事兄。善與人交，開心見誠。大友於弟，遜而不争。遭時艱難，有懷欲征。人意我異，弗厲弗興。浩浩義氣，填胸塞膺。慷慨發論，引史爲徵。爲時惜賢，爲國憂民。退安陋巷，如魯諸生。好古樂善，河間東平。在澗在陸，如何大君！不怨於天，不尤於人。日飲樽酒，以亂我心。

嗚呼仲禮！大舟陞沉。與我愚者，利同斷金，笑語未終，遽聞訃音。宜康而壽，天乎難諶！斐詞致奠，魂兮來歆！

---

❶「有」，原作「可」，據四庫本改。

❷「純」，原作「絶」，據清鈔本、四庫本改。

祭表兄范伯達文

嗚呼表兄！鞠於我家。孩幼聰慧，蘭茁其芽。固永壽君之所鍾愛，而文定公之所深誇。與我兄弟，情均靡它。同隊嬉戲，言語啞啞。發蒙就傅，唱和絃歌。誦詩讀書，共李分瓜。居我姑喪，哀毁莫加。從親宿師，待禄京華。數載奉喪，南歸西坡。寢苦泣血，哀深蓼莪。斬然頭角，志尚有嘉，❶奉養偏繼，弟妹拊摩。天性孝友，能容以和。勤力耕耘，姑之桑麻。兄弟朋友，相從相過。帶經問學，如切如磋。上論羲、軒，下述丘、軻。妙在胸次，神化森羅。作爲文章，未壯登科。遭時離亂，邅迴婆娑。官於長沙，寓領之阿。流落雖深，事業蒸蒸。大臣知之，薦於蓬瀛。轉對丹陛，納忠大君。國論未定，奏記輔臣。好不可恃，讐宜治兵。時宰疾之，退職祠庭。闡高東南，籍籍厥聲。不戚困躓，自樂其正。久乃監郡，復二大州。廊廟思賢，明詔徵求。萬化本心，獻於前旒。天子嘉之，秘閣寵收。有忌我者，持節分憂。剖符南海，散地歸休。嗚呼少壯，未嘗不合。并既老至，而長分離。況外家之多難，而孤露之已衰。思往日之不可得已，冀今來猶可致書而相綏。

嗚呼天乎！何斯人之不淑，而訃音之奄來也。敬致薄奠，式陳斐辭，以寫予痛哭無窮之悲。

---

❶「志」，原作「忘」，據清鈔本、四庫本改。「有」，四庫本作「可」。

祭范元作文

嗚呼！身之窮達，在乎命耶？抑在智耶？命之濟否，由於天耶？抑由人耶？粤觀於公，竟何如耶？少處患難，芝蘭萌芽。長富文史，浸有聲華。承考之志，克己無邪。左丞愛之，任於朝家。❶起佐二州，時多虺蛇。從容笑語，解其紛挐。仍使六路，馳驅駰騂。一裕國計，不弭民嗟。嘖有煩言，載鬼一車。婆娑散地，種柳栽花。有臺有觀，無競無譁。毋怨毋惡，莫吁莫嗟。子子孫孫，綿綿如瓜。昔之用也，❷鶚薦有嘉。後之棄也，玉本無瑕。達在命只，濟由材加。優哉游哉，人生有涯。寢於巨室，天高至遐。一觴致奠，魂其歆哉！

文定書堂上梁文

我祖武夷傳世，漳水成家。自戎馬之東侵，奉板輿而南邁。乃眷祝融之絶頂，緊諸夏之具瞻。巖谷縈迴，奄有荆、衡之勝；江湖襟帶，旁連漢、沔之雄。既居天地之中，宜占山川之秀。回首十年之奔走，空懷千

❶「任」，原作「在」，據清鈔本補。

❷「用」，四庫本作「進」。

里之鄉邦。燕申未適於庭闈，温清不安於枕席。縱親心之無着，顧子職以何居。氣象□□，□□□宫之近；❶川原膏壤，爰□舜洞之旁。❷□枕五峰，❸面開三徑。就培松竹，將置琴書。良爲今日之規，永作將來之式。工徒大會，❹築削告成。所用脩梁，聊申善頌：

抛梁東，爰有仁人住嶽峰。萬里春光來席上，四時和氣在胸中。

抛梁西，諸峰秀色與天齊。人間日望興雲雨，雪月吾皆自品題。

抛梁南，靖深端北府宅温。❺州面躍鱗看似錦，竹間流水勝於藍。

抛梁北，天家尚爾淹南國。❻《春秋》撥亂仲尼書，年來獻掃妖氛則。

抛梁上，道與天通自發揚。❼當仁不愧孟軻身，禪心事業遥相望。

抛梁下，明窗浄几宜憑籍。道義相傳本一經，兒孫會見扶宗社。

---

❶ 上五「□」，四庫本作「巍峨欣瞻日」。
❷ 「□」，四庫本作「列」。
❸ 「□」，四庫本作「背」。
❹ 「工」，原作「二」，據清鈔本改，四庫本作「生」。
❺ 「端北府宅温」，清鈔本作「湍比府澤温」，四庫本作「端北俯澄潭」。
❻ 「天」，原作「大」，據清鈔本改。
❼ 「發」，清鈔本脱，四庫本作「奮」。

伏願上梁以後，庭幃樂豫，壽考康寧，中外雍和，子孫蕃衍，流光後世，受福無疆。

碧泉書院上梁文

上聖生知，猶資學以成其道；方極不二，❶宜求仁以覺諸愚。振古於兹，於今是式；弘開大業，屬在吾人。永惟三代之尊，學制乎□家巷；❷爰從兩漢而下，友道散若烟雲。尼父之志不明，❸孟氏之傳幾絶。顔回克己，世鮮求方。孔伋論中，人希探本。棄漆雕之自倖，昧端木之真聞。干禄仕以盈庭，鬻詞章而塞路。斯文掃地，邪説滔天。愚弄士夫如偶人，驅役世俗如家隸。政時儒之甚辱，實先聖之憂今。將尋繹五典之精微，决絶三乘之流遁。窮理既資於講習，輔仁式籍於友朋。載卜會文之方，乃堂碧玉之上。南連衡岳，北望洞庭，居當湘、楚之中，獨占溪山之勝。震風淩雨，人知楊子之屏幪。寒士歡顔，心壯杜陵之突兀。帷下不窺於董圃，車喧寧接於陶廬。期聖奥以繙經，立壯圖而觀史。由源逢委，自葉窮根。明治亂之所由，豈榮華之或慕。貧者肯甘於藜藿，來共簞瓢，至而未斷其賢愚，惟應誠篤，無行小慧以亂大猷。各敬爾儀，相觀而善。庶幾伊洛之業可振於無窮，洙泗之風一回於萬古。清朝大匠，告舉脩梁，欲見鄙心，聊申善頌。

❶「方極」，四庫本作「至誠」。
❷「乎□」，清鈔本作「□乎」，四庫本作「遍乎」。
❸「尼」，原作「君」，據四庫本改，清鈔本脱。

抛梁東，波光碧玉日射紅。春到柳條金色嫩，鶯遷喬木萬方同。

抛梁西，秋空新月淡娥眉。侍講不從歌舞亂，秦關伯起定天知。

抛梁南，衡峰雲碧浄潭潭。一簣進功誰是伴，坐看青色勝於藍。

抛梁北，妖氛未除關塞黑。羲經求補敢遑寧，作頌永垂千祀則。

抛梁上，青天白日雲無障。清明奴隸亦知之，妙處直須朋友尚。

抛梁下，道徧乾坤無縫罅。胸中變化事無常，可與吾皇輔宗社。

伏願上梁以後，遠邦朋至，近地風從。襲稷下以紛芳，繼杏壇而蹌濟。雲臺斷棟，來求概日之梗楠；❶天路巡迴，❷看引風生之騏驥。驅除異習，綱紀聖傳。斯不忝於儒流，固永垂於士式。❸

論史

太公

項羽謂漢王曰：「不急下，吾烹太公。」漢王宜曰：「始吾與若俱北面受懷王命，約爲兄弟，吾翁即若翁。

---

❶「來求」、「梗」，原作「求仁」、「梗」，據清鈔本、四庫本改。

❷「巡迴」，清鈔本作「巡□」，四庫本作「漸逵」。

❸「固」，清鈔本作「用」，四庫本作「因」。

必欲烹吾翁，是欲自烹而翁也。羽昔年弑君，而今欲弑父，既無君父，何有於兄弟。吾將以死討君父之賊，豈忍爲汝下乎！」

劉　項

秦以酷急失人心，項羽又所過殘滅，所謂以火救火，沛公素寬大長者，一時便有首出庶物氣象，譬如奕棋，此第一着勝羽也。

沛公若不能還軍霸上，則必與羽鬭於關中，是以桀攻桀，兵强者勝。一還霸上，不爲利欲所昏，清明在躬，便志氣如雲，❶應對皆當，此第二着勝羽也。

至於第三着，以羽弑共主，舉軍縞素，告諸侯而伐之，此着正是。既入彭城則取貨寶美人，置酒會，無意討賊，龍頭蛇尾，着而不疑，遂使羽一向猖獗，幾不能定。然羽拙甚，故終能取勝。

夫戰之勝負，不足以決成敗，故羽七十餘戰未嘗敗北，終歸滅亡。漢祖得屈伸與奪之機，❷韓信在其機中而不悟，而爲之禽；陳餘、龍且在韓信機中而不悟，而爲信禽。信可謂知其小而不知其大者。張良於一

❶「雲」，清鈔本、四庫本作「神」。

❷「屈伸與」，原作「伸與屈」，據清鈔本改。

時人物，獨許之以可當一面，亦大□矣。❶以比漢高，便自霄壤。漢高可謂天授，諸人不知天命，即與之争，❷枉作亂臣賊子耳。

韓　彭

韓、彭之所以亡身及其族者，以梁、楚爲之累也。使信、越不愛梁、楚，漢安得而族之？

黥　布

薛公一言而封千户。薛公，楚之望也，此漢之所以破黥布也。

或問：布之反出不得已，君子恕之乎？曰：臣而反其君，烏可恕也。

或曰：爲布計者，宜如何？曰：蘄西之遇，❸漢祖遥問「何苦而反」，布宜應曰：「臣不敢反也。方陛下危困之時，愛韓信、彭越及臣如手足，今天下定矣，則視之如寇仇。往年以詐傳信，今年以疑以掩越，殘其身，夷其族。陛下平日寬大長者，今變而爲狹隘之人。臣與信、越同功一體，乃忍死於獄吏，是以至此。若

---

❶「□」，四庫本作「奇」。

❷「即」，清鈔本作「而」。

❸「蘄」，原作「靳」，據《史記》《漢書》改。「遇」，原作「過」，據清鈔本改。

陛下察臣無罪，反躬知愧，退師釋甲，則臣束身自歸，豈忍多殺士衆，爲背叛之人哉！」漢祖服義，不比常人，以一言而官季布，以一言而置蒯徹，以一言而釋欒布。夫若布爲此言，帝必有以處之矣。

景帝

漢景方其寵晁錯，雖穿太上皇廟堧垣，亦無罪。及惡臨江王，則侵太宗廟堧垣剄而死，❶亦不恤。任私意而不循義理，使君臣父子一至於是。又以郅都爲中尉，貴戚宗室號曰「蒼鷹」，後坐不與臨川王刀筆竟被誅。既宗室多犯法，則又用甯成。夫欲親親，必選有節行賢德之人爲之師傅，爲之交遊。下民猶不可以爲法治也，❷況宗室乎？

晁錯

晁錯小有才，未聞君子之大道，遂致滅宗，豈特景帝寡恩哉？錯若自請封討吴，以周亞夫爲己副，軍事一以委之，豈至若此？

---

❶「剄」，原作「到」，據清鈔本改，四庫本作「倒」。

❷「爲」，清鈔本脱，四庫本作「酷」。

周亞夫

人不可不知道。知道，然後知進退。亞夫，勃之子，細柳軍營，❶威震人主。吴、楚之反，計謀獨出諸將之上，有蓋天下之功。及因争廢太子不能得，❷可以逡巡引去矣。後更爲相，不知景帝特以人望用之也。先不肯救梁，❸後不肯侯王信，取諸貴戚怒。及不肯侯匈奴降者，❹乃謝病免。賜食無切肉，不置箸，見之使皇恐，請罪可也，猶顧上席取箸，其不知幾如此！其見殺也，豈特景帝之咎哉！

唐太宗

太宗起義兵，首數高德儒佞諛之罪而斬之，此義聲振也；其令天下以救蒼生，此仁聲振也。此其所以有天下也。

論其行事，則一大將才耳，非有大君之度也。如高麗不服，遣將經營足矣，乃逞雄心，忽忠言而自行，迄

---

❶「營」，清鈔本、四庫本作「容」。
❷「子」，原作「二」，據清鈔本、四庫本改。
❸「救」，原作「故」，據清鈔本、四庫本改。
❹「匈奴」，原作「句怒」，據清鈔本、四庫本改。

無成功，勞弊天下。它日高宗遺將平之，如反覆手耳。

中興業

易俗

國家之敗，必育壞亂不起之處。❶ 深知其處，大變革之者其功大，小變革之者其功小，不變革者必淪胥以亡。❷ 夫風俗者，❸人主之所自出、士大夫之形而政事之影也。❹ 近世以來，行義凋損，政事殆廢，風俗薄惡，人民嚚頑。子弟變父兄者有之，爲王臣而從盜賊者有之，爲諸生而獻虜庭者有之，卒弑其守者有之，民殺其令者有之，執親之喪而謀從王事者有之，以卑賤而徼訐動摇尊長者有之。上下習以爲常，恬不知怪，而三綱絶息，人道大壞，亂之所由作，兵之所由起也。

昔秦政、❺王莽以酷急煩苛而亡。漢高、光武深達權變，知救弊之理，革之以寬簡，故能以匹夫而有天

---

❶「育」，四庫本作「有」。
❷「亡」，原作「亡」，據四庫本改。
❸「夫」上，原有「大」字，據清鈔本、四庫本删。
❹「形」，清鈔本脱，四庫本作「樞」。
❺「政」下，原有「衰」字，據清鈔本、四庫本删。

下。及西晉尚清談，棄禮義，中原塗炭，琅邪南渡，因循不能大變，雖名賢輩出，僅能扶持不絶宗廟之祀。其間憑恃强衆，自以爲能，不知救之之方，❶隨流波靡，功幾成而亡者，不可以概舉。

夫以往之事，當今之覆轍也。人君鑒乎此三者，知當今之務在乎革易風俗，則當立至公之心，彰禮義之門，謹人倫之政，嚴上下之分，以消悖逆；用賢能，杜私謁，絶貨賂，務實去華，信賞必罰，以消背畔；不開越訴之端，以消徼訐；干進者黜之，恬退者拔之，以崇廉恥。鼓天下之人翕然並興於義，而不以利嬰其心。臣之於君，下之於上，實有子弟衛父兄之志，何兵不强？何賊不殄？何夷狄不治？而中興之業成矣。

官　賢

設官分職，所以爲治也。近世以來，善事上官，漁奪下民者，守令也。□變□之勢，❷□亂州郡，❸使上下之威不震者，有司也。阿黨權貴而不擊刺官邪，淆亂是□，❹□熒□者，❺臺諫也。逢君之惡，壞治亂紀，

---

❶「之方」，原無，據清鈔本補，四庫本作「之道」。
❷「□變□」，四庫本作「畏變寵」。
❸「□」，四庫本作「撓」。
❹「□」，四庫本作「非」。
❺「□熒□」，四庫本作「爲熒惑」。

毒流天下者，□□政也。❶ 士卒憤惋，等威不立，□功□□，❷□長寇仇者，❸將帥也。

夫設官分職，所以爲治，而敗亂無不由之，何也？ 推考其故，❹本乎君心多欲，上下交征利，不慎名器，科品冗濫，改易頻煩，存空名而不責實效之所致也。 今欲圖中原，必反之而後可。

夫相者，君之柄，❺一日非其人，天下受其害矣。 況今海内大亂，危亡已見。 而君之命相也方且嘗試其人，相之受任也方且嘗試其術，而偷安目前，施施然自以爲至安，是執政未能勝往時也。 君不欲聞其過，諫諍之臣殺之、黜之，後來者不敢直言，是臺諫未能勝於往時也。 監司畏避盜賊，引身先遁，與郡縣相委遠，贓污狼籍者不治，干紀縱横者不禁，是監司未能勝於往時也。 守令不能抗賊，反乘勢刻剥以殖其私，是守令未能勝於往時也。 諸將擁衆填集行朝，坐視夷狄之替任，盜賊之雲聚而不能擊刺，是將帥未能勝於往時也。往在中都全盛之時，以是而敗，今欲偏方敗亡之餘，❻以是而興，不亦難乎！

人君能内正其心，篤求賢之志，優臣下之禮，選用賢才，舉籍幾出於閹官之門，應奏有勞，獻頌可採，奉

❶「□□」，四庫本作「今執」。

❷「□功□□」，四庫本作「冒功濫賞」。

❸「□」，四庫本作「而」。

❹「故」，清鈔本脱，四庫本作「由」。

❺「柄」，清鈔本脱，四庫本作「輔」。

❻「偏方」，原作「偏訪」，據清鈔本、四庫本改。

使無功，曾立僞朝而不次超升者，❶皆降黜之。罷借補，禁權攝，其已借補而功効不著明者奪之，其已權攝有治狀者授之。❷凡内外之官，皆使久任。責宰相以公卿大夫皆當其才，責諫臣以日進逆心之論，責監司以州郡清肅，責守令以户口歲增，責將帥以寇盗弭亡，❸不勝任者必罰，無赦於是。有用未當其才者則易之，用未盡其量者則外之。有稱任者，❹頒告天下，用西漢法，增其禄秩，而勿徙。郡縣守令政治卓然者，如東漢法，守入爲三公，令升爲刺史。罷經義、詩賦之選，立孝廉、經術、政事之科。使郡守歲舉，舉非其人，二者當坐。❺誠如是，則仕途肅清，可以革目前之弊而望中興矣。

屯田

師旅之興，嘗患糧食乏絶，故楚、漢争敖倉，王世充、李密争洛□。❻三國之時，江、❼湖、海、岱，王公十

❶「次」，原脱，據清鈔本、四庫本補。
❷「已」，清鈔本、四庫本作「見」。
❸「亡」，原作「民」，據清鈔本、四庫本補。
❹「任」，清鈔本脱，四庫本作「職」。
❺「二」，四庫本無。
❻「□」，四庫本作「口」。
❼「江」，原作「海」，據清鈔本、四庫本改。清鈔本「江」爲「海」字描改。

數，多以乏食而自破。惟曹操知時務之要，募民屯田，置典農之官，於是所在倉廩豐實，征伐無運糧之勞，兼併群雄，强於天下。方今江北漢南郡縣，土地膏腴，率多荒廢，遺民艱食，死亡幾盡。宜如曹操列置田官，專司農事，募民屯田，下巴、蜀之粟，出巴、蜀之牛，以給貧民，使安生業。則聞之，❶必競來歸。有三利焉：富國强兵，一也；消閭閻群盜，❷二也；行師省轉輸之勞，三也。不然，江北郡縣使役無幾，❸不堪調發，財盡而怨，怨盡而叛。❹怨叛之民，不可復使，可不慮哉！此屯田典之所當務也。

軍　政❺

建國必設險阻，本朝都汴，無山河之固，以甲兵爲强。天下治安，數千萬衆環向坐食，❻衣紈帛而忘甲胄，習工藝而踈弓馬，安墉脩而憚勞役。死者補以空名，亡者不消户籍，❼出戍者賂而不行，出征者將不加

---

❶「業則」，清鈔本作「業□□」，四庫本作「事民」。疑當作「業則民」。
❷「閭閻群」，原作「閭閻郡」，清鈔本作「□群」，四庫本作「弭群」，「群」據二本改。
❸「使役」，清鈔本作「□使」，四庫本作「應使」。
❹「怨盡」，清鈔本作「□盡」，四庫本作「怨極」。
❺「軍政」，清鈔本脱，四庫本作「練兵」。
❻「向」，清鈔本脱，四庫本作「而」。
❼「户」，清鈔本脱，四庫本作「其」。

卹。進，不得快戰以立功；退，不得溫飽以保意。負罪亡命，遇赦自陳，即與洗滌。或竭力戰鬭，則將黨受賞而已，❶不與，怨憤而叛，則招以官。此軍政之所以壞也。

革之之道在人君，人君深自刻勵，優卹將士，與同甘苦，拔忠義武勇之士以爲元帥，科簡諸將之兵，❷汰其庸懦，申以堦級之法，考校諸將之衆，明以分晝之制，而增損脩整之，❸見衆不必更募，罷招刺，禁扳換，勤訓習，其間必將有部分嚴飭士卒精練者，❹特加獎擢。出從征伐，惟才是用，無必官資。捕斬首虜者，賞之以金帛；滅賊復地者，賞之以官爵，封之以國土。有犯令者，親貴必誅。賞罰嚴明，此孫武子所以制勝於天下，諸葛公所以抗衡於中原者也。何桀賊之不滅，黠虜之不膺，中興之無望乎！

定　計

王者，必定都以繫遠近之心。漢祖據關中，光武據河内，固形勢之地，以立根本，然後親帥三軍，東征西戰，身犯矢石，未嘗一日安坐而守也。

---

❶「賞」，原作「黨」，據清鈔本、四庫本改。
❷「科」，清鈔本、四庫本作「料」。
❸「脩整之」，原作「脩之整」，據四庫本改，清鈔本作「之脩整」。
❹「必」，原作「心」，據四庫本改。

今外有必報之仇，内有僭叛之寇。誠能擴天地之量，立致遠之志，與士卒均勞苦，收俊傑而用之，激勵諸將自將而行。擒李成於淮南，縛張周於武昌，掃孔彦舟之徒定湘中；詔張浚出師，與柴斌討桑仲，復襄陽。如此，則軍聲大振，檄召江北諸鎮，誰敢不至！待之以誠信，約之以法度，示之以賞罰，誰敢不從！是坐定大河之南，而得猛將精兵爲吾前驅也。天子所至，勞來撫綏，禮用賢彦，蠲除暴政，河外之民困於左衽，必興發憤之心，相扇以歸命。天子親統六師，因而乘之，一戰而天下定矣。此上計也。復襄陽之後遴選重臣，一守建業，一守武昌，一守江陵，天子將虎旅西入關，一以順將士之情，一以資巴、蜀之饒，内脩政事，外觀時變。此中計也。使諸將力取江州，移軍擊滅彦舟之徒，自江之北，❶務崇寬貸，苟相維持，以待天命。此下計也。❷

知　人

治天下之亂者，必以知人爲本。

漢高帝從天下之士入漢中，諸臣亡者以十數，及聞蕭何亡則大怒，誠知其爲英賢，不肯失之以資敵國也。魏武帝從中原之士起山東，叩門求進者衆矣。及得荀彧則大悦，誠知其爲英賢，任之可以謀敵國也。

---

❶ 「之北」，原作「北之」，據清鈔本、四庫本改。

❷ 「也」下，清鈔本有小字「逸」。此文蓋爲殘篇。

漢高將擊魏豹，先問其將。言栢直，則知其不能當韓信；❶言項它，❷則知其不能當曹參；❸言馮敬，則知其不能當灌嬰。其知彼己如是之審且明，故滅群雄而定天下如指諸掌。魏武將禦袁紹，有言田豐智者，則或已知其犯上；有言審配忠者，則或已知其無謀；有言顔良勇者，則或已知其可一戰擒也。其知己彼之如是審且明，故破敵國而據中原如指諸掌。

主上即位，雖當艱難之時，然涖天下今五年矣，任用群臣不爲不衆矣。任黄潛善、汪伯彦，但爲巡幸偷安之計，而無立國堅守之謀，以維揚屯兵數十萬之衆，當數千遠來罷弊之金賊，勢如太山之壓卵耳，而不戰自潰，狼狽渡江，循致錢塘之變。用范宗尹，頹墮不振，且天下盜賊皆庸人倔起，志在財幣，朝夕自快而已，豈有分裂山河之志哉！稍出禁旅，自足平殄，而建議割地，使爲鎮撫，是賞盜以教天下也。是以夷狄日横，盤據西北，賊盜益張，蹂踐東南，百姓肝腦塗地，號呼上天而不能救，國勢日蹙，民心日散。

用人不當，乃至此極，實存亡危急之秋也。主上苟以至誠待物，以謙虚持己，收天下之耳目爲己之耳目，收天下之謀策爲己之謀策，徧用天下之英賢，則不患無漢高帝之明、蕭何荀彧之臣矣。庶幾謀謨有定，政令有經，紀綱可正，而夷狄可滅，中興可望矣。

---

❶「則」，原無，據清鈔本、四庫本補。

❷「它」，原作「屯」，據清鈔本、四庫本改。

❸「參」，原脱，據清鈔本、四庫本補。

罷監司

有土則有民，有民則有財。置守令，所以養民生財也；置漕司，所以平貴賤、通有無，使財貨流豐也。有民則有事，有事則有争。置守令，所以治民息争也；置憲使，所以糾察姦欺，使刑獄明允也。平時，監司州郡已不肯同心國事，互相忌惡。自喪亂已來，州郡專以抗拒監司爲能，監司專以陵撓州郡爲事。❶爲漕使者，不能平貴賤，❷通有無，或厚斂苟免以資敵，或重載遁逃以實己，是使守令不得養民以生財也。爲憲使者，不能察姦欺，允刑獄，贓污狼籍者不按，姦宄通賊者不治，是使守令不得治民以息争也。徒能變亂是非，熒惑朝聽，專利謀己，移易官吏。輕侮朝廷威令，使守者無所取則；棄擲守宰教條，使吏民無所取信。下被其殃，上爽其憂。此則監司之爲也。

昔唐貞觀時，❸專任刺史縣令，數年一遣，大臣以六條巡行，而天下大治。開元之末，增置按察諸使，而官吏失職，百姓怨嗟。

夫設官置吏，本以爲民。方今民遭寇亂，死亡無幾，自應減損官吏，輕徭薄賦，以存撫之，況無益於事而

❶「監司」，原作「司監」，據清鈔本、四庫本改。
❷「貴」，原作「貧」，據清鈔本、四庫本改。
❸「貞」，原作「正」，據四庫本改。

有害於民者。或宜罷盡監司之職，月之連帥，❶選擇守令，使各清心省事，專以墾田練兵、興利除害爲務。歲終則連帥遣上佐，列郡遣掾屬，起其貢賦，條其利害，述其職守，三年一遣。御史以六條廉之，察吏之賢否，問民之疾苦，禮耆老，賑窮乏，褒善良，起淹滯。狀高天下者，擢爲公卿；否者，痛加懲督。❷勸沮既明，人思自勵，則財貨自足，刑獄自平，奸宄自息，而百姓自安矣。然後駈而義用之，以敵王所愾也。雖曰未必中興，人孰信之。

整師旅

君者，兵之司命也；相者，兵之心也；將帥者，兵之手足也。君不能爲兵之司命，則孟德專漢、仲達專魏之禍生矣；相不能爲兵之心，則王允見殺於傕、汜，國忠見討於禄山之禍生矣；將不能爲兵之手足，則趙括陷其卒於長平、章邯陷其軍於新安之禍生矣。

頃年，維揚渡江，危急之際，諸將握重兵者，擅行不顧，與衆俱遁。昔耿弇爲將，不肯以賊虜遺君父，今乃棄君父而不顧，可乎？

夫東南之兵，非關中之勁也。東南之財，非蜀中之饒也。漢祖以關中委蕭何，光武以河内委寇恂，咸能

---

❶ 「月」，四庫本作「屬」。

❷ 「懲」，原作「徵」，據清鈔本、四庫本改。

遣兵調食，遠征致討。❶今主上以關、蜀付之大將四年矣，未嘗出一人一騎以增禁旅，未嘗輸尺帛斗粟以益軍資，監司帥守，❷莫非其人，朝廷徒得空文往來而已。

夫一脛之大幾如腰，一指之大幾如股。是以遠則西方之兵知有大將而已，不知有主上也；近則諸將之兵知有大將而已，❸不知有主上也。上之威令不行矣。若是者，可謂能爲兵之司命乎？

苗、劉之變，不可不慮，而思所以拔其根也。今劉豫僭山東，桑仲擅襄漢，❹馬友駐長沙，孔彦舟在淮南，其餘群盜，所在剽劫，不下十數。相臣不能建議立謀，遣義士，發文誥以懷之，又不能指蹤諸將，武震以慴威之。危而不持，顛而不扶，則將焉用彼相？若是者，可謂能爲兵之心乎？一旦有如傕、汜、禄山稱兵向闕，號「清君側」，倒持太阿，授人以柄，不知以何術遏之也。

曹翰、曹彬爲將，南征北討，兵不留行，掃滅群雄，旁震夷狄。今之諸將握重權，統大衆，金虜欲兩河，則束手而與之兩河。欲二聖，則束手而與之二聖。盜賊縱横，殘破州郡，蒼生被屠戮者，所在以百萬計。若是者，可謂能爲兵之手足乎？將不知兵，以卒與敵，一旦勇者有趙括之虞，黠者有章邯之變，不知以何將代

❶「征致」，清鈔本、四庫本作「資征」。
❷「帥」，原作「師」，據清鈔本、四庫本改。
❸「近則」至「上也」十八字，原無，潛園補入，且於眉端寫校語云：「據別本補。」清鈔本、四庫本有此十八字，今從。
❹「擅」，原作「善」，據清鈔本、四庫本改。

之也。

是三禍者，在天下無事之時，苟有一焉，猶至於危亂，况今日耶？主上誠能正心誠意，興痛切之念於君父，致憤切之至於夷狄，著三綱，❶以立兵實；慎命一相以定大計，斷大疑，貴以收致人才，以廣兵謀；用祭遵李勉之流，申明軍令，舉劾高位之犯法不職，以整兵制；科簡諸小將有精整士卒如吕蒙之流者，❷拔加獎勵，以甄壯烈；人人别進，問其燥濕，推赤心，致其死，以振兵氣；發遣諸將，分道經略，不得上首級，必在破敵殺將，收復境土，安集百姓，以著兵志；先平江淮，静湖湘，復荆楚，通武關之路，出秦隴之田，下巴蜀之粟，一統西南，亘江漢而守之，以壯兵勢；移檄金賊，數其罪逆，固守要害，招撫兩河之民，時出奇兵，東西掩擊，使疲於奔命者。❸不出五年，可以成中興之烈，保無疆之休，尚何三禍之足慮哉！❹

---

❶「著」，原作「者」，據清鈔本改，四庫本作「振」。

❷「科」，清鈔本作「料」。

❸「疲」，清鈔本、四庫本作「彼罷」，下無「者」字。

❹本段後有陸心源校勘識語：「右蕭山陸氏抄本《胡五峰集》。卷一第十五、十六、十七三葉有錯簡，卷二《上光堯皇帝書》『則知其』下脱廿一字，『大憂者』下脱四字，『比乎』下脱十九字，『四民』下脱十七字，第六十五頁脱十二字，六十九頁脱十八字。」

五峰胡先生文集卷第四

皇王大紀論

鴻荒訛真

鴻荒文明，天行也。鴻荒之世，結繩而治，理則昭然，其事不可詳矣。世傳天地之初如雞子，盤古氏以身變化天、地、日、月、山、河、草、木於其中。所謂訛矣，失其真。而盤姓爲萬姓之先，則不可没者也。

書傳散失

世傳羲、農、黄帝之書，謂之《三墳》；少昊、顓頊、高辛、唐、虞之書，謂之《五典》。孔子討論《墳》、《典》，斷自唐、虞，上世文書簡邃，❶經三季而失其傳，不可得而論次故也。今去孔子又遠矣，乃始於古初，不亦過乎？

❶「上」，原作「生」，據四庫本改。

吁！因秦焚書，後世競傳古先事，紛亂怪誕，迷誤後生，無所考正。其有能不悖於理者，可不採拾乎？其有顯然謬妄，背義而傷道者，❶可不剪削乎？其有誣罔聖人者，可不明辨乎？或謂有欲正人心、息邪説之志，愚敢僭孟軻氏之名乎哉！考其事，窮其理，以自正而已。

帝王别姓

按史載五帝、三王，惟庖犧爲别姓，自炎帝而下皆同宗也。歷世綿遠，雖不可考其然否，以理推之則或可信。今夫在天則日月遞照，而五星二十八宿不得與之争光。在水則大江濁河貫注華夏，而衆水演迤，不得與之争道。在山則岍岐、❷嶓冢横亘四海之内，而萬山低伏，不得與之争勢。在人則庖犧、神農、黄帝、堯、舜、禹、湯、文、武、仲尼傑出一世，獨與天地相似，而俊材異能之士委命陳力，不得與之争聖。何獨至於姓而疑之？其可疑者，世數多寡長短耳。故愚特載其苗裔，而於世數則略之云。

開闢紀年

或傳自開闢，或曰自燧皇至於春秋獲麟之歲，二百七十六萬年，分爲十紀，六紀在庖犧前，三紀在包犧

---

❶「義」，原作「議」，據四庫本改。

❷「岐」，原無，據明本《皇王大紀》卷二（萬曆三十九年陳邦瞻刻本）補。

後，而末紀流訖於黄帝者也。謹按，包犧始畫卦，造書契，夫孰知其前之六紀？五百年必有王者興，自包犧至於黄帝，兩紀五十餘萬年間，作者惟神農氏一人，其妄可知。故自盤古至於帝嚳，雖有紀其年者，皆不敢信，姑載其事而已。西洛先覺邵雍氏作《皇極經世》，❶歷數堯即位之年，❷起於甲辰。惟雍精及天地之數，必不妄也。故用之以表時序事，庶幾其可以傳信乎！

皇帝王霸

劉道原博極群書，以爲古無三皇五帝、三王五霸之數，其辭甚悉。愚以爲如是稱而逆理害義，雖人謂之聖賢之經，猶當改也；苟於理義無傷害，雖庸愚之説，猶可從也。皇帝王霸，雖經不稱其數而雜見於前脩之文，非有逆理害義之事也，奈何必欲去之乎？皇者，初冒天下者也；帝者，主宰天下者也；王者，天下歸往者也。❸自燧人氏而上，則三皇之世也。包犧、神農、黄帝、堯、舜，是五君者，有先天地開闢之仁，後天地制作之義，人至於今受其賜。故孔子曰：「包羲氏没，神農氏作；神農氏没，黄帝、堯、舜氏作。」

❶「世」下，四庫本有「書」字。
❷「歷數」，四庫本作「紀」。
❸「往」，原作「任」，據四庫本改。

案黄帝之後，少昊、顓頊、高辛皆嘗帝天下矣。孔子所以越而遺之，必稱堯、舜者，以三君居位，僅可持其世而已，未嘗有制作貽萬世故也。則五帝之名位定矣。夏禹、商湯、周文之爲三王，齊桓、晉文、秦穆、宋襄、楚莊之爲五伯，其迹詳甚，焉可誣也？

宫聲玄妙

旨哉！❶聲之宫也。猶五行之土，❷金、木、水、火得之然後生。猶四端之仁，義、禮、智得之然後中。❸猶事之中，萬物得之然後成。是故宫聲者，不可以易知也。必上有體元之君，下有調元之臣，安土樂天，然後宫聲可議而雅樂可復也。後世以其淺陋之德而欲求玄妙之聲，必不應矣。惟禮亦然。故孔子：「人而不仁，如禮何？人而不仁，如樂何？」

女媧補天

世傳往古天不兼覆，女媧煉五色石以補天。其言雖陋甚，推其本旨，蓋言女媧以婦人能理男子之事耳，

---

❶「旨」，原作「主」，據四庫本改，明本《皇王大紀》卷二作「至」。

❷「猶」，原作「由」，據四庫本改，明本《皇王大紀》卷二作「有」。

❸「中」，四庫本作「行」。「後」下，明本《皇王大紀》卷二有「得」字。

乃婦人而有雄才大略者也。後世唐武氏其似之乎？此非常之變也。

自漢以來，不擇天下之才任以爲相，寄托宗廟社稷之主，❶而以天下大柄倚仗婦人女子。其有不生禍亂者，亦云幸矣。幸也者，小人之事，非大人之道。天下公器，不受正命，乃欲以小人之道持之，豈非不知學之過歟？若漢之武帝、蜀之昭烈，託霍光而寄孔明，其於道學概乎有聞者矣。

西方傑戎

潛心三皇之紀，❷則知太和保合、生育無窮之道，無始而有始，無終而有終者也。是故有鴻荒之時，亦猶日之夜、月之晦、時之冬焉。生消升降，終而復始。於穆天命不已，❸而成四時之造化，于皇群聖體，是以爲三綱之禮樂。事本乎道，道藏乎事，天生人，人成天，三皇尸其體，五帝妙其用，禹、湯、文、武成其功，孔子、孟氏傳其學。孟氏死，雖未有得其傳者，惟皇上帝降衷於下民，若有恒性，誰能出不由户，何莫由斯道也。

❶ 「主」，原作「王」，據四庫本改。
❷ 「皇」，原作「王」，據四庫本改。
❸ 「天命」，原作「天道」，據明本《皇王大紀》卷一改，四庫本作「之」。

當周昭王時，西方有傑戎，厭苦世累，欲求超脱之道，遂捐君叛親，棄婦入山，❶刻私意，窮幻見，駕空説，曰：「我得心法，變現萬端，出生入死，願欲必從，而非一世事理之所能嬰也。」❷漢明帝時，其書始入中國。魏、晉以上，爲其徒有禁。逮乎末流，周立典教，插破中國，據名山勝地，千百爲群，説渺茫，陳禍福，以恐喝愚衆，而士大夫爭信鄉之。用夷變夏，三綱弛絶，人無宰物之情，由之此矣。可不懼乎？

夫陰陽剛柔，天地之體也。體立而變，❸萬物無窮矣。人生，合天地之道者也，故君臣、父子、夫婦交而萬事生焉。❹酬酢變化，妙道精義，各有攸止，亦無窮已。傑戎能力索於心，❺而不知天道，故其説周羅包括，高妙玄微，無所不通，而其行則背違天地之道，淪滅三綱，體用分離，本末不貫，不足以開物成務，終爲邪説也。

噫！戴天覆地，冬裘夏葛，渴飲饑食，語默坐起，應其身，萬事皆不能與常人殊異，獨於君臣之義、父子之仁、夫婦之禮，則掃之、除之、殄之、滅之。謂之盡性可乎？謂之不失其心可乎？是又下於戎狄一等矣。中華豪傑，天下有大道列聖之所傳授者，日新而無窮也，豈可冥然爲傑戎邪説所誘化而不自知耶？

❶「入」，原作「人」，據四庫本改。
❷「理」，原作「物」，據明本《皇王大紀》卷一改。
❸「立」，原作「物」，據四庫本改。
❹「萬」下，原有「物」字，據四庫本删。
❺「索」，原作「素」，據四庫本改。

九黎亂教

邪説之爲人害也久矣。以五帝之時，九黎猶亂風教。自漢以來，聖學絶滅，世衰一世，在上之人苟且僥倖，功成而氣盈，利得而志怠，崇尚勢力而不知仁義者乎！是故雖隆盛之時，禮制不必行，刑賞不必中，民不知方。故釋氏巫祝得以其説誑惑斯民，爲之薦死求生、祈福免禍，天下靡然從之。在上者恬然不復知禮制賞刑之本，❶在下者安之不復知正心脩行之實，鬼教浮虚之言徧天下。❷風俗既移，孰能不外飾事君之禮，内懷背上之心，志在仗節死義，以三綱爲己任，臨事不苟免乎！逸。❸庶幾頽靡之風可一變也。

姜嫄生稷

天地之間，有氣化，有形化。人之生，雖以形相禪，固天地之精也。❹姜嫄克禋克祀，以弗無子，志之所至，氣亦至焉；氣之所至，精亦至焉。故履帝礜之武而敏歆，於是有子，不可謂怪。而諸儒不識，陋可知也。

❶「恬」，原作「括」，據四庫本改。
❷「徧」，原作「偏」，據四庫本改。
❸「逸」，四庫本作「抑」，明本《皇王大紀》卷二爲小字「闕文」。疑此處或爲小字「逸」。
❹「天」，原重，據四庫本删。

至於讖緯之書，❶謂慶都感赤龍之精而生堯，簡狄吞玄鳥之卵而生契，則誣矣。何者？人也乃與繁氣交而生人，❷則無是理也。是以載其事而削其辭焉。

西漢薄太后有蒼龍據腹之祥而生文帝，❸若非史氏記之詳明，則後世必謂與龍交而生子矣。是故儒者莫要於窮理，理明，然後物格而知至；知至，然後意誠而心不亂。

二女嬪虞

子告父母而娶，女氏告父母而妻，❹此昏禮之常也。若夫聖人不居廟堂之上而窮居山林，聖人人倫之至，而反不得於父母，此則非常之大事也。堯爲天子，當此非常之事，豈得不以爲急務？是故二聖人略常禮，以天子二女嫁於匹夫。既二女嬪虞，瞽瞍底豫，聖人之化行，而人倫明於天下後世，豈特區區不格姦於一家一時而已？聖人其達權乎？去輕以就重，略名以全實，虧小以用大，舍近以圖遠，聖之所以變化莫測，而天下之所以治也。

---

❶「讖」，原作「纖」，據四庫本改。
❷「繁」，原作「凡」，據四庫本改。
❸「腹」，原作「福」，據四庫本改。
❹「妻」，四庫本作「字」。

聖學衰微，當事任者尚變詐，隨流俗，急輕而緩重，務名而棄實，知小而謀大，圖近而忘遠，因循苟且，以是爲權，兆於滅亡而不悟，悲夫！

帝堯知人

某聞諸先君子曰：「知人之哲，無過於堯。」有言丹朱可登庸者，已知其嚚訟；有言共工若予采者，已知其象恭；有言伯鯀可治水者，已知其方命；有言舜可遜以位者，則曰俞予聞之矣。❶ 妻舜以二女，觀其刑家，二女嬪虞，瞽瞍底豫，而家齊。乃命以位，觀其治國，五典克從，百揆時叙，四門穆穆，而國治。納於大麓，使大録萬幾之政，觀其平天下，無烈風雷雨之迷，天地之和應而天下平，然後授以帝位。此事理之次，不可易者也。

司馬子長曰：「堯使舜入山林川澤，暴風雷雨，舜行不迷，堯以爲聖。」吁！安得此淺陋之言哉？夫處己之難，莫難於正心誠意；處物之難，莫難於齊家治國平天下。觀其家齊國治天下平，則知其意誠心正矣。意誠心正，與天地參，不可以有加矣，於是又使入山林川澤，豈所以試乎？且烈風雷雨非可期者也，設若不遇，堯遂無以知其聖耶？此真齊東野人之語，而子長不察也。孟子曰：「盡信《書》，則不如無《書》。」故君子於文詞有滯者，取其理與義可矣。

❶「予」，原無，據明本《皇王大紀》卷三補。

六宗之説

「肆類於上帝，禋於六宗」。此闕文失其次者也。其文宜曰：「受終於文祖，禋於六宗，在璿璣玉衡，以齊七政。肆類於上帝，宜於冢土，望於山川。」《書經》焚燬，伏生耄矣，口授於人，故多闕失也。國有大事，必先告諸祖廟，然後告於天地，以及群神，此禮之常也。故張髦以六宗爲三昭三穆，學者多從其説。

孔安國曰：「六宗者，四時也，寒暑也，日也，月也，星也，水旱也。」夫聖人名必當物，祀上帝而爲之類者，本乎天者，咸在其中也，况四時、寒暑、水旱與日月星辰之運，即天神之屬，❶又可分裂各爲神乎？古者，大旱雩於上帝，不曰雩於旱神，斯可見矣。

歷代諸儒之説，咸與孔氏不相遠，獨虞喜以六宗爲地，逸。❷之於理無義，考之於文無徵，雖欲取之，其孰信之？

❶「屬」，原作「奥」，據明本《皇王大紀》卷四改。

❷「逸」，四庫本作「察」，下屬。明本《皇王大紀》卷四作小字「闕」。

九河之迹

龍門、華陰、底柱、孟津、大伾、大陸，皆河之衝也。

九河之處，徒駭最北，鬲津最南，❶其中二百餘里，地勢平延，其流澶漫，❷易以淤塞，遷徙不常。故禹多與之地，使下流通疎，則中國無河患。

及齊桓公擅一時之利，不顧大河形便，❸爲萬世慮，適河行徒駭，遂因以大史、馬頰、覆釜、胡蘇、簡、潔、鉤盤、鬲津八河之地，❹充樹藝，❺立城邑，河之下流始迫隘矣。自是以後，❻中國始以河爲患焉。爲天下者，何必與河争此地乎！❼不計其利，深計其害，捐河故地以與河，❽亦省事安民、永世之一

❶ 「鬲」，原作「高」，據四庫本改。

❷ 「澶」，原作「誕」，據明本《皇王大紀》卷三改。

❸ 「形」下，原衍一「勢」字，據四庫本删。

❹ 「鬲」，原作「高」，據四庫本改。

❺ 「充」，原作「種」，據明本《皇王大紀》卷三改。

❻ 「是以」，原脱，據四庫本補。

❼ 「河」，原作「之」，據明本《皇王大紀》卷三改。

❽ 「以」，原脱，據四庫本補。

策也。

后稷祭天

后稷，人臣，祭天可乎？堯之初載，地未平，天未成，制度草率，此后稷教民稼穡，樹藝五穀，誕降嘉種，人賴以生焉，於是祭報天而興嗣歲，禮時爲大。若後人效之，則亂矣。

鼎象百物

史載秦滅周，九鼎入於秦，自是不復見。《左氏》以爲鼎者，圖象百物而爲之備，使民知神姦者也。愚竊以爲誣矣。何則？❶魑魅魍魎，自古不以爲天下患，惟鄙夫鄙婦則或言之，縉紳先生不道也。王者協於上下，以承天休，乃以此爲事而庸鑄之於鼎乎？

然則禹所鑄者何也？始除洪水之害，別九州之分野，差土田之高下，定貢賦之式度，立井田封建之經界，盡一時生養斯民之道矣，故又鑄於九鼎，以爲萬世準則。桀有昏德而遷於商，商紂暴虐而遷於周，如此其重也。

春秋之時，晉、鄭鑄刑書，則知古人創立制度，欲傳遠久者，必於鼎矣。

❶「則」，原脱，據四庫本補。

秦方廢井田，開阡陌，除封建，置郡縣，滅先王之迹，焚及簡編，况鼎者明著制度，章章堅大之器乎？❶秦不沉之于伊、洛，必淪之于瀍澗矣。始皇者不資於先代，而無故求周鼎於泗水，則其欲詭惑天下之意可知矣。

漢興，去古未遠。《易》曰：「解，利西南。無所往，其來復吉。有攸往，夙吉。」高祖父子兄弟知「無所往」之利，而不知「來復」、「往夙」之吉。

侵尋至今，茫茫禹迹，法度盡廢，上不仁其身，民各私其有，不均不平，不正不定，暴虐無告，寃陷困窮，争鬭滋起，獄訟繁多，皆此之由也。孰能居其位而仁其民，博諮於天下，求所以正諸？

千八百國

甚哉！秦始皇、李斯之不仁也，除封建，蔑帝王明德之裔，絶公侯名臣之世，郡縣天下，欲自專其利也。

夫諸侯之興，自生民始，❷皇、帝之際，有未始制者則不可知。❸然天運方泰，及禹平水土，同九州，分五服，齊之以長，道之以師，公、侯、伯、子、男各有定制，無得踰越者矣。夏、商之季，天下紛亂，湯、武起而治

❶ 下「章」字，原無，據四庫本補。
❷ 「始」，原無，據明本《皇王大紀》卷五補。
❸ 「始」，明本《皇王大紀》卷五作「如」。

之，聞無一物不獲其所矣，未聞縱釋强大之諸侯而不裁正之也。

謹以天下之圖按之，四海之内九州，州方千里。先王之制，州建二百一十國，❶則九州千八百國之君，乃自古諸侯之本數也。而塗山之會，稱萬國者，猶周王八百國之君而云撫萬邦也。❷聖人有不忍人之心，斯有不忍人之政矣。封建諸侯，仁政之大者也。秦人專利，削除封建，郡縣天下，大運方否。自是而後，聖人之道不行，人君莫不蓄獨擅天下之心，故襲用郡縣之制而不革也。

吁！一蓄獨擅天下之心，已亡王道之本。修德用賢，力行善政，差可不大亂而已，豈有三王之至治乎？

天下之大，不與天下共，一人不好善，則天下之賢才盡廢，寇盜紛起，夷狄憑陵，所至如隄潰河决，殺人盈天下，郡守縣令莫之能禦也，而國隨以亡。譬如人之死於鋒刃，❸壓於嵓石，溺於風濤，非天命之正者，忠臣痛焉。故周之建國，自后稷也；商之傳世，逮桀宋也；夏杞有後，致楚悼王而後息也。是三代者，經歷變故，而宗廟血食咸二千餘年，豈若秦、隋卒暴，漢、唐亡則絶世乎？有天下者，盍監秦否而傾諸！❹

---

❶「二」，原作「一」，據明本《皇王大紀》卷五改。
❷「周」，原作「自」，據明本《皇王大紀》卷五改。
❸「刃」，原作「刀」，據四庫本改。
❹「盍監秦否而傾諸」，原作「能監泰否而□諸」，據明本《皇王大紀》卷五補改。

寅賓出日

「寅賓出日」、「寅餞納日」，而不及月者。傳曰：「日之所行，爲中道，月五星隨之而已，故不及也。」《周官》曰：「冬夏致日，春秋致月。」失聖人之旨矣。

舜禹避政

堯、舜命舜、❶禹行天子之事，舜、禹亦既受命行天子之事矣。及堯、舜既終，又避其子，何哉？人臣至於代天子行天下之政，已亢矣，况又將去人臣而爲天子乎？堯、舜之喪甫除，舜、禹政自己出，使朱、均去其宫室，可則可矣，是用九而爲首，❷非所以明微也。故舜、禹避之以展天下之情，成得讓之禮，其心與計利害者，瞭乎如天地之不相及。❸使舜、禹而有計利害之心，則是以争奪行，尚何授受之有？若夫益則又異於舜、禹矣。啓賢，能敬承繼禹之道，益歷事三代，年亦老矣，奉身而退，順天道也。讀《書》者無以文害意，則孟氏子之言粲然明白，無可疑者。

---

❶ 上「舜」，原作「帝」，據四庫本改。
❷ 「九」，原作「元」，據四庫本改。
❸ 「瞭」，四庫本作「遼」。

舜封有庳

蘇黄門曰：「世未有不能承其父母而能治天下者。」此言信矣。象日以殺舜爲事，固非在妻二女之後，此萬章之失也。以象之傲，其欲殺舜，世有傳之者，安能必其無乎？就其事以處兄弟之間，亦可以爲訓，不必深辨也。且弟以殺兄爲事，在常人，則或有報復之心；在賢者，則必引咎自責，不藏怒，不宿怨也；在聖人，則哀矜而訓誘之矣。是故舜封象於有庳，使吏治其國，而享其衣食租賦。❶欲常常而見之，使源源而來，友之至也。

先儒乃以有庳爲今之春陵。吁！舜都蒲阪，❷使誠封象於是，則欲常常而見之，使源源而來，所以道斃之也。❸然則有庳當何居？殆畿内之地歟！觀此，則漢文之於淮南，晉武之於齊攸，宋太祖之於義康，唐太宗之於元吉，❹莫不有慙德，可以爲世戒矣。

❶「享其衣食租賦」，原作「象得衣食其税賦」，據明本《皇王大紀》卷四改。
❷「都」，原脱，「阪」，原作「陵」，據四庫本補改。
❸「所」，明本《皇王大紀》卷四作「適」。
❹「元」，原殘損作「兀」，據四庫本改。

五帝無裔

愚讀五帝書，然後知聖人澤及斯民之遠也。後世有立功於一時、興利於一邦者，❶人猶追思而祀之，是數聖人者有功於天下萬世，曾不得推苗裔，立宗子，建廟亭，春秋四時享天下之報也。有天下者，端拱九重之内，治其國家，上之天文，下之地理，中之人倫，衣食之源，器用之利，法度之章，禮樂之則，誰推明制作之也，而忘之乎！

吁！戎夷之人，駕一偏空説，失事理之正，而其神像反得盤踞中華名山，巍業相望，又聽其雕梁畫棟，❷群淪滅三綱之人而豢養之。此何道也？其不耕不殖，❸侵漁民利，耗蠹民財，乃細事耳。爲政者恬不以爲慮，諸華無人，❹真可悲之甚也。

---

❶「興」下，原有「樂」字，據四庫本删。
❷「又」，原作「久」，據明本《皇王大紀》卷四改。
❸「不耕不殖」，原作「□不植」，據明本《皇王大紀》卷四補改。
❹「華」，原脱，據四庫本補。

馬遷封禪

舜柴於四岳，所以致吾誠而教諸侯以必有事也；封十有二山，使無牧伐，表識一州之是集，❶示民以有事也；❷五載一巡狩，周徧天下，禮百神，體諸侯，❸以撫兆民。天行健，聖人之行亦健；天心無欲，聖人之心亦無欲；天德日新，聖人之德亦日新。此聖人在位益久而天道益平，治之道也。自史遷著《封禪書》，載管仲言上古封禪之君七十有二，❹後世人主希慕之，以爲太平盛典。然登不徧於四嶽，封非有十二山。入懷宴安，不行五載一巡狩之制；出崇泰侈，無納言計功行賞之實。鐫文告成，明示得意，而非所以教諸侯德也；泥金檢玉，遂其侈心，而非所以教諸侯禮也。心與天道相反，事與聖人相悖，故太平之典方舉，而天災人禍隨至者多矣。

梁許懋曰：❺「燧人之前，世質民淳，安得泥金檢玉？結繩而治，安得鐫文告成？」是故考舜，可以知後

❶「表」，原脱，據四庫本補。「是」，四庫本無。

❷「示」上，四庫本有「蓋」字。

❸「體」，四庫本作「朝」。

❹「古封」至文末「聖乎」凡一百九十二字，原在下文《史記謬妄》末「四也」下，據四庫本移此。此段末原有「者四」等五十二字，據四庫本移至《史記謬妄》，詳見彼校記。

❺「曰」，原作「白」，據四庫本改。

世封禪之失；稽懋言，可以知史遷著書之謬。君天下者，奈何信史遷而不信孔聖乎？

伊尹放太甲

孔子曰：「太甲既立，不明，伊尹放諸桐三年。」夫三年之喪，天下之通喪也，太甲上承其祖，居憂三年，宜矣，何以謂之放乎？曰：「桐宫，非嗣王居憂之常所也，伊尹於是有廢昏立明之意，故特謂之放也。」❶蘇氏曰：「湯放桀，伊尹放太甲，聖人將以救天下後世，不得已而爲之者也。」以爲不得已之變則可，以爲道固當然則不可。甚矣，其鑒矣。興廢，道之常也，聖人當興廢之際，不得已而爲者，所以由道也。若非道固當然而迫於不得已之變，是無本也。本既不立，將何以識輕重，定取舍，濟天下之艱難乎！是故衡陳然後可以決輕重，❷本立然後可以趨變化，故曰「由道」也。❸

---

❶「謂」，原作「誚」，據四庫本改。

❷「是故」至「變化」二十字，原在下文《禹滅三苗》末「彭蠡之間」下，據四庫本移此。

❸「故曰由道也」，原無，據四庫本補。此段末原有「間或」等六十一字，據四庫本移至《禹滅三苗》，詳見彼校記。

舜禹崩葬

《記》稱舜葬蒼梧。劉道原以爲舜巡狩南裔，往而不返者，欲兆庶專意戴禹也。

謹按，舜本以耄期倦於勤，使禹攝政，若遠巡荒外而死，是與經意相反也。且舜授禹以天下者，本乎民心與天意耳。使禹有天命，舜雖不死於荒外，何病於禹？使禹無天命，舜雖死於荒外，豈能有益於禹哉？何此記者謬誤，道原習而未之察也。若史記禹葬會稽，道原曰：「大江之南，前代要服，大禹死，則葬焉。何哉？古者不墓祭，時享存乎廟主。王者以四海爲家，若魂氣則無不之也。秦、漢而後，人君以死爲大諱，崇尚墓祭，違經棄禮，遠事屍柩，難以語乎理矣。」善哉！論也。厥後少康封其子於越者，豈不爲禹葬在所故歟？

大禹菲惡

人君雖不可勞人而佚己，亦不當薄己以厚人。貴爲天子，富有天下，其奉養有度，自不致於薄也。大禹貴爲天子，富有天下，而菲飲食，惡衣服，卑宮室，不享其奉，無乃非中道耶？吁！鯀堙洪水，得罪於天下，以殛死者也。禹平水土，得天下心，以有天下者也。父以此誅，己以此王，雖身得享其奉，而有所不忍，故菲惡卑陋，不以天子爲尊崇也。

夫古之人愛其親，有深長之思如此哉！故孔子重贊之曰：「吾無間然。」有天下而不與，於此見之矣。

啓湯孥戮

理得而無阿私，是謂天意。故可殺而不殺，猶可赦而不赦也。一容私説於其間，則非天意矣。罰弗及嗣者，堯、舜常典，其所以興也；罪人以族者，紂之虐政，其所以亡也。若夏啓甘之戰、成湯鳴條之戰稱「孥戮」者，此用兵誓衆，❶使人致死之法，❷不可以常典論、虐政比也。古者，用兵皆出於必不得已，自非以至順伐至逆、至仁伐至不仁，則不舉也。驅人而致之死地，苟非示以重法，❸有踰於死，或致敗績，使逆者肆行，不仁者得志於天下，其殘害生民，豈有窮極？故聖人權輕重，不得已而有孥戮之事矣。設有不用命者，則必施之，豈空言哉？

後世儒者不復知兵，當天下大難，放棄軍律，使逆賊肆行，殺人盈天下而莫之禁也，非天意矣。

夏商之事

夏、商之事，闕失最多，雖聖人去取之意，不可盡見。如胤侯征羲和，以其事考之，廢之可耳。何致興

---

❶「兵」，原無，據明本《皇王大紀》卷五補。

❷「致」，原作「必」，據明本《皇王大紀》卷五改。

❸「苟非」，原作「非苟」，據四庫本改。

師，疑其黨於羿，欲假託於正，仗兵威以恐動天下者也。❶人臣當是時，或內受顧託，或外掌藩宣，則宜辨之於早，小心翼翼，廣求鄰援，雖勝負不可必，行法以立命，則忠臣矣。今羲和雖不黨於羿，乃沈湎於酒，廢時亂日，自取滅亡，烏得爲忠！聖人載之者，以爲後世戒也。

或曰：「先時者，殺無赦。不及時者，殺無赦。」此軍法一切之政也。是道也，以用於民事，則可謂之一切之政，❷在軍法則爲令典矣。又曰：「威克厥愛允濟，愛克厥威允罔功。」此誓衆一切之言也。是道也，以用於民事，則可謂之一切之言，在軍法則爲善政矣。

胤侯之書正軍事也，其舉兵之志則王者之罪人也，其行軍之法則未爲過，故孔子悉取其言而不削也。

少康中興

人殺其父，子必欲死；人辱其君，臣必欲報。忍死謀報，❸能以天道爲定命，不觀敵勢而改圖，則庶幾焉。苟顧其私，內覬大利，外畏大難，雖有良心，日銷月鑠，❹其不忘君父者希矣。

❶「仗」，原作「伏」，據四庫本改。
❷「政」至「之一切之」四十七字，原重，據四庫本删。
❸「死」，原作「祀」，據四庫本改。
❹「鑠」，原作「鍛」，據四庫本改。

少康靡、❶鬲，真人臣子哉！志在討賊，行吾義而已，非圖富貴者也。故受困厄而不渝，濱死亡而不怠，兢兢業業，經營四十年，然後克殄元凶，祀夏配天，不失舊物。嗚呼！此真可謂中興者矣。故唐虞世南論歷代中興之主，❷以少康爲首。

噫！前王之所愛，後王之師也，可不鑒哉！

伊尹幡然

自下士而上，❸天位也。天位，聖人之大寶也，義則貴，利則賤。伊尹之所以不從湯命者，恐其以爲利也；三聘幡然而起者，知其非爲利也。居天位者，慎毋以爵禄期人哉！其有棄天下如敝屣、視富貴如浮雲者，必望望然去之矣，所得而官使者，皆冀事功、求温飽之士，亡國敗家，率由此矣。

❶「靡」，原作「歷」，據四庫本改。
❷「南」，原作「尚」，據四庫本改。
❸「自」，四庫本無。

成湯征伐

齊桓、晉文仗義以爲利者也，❶猶須王命以率諸侯。成湯則尚義矣，征伐大事，必請王命。《書經》焚毁，失亡過半，文無所徵，是以不可得而書之也。

成湯改元

古史不載湯改元，獨劉道原載之，愚竊以爲非其實也。

夫人君即位之一年，謂之元年。所以謂一爲元者，竊譬諸人猶其始生也，猶其有首也，生之時一定而不可再，身之首一生而不可易。❷成湯之元，立於桀之三十五載矣。其所以克享天心，受天明命，以有九有之師，爰革夏正，本是而爲之者也。又可改乎！

元者，義之所存，非若一二之爲數也。後世以元爲數而不知其義，如漢武之初年曰「建元元年」，既曰「元年」，則元已建矣，又曰「建元」，豈不贅乎！後又因事别建年號，如曰「元朔元年」，既曰「元」，又曰「朔」，又曰「元年」，失其義也甚矣！

---

❶「仗」，原作「伏」，據四庫本改。

❷「首」，原作「者」，據四庫本改。

嗚呼！使人君知此義而體之，❶則原元於一，❷豈至如是紛紛乎？

史記謬妄

太史公記湯崩，太丁早死，外丙立二年，仲壬立四年，相繼而崩。然伊尹立太甲，非其實也。

何以知非其實？二帝官天下，定於與賢；三王家天下，定於立嫡。立嫡者，敬宗也。敬宗者，尊祖也。尊祖者，所以親親也。兄死弟及，不敬宗尊祖，本支亂而爭奪起矣，豈親親之道也哉？且成湯、伊尹以元聖之德戮力創王業，乃舍嫡孫而立諸子，亂倫壞制，大開爭奪之端乎！故公儀仲子舍孫而立子，言偃問之曰：「禮歟？」孔子曰：「否。立孫。」夫孔子，殷人也，宜知其先立之故矣，而不以立弟爲是。此以背理知其非者，一也。

夫賢君必能遵先王之道，不賢之君反是者也。以殷世攷之，自三宗及祖乙、祖甲，皆立子，其立弟者，盤庚耳，必有所不得已也，豈有諸聖賢之君皆不遵先王之制，而沃丁、小甲諸中才之君反皆能邪？❸此以人情知其非者，二也。

❶「義」，原作「意」，據明本《皇王大紀》卷六改。
❷「原元」，原作「元原」，據明本《皇王大紀》卷六改。
❸「能」，原脱，據明本《皇王大紀》卷七補。

商自沃丁始立弟，太史公陽甲之紀曰：「自仲丁以來，廢嫡而更立諸弟子，諸弟子或争相代立，比九世亂。」以其世攷之，自沃丁至陽甲立弟者，九世，則知仲丁之名誤也。沃丁既以廢嫡立諸弟子，生亂爲罪，則成湯未嘗立外丙、仲壬明矣。❶不然，是成湯首爲亂制，又可罪沃丁乎！此以事實知其非者，三也。唐李淳風通於小數，猶能逆知帝王世數多少，邵康節極數知來，非淳風比也，其作《皇極經世》史，❷亦無外丙、仲壬名。此以歷數知其非者，四也。❸經所傳者義也，史所載者事也。事有可疑則棄事而取義可也，義有可疑則假事以證義可也。❹若取事而忘義，則雖無經史可也。

禹滅三苗

戰國之時，吴起有言：三苗，左洞庭，右彭蠡，脩政不仁，禹滅之。按虞夏之書，舜竄三苗於三危，在雍

❶「仲」，原作「外」，據四庫本改。

❷「史」，四庫本作「書」。

❸「者四也」至「史可也」五十二字，原在上文《馬遷封禪》末「管仲言上」下，據四庫本移此。「者四也」三字此處原有，不復。

❹「證」，原作「誣」，據明本《皇王大紀》卷七改。

州之境，及禹滅之，乃在洞庭、彭蠡之間。❶

或曰：三苗乃九黎之後也。參考傳記，黎苗之人，反覆爲亂。經涉皇帝之世，聖人屢遷之，❷而教擾之，而不艾殺之，其仁如天，何可及也。滅者廢其君，易其統而已。

五帝北極

皇天上帝，一而已矣，考之天文，而有五帝，何也？五者，天地之真數也，❸所以起變化、行鬼神而成萬物者也。一在太微，❹一在紫微，一在攝提，一在天市，不在二十八宿之位，何也？四者，體也；二十八宿，運行者也。❺二十八宿職在運行而一在大火，何也？是所以爲一也。其所以爲一，何也？冬十一月，大火在子，❻仲春在卯，仲夏在午，仲秋在酉，而太微、攝提、天市居其所，衆星隨大火運行而繫焉。以其居於

❶「間」至文末「而已」六十一字，原在上文《伊尹放太甲》末「艱難乎」下，據四庫本移此。此處原有「間」字，不復。

❷「屢」，原作「婁」，據明本《皇王大紀》卷五改。

❸「數」，原作「體」，據明本《皇王大紀》卷八改。

❹「微」，原作「乙」，據四庫本、明本《皇王大紀》卷八改。

❺「也」，原無，據明本《皇王大紀》卷八補。

❻「子」，原無，據四庫本補。

北也，故謂之北辰；以其爲衆星之所繫也，故謂之北極。

古之王者，動必法天，故營寢廟，立五門，定都關要，巡狩天下。歲二月東巡狩，五月南巡狩，八月西巡狩，十有一月朔巡狩，應心而行，庶幾與天合德者乎！❶

盤庚三篇❷

工力勞費，有能以財濟國用者則必旌顯之矣，此天下所以敗也。殷世有五遷，❸若相若耿，書史不載。竊嘗觀《盤庚》三篇，有六善焉：「以常舊服正法度」，一也；「圖任舊人」，二也；「無或敢伏小人之攸箴」，❹三也；以人情事理反覆訓導，開諭民心，使之通曉，無纖毫恃尊高、❺憑威勢之意，四也；「奠厥攸居」，始以「無戲怠」爲戒，五也；欽叙有德有謀之人，而不肩好貨，六也。一舉而六善立，弭極亂之根，此孔子所以取之垂訓後世也。

先儒謂商人尚神鬼，初疑之，及觀《湯誥》、《盤庚》之文，然後知聖人以神道設教，非如末世及夷教之妄

---

❶「庶幾」至「者乎」八字，原無，據四庫本補。

❷「盤庚三篇」，原無，據四庫本補。

❸「殷世」至「嘗觀」十六字，原無，據四庫本補。

❹「無或」下，原有「服」，「攸」，原作「敗」，據四庫本及阮元校刻《十三經注疏》本《尚書》删改。

❺「恃」，原作「峙」，據四庫本改。

誕也。行妄誕而能成大事者，從未之有也。

天子服喪

子張曰：「《書》云：『高宗三年不言，言乃雍。』有諸？」孔子曰：「胡爲其不然也？古者天子崩，王世子聽於冢宰三年。」❶蓋父子天性。哭泣之哀，齊衰之情，饘粥之食，自天子至於庶人，一也。古者天子崩，天下之人無不服者。愚觀《漢紀》，惟文帝有孜孜愛民之心，其將没也，自愧德薄，無恩於百姓，故令輕其服，不欲使疎遠之人爲不情之舉耳，曷嘗命太子曰：「爾毋喪我三年乎！」景帝能終身遵文帝之恭儉，而不能有三年之哀，遂比類從事，以日易月，輕蔑君父，等於無服之殤，何哉？漢初貴黄、老尚清浄，景帝之爲太子，孝文未嘗教之以禮也。

自是而後，嗣子按爲故常，❷若晉武、魏文徒能知母而不知父，豈禮也哉？後世欲復是禮者，必君父明於大道，了達死生，深知仁政之必由禮起也。當天下安平、❸春秋强盛之時，講明是禮，著爲大典，則倉卒之際，可以按行而無疑矣。

❶ 「宰」，原無，據四庫本補。
❷ 「故」，原脱，據明本《皇王大紀》卷九補。
❸ 「平」，原作「乎」，據四庫本改。

傳禪經權

堯舜與賢，三王與嫡，二帝三王同道，惟所遇之時不同也。堯、舜之時，中夏方開闢，制度草創，自非以聖繼聖，則不能成功，以貽萬世。使丹朱足爲中材之君，猶不與也。故商均無大過，亦不得爲天子，而大禹以有天下。及其末年，制度已成，雖中材之君，輔之以賢者，亦可以守矣。聖人不世出，❶賢德無以大相過，則定於與嫡，所以一民心、重天下也。

雖然，大君，天命所繫，興亡之本，聖人有權焉，未嘗執一也。是以太甲雖嫡，又有成湯之命，而幾不免於廢；武王雖弟，上承文王之命，而終不釋爲君。帝乙，賢君也，泥於立嫡而不知紂之足以亡天下也，❷亦不慎、不知變之過矣。

孔子作《春秋》，鑒觀前代。賢可與，則以天下爲公；嫡可與，則以天下爲家。此萬世無弊之法也。使帝乙而知是道，商之卜世猶未可知矣。❸

❶「世出」，原作「出世」，據四庫本改。
❷「泥」，原作「捉」，據明本《皇王大紀》卷九改。
❸「卜」，原作「十」，據明本《皇王大紀》卷九改。

文王受命

君子小人之不可相處，如水火也，況文王大聖，受辛下愚乎？惟文王陟降，在帝左右，致紂敬信，❶得專征伐。紂雖名爲天子，其實與天下諸侯下及萬民，均入化育之中矣。此文王受命之實也。

先儒不識天道，乃以改元稱王爲受命，陋之甚也。文王得征伐之柄九年薨，故《泰誓》曰：「皇天震怒，命我文考，肅將天威，惟九年大統未集。」既曰「大統未集」，則安有改元稱王之事？故《泰誓》三篇皆只稱「文考」，❷及《武成》，然後稱「我文考文王」。先儒不本經文，❸推原理義，❹而妄生此論，是以文王爲曹操、司馬懿之流矣。吁！操與懿尚不改元稱帝，而謂文王爲之，甚哉！

伯夷叔齊讓國

先儒以爲伯夷、叔齊讓國，不義武王，不食周粟，爲天下之清。以愚觀之，不然。二子蓋行天地正大之

---

❶「紂」，原作「討」，據四庫本改。

❷此節小注，原作「泰誓二篇□□稱文考及湯武□□後□文考文王」，據明本《皇王大紀》卷十補改。

❸「文」，原作「大」，據明本《皇王大紀》卷十改。

❹「義」，原作「我」，據四庫本改。

情，❶彌縫父子兄弟之間者也。

其彌縫父子兄弟之間奈何？孤竹君欲舍長子伯夷而立少子叔齊。夫父子，天性也；兄弟，天倫也。舍長立少，虧天性，亂天倫矣。使伯夷立，則無父而天性遂虧；叔齊立，則無兄而天倫遂亂。豈天下而有無父子兄弟之國哉！故二子者寧舍君國之富貴尊榮，潔身而去之，既爲是以辭先君之國矣，豈復可仕乎？❷空乏其身，處微賤而不悔，所以成吾仁，非以讓國不仕，立一節爲高者也。此所以爲聖之清乎！若太史遷之説，二子以武王伐紂而不食周粟，是介僻淺陋，不知天命，難乎與語仁者，烏得爲聖之清哉？❸將蓄德之君子，可不審諸！

詩始周南

深遠哉《周南》之義。❹后妃之能助其夫者，事亦多矣，聖人惟取不妬忌之詩至於四五者，何歟？愚讀史至隋文帝獨孤后，然後知婦人之惡以妬忌爲大也。漢而下，后妃之妬忌者有矣，何至於獨孤后

---

❶「行天地正大之情」，原作「天行也正大之清」，據明本《皇王大紀》卷十改。

❷「仕」，原脱，據明本《皇王大紀》卷十改，四庫本作「徒守」。

❸「哉」，原作「我」，據明本《皇王大紀》卷十改。

❹「哉」，原作「者」，據四庫本改。

而知之？吁！婦人之妬，妬其夫以爲非義，獨孤后肆其妬心，不獨妬文帝，使不得有異子，又妬及其子焉。❶太子勇有寵妾曰「雲昭訓」，獨孤怒曰：「睍地伐漸不可奈，❷專寵阿雲，有如許豚犬。」遂内啓賊子廣，❸行篡奪東宫之謀；外賂姦臣素，造放黜儲君之事。而文帝亦不得其死，曰：「獨孤悮我！」卒至宗社絶滅，生民塗炭。開皇之中，天下户八百七十萬。唐興，撫綏三十餘年，至永徽初，始及三百八十萬耳。吁！獨孤一行妬忌於宫闈之内，而滅天下之户五六百萬。

聖人删《詩》，立《周南》之義，❹教訓萬世后妃專以無妬忌爲大美也，其意深且遠矣！夫專以無妬忌爲大美，則必以妬忌爲大惡，攷諸獨孤后，其爲大惡，豈不深切著明也哉？

愚是以知王者欲齊其家，措之天下，而《周南》不可不學也。

文武事迹

《記》稱武王夢帝與九齡，文王曰：「我百，汝九十，吾與汝三焉。」文王九十七乃終，武王九十三而終。

❶「妬及」，原脱，據明本《皇王大紀》卷十補，四庫本作「復妬」。

❷「睍地伐漸」，原作「□地伐□」，據明本《皇王大紀》卷十補，四庫本作「妖淫伐性且猶」。

❸「遂」，原作「逐」，據四庫本改。

❹「周」字，原重，據四庫本删。

夫聖人之所以爲聖人者，體天道，開物成務，無所爲而已，若年數之長短，則亦聽乎天，烏能以相與也。先儒不窮理，輕信其説。

又以文王受命改元稱王，武王未受命爲繼，文王七年而崩也，遂不敢以《泰誓》十一年爲武王之年。而生文王十四歲生武王、武王不葬文王舉兵之論。

夫詩人言文王受命，指其至誠動天，得天之助耳；❶《中庸》言武王未受命者，乃指其正天位也。三年之喪，自天子達於庶人，聖人之所以異於人者，以其舉動以類而節奏和也，豈有武王方在創巨痛深之中，而舉兵耀武於天子之國者哉？古者，天子諸侯十五而冠，既冠，然後可以言娶，豈有大聖如文王，乃爲童稚而生子者乎？先儒謬誤相承，誣聖人之盛德而莫之察也，愚是以辯。

葬朽骨負暍者❷

子産聽鄭國之政，以其乘輿濟人於溱、洧，孟氏以不知爲政譏焉。今記文王葬朽骨，得毋近似之乎？夫施於人而望其報者，情之常也。朽骨無主，則無爲望其報，於此見文王之心無一毫在於利也。心無一毫在於利，真天下之君也。此所以記之也。

---

❶「天」下，王應麟《困學紀聞》卷十一引有「人」字，當從。「得天」，明本《皇王大紀》卷十作「人」。

❷「暍」，原作「賜」，據四庫本改。

有載武王遇暍者於道，❶負置蔭樾之下，左擁而右扇之者。夫武王克相上帝，寵綏四方之君也，豈陵遲無政，姑息如此哉？乃道路妄談庸人之言耳。是類則削。

武王事紂

孔子曰：「三分天下有其二，以服事殷。周之德，其可謂至德也已矣。」先儒以爲此言文王者也。及觀《下武》「媚兹一人，應侯順德」及「矢於牧野，維予侯興」之辭，然後知孔子概以周爲言者。方紂天命未滅，武王固盡臣禮，繩其祖武，嗣服西伯，媚於天子，如文王之時矣。及紂無天命爲獨夫，然後伐之而爲王。周之德，其可謂至德也已矣。

觀兵之説

先儒謂文王受命改元稱王，九年而崩。武王以大統未集，故即位而不改元，因文王九年爲十一年，觀兵於商，至十三年，乃復伐商。

夫元原於一，不可再者也。若文王可以大統未集而改元稱王，武王承文王之業，何以不可？使武即位而不改元，是無元也，無元何以爲君？故紂之二十四祀，武王之元年。而此十一年者，武王之十一年也。

---

❶「暍」，原作「渴」，據四庫本改。

夫文王、武王盡道以事紂，未嘗不冀其悛改也。改而有天命則固君之，不改而無天命則將臣之，文、武何容心哉？順天而已。一日天命未絶，則猶君也，君可以兵脅乎？君子之能事君者，猶卑遜而不矜，温恭而不厲，况聖人天性慈和，發而中節者乎？先儒不知君臣之義，乃造觀兵之説，則其事君不能道義以爲本可知矣。

夫文、武本列諸侯也，而得列諸侯心悦誠服，咸率道由義，治其國以事紂。自非與天地合德、日月齊明、鬼神合其變化者，不能感人如是也，豈後世因便乘利，僥倖成功於一時，不知命者所可比擬乎？《泰誓》叙曰「十有一年」，經曰「十有三年」者，「三」之文誤也。曷爲知其然？以《皇極經世》知之也。❶

揖讓征伐

揖讓、征伐以安天下，皆聖人之所爲也。或以爲揖讓近厚，征伐近薄，言湯、武之德不如堯、舜，則非矣。若以征伐爲啓後世争奪之門者，自漢氏而後，英雄咸假揖讓成其篡竊，而未有能明白行湯、❷武之事者也。雖謂揖讓不如征伐，亦可矣。或曰：「《韶》盡美矣，又盡善也。《武》盡美矣，未盡善也。」然則孔子之言何耶？曰：此謂樂耳。《韶》之樂德，盡美矣，其聲音節奏，又盡善也。《武》之樂德，盡美矣，其聲音節奏，未

❶「世」下，原有「史」字，據明本《皇王大紀》卷十一删。

❷「未有」，原作「有未」，據四庫本改。

盡善也。觀聖人者，曷亦審諸否？

商周建正

十一月，一陽復於地下，此周正之所以建子也。十二月，二陽長於地中，此商正之所以建丑也。天道至微，非聖人莫能知。建正以昭示天下，使天下之爲人上者由之而知，則能養天下之善於至微而不至於夭閼，止天下之惡於至微而不至於盈積。深探其幾，推而行之，聖人之妙用也。知道者於此見天心焉，是仁之端也。聖人教天下後世之意，可謂深切著明矣，豈因易代止以新時人耳目而已哉？

周公東征

漢景帝時，吴、楚七國反，天下震動。周亞夫爲上將，疾走洛陽，據形便，❶堅壁不戰，而使偏裨出淮、泗，絶其要道。凡三月，七國破滅。其謀暗與周公相合，成功宜哉！

封唐叔虞

人非聖人，出言安得盡善。言而是，則踐言可也；言而非是，改之可也。史佚戒成王慎言，可矣；使之

---

❶「據」，原脱，據四庫本補。

有言必踐，則非矣。然當時諸公不以爲過者，豈非唐叔適可以封故歟！

鴟鴞喻成王

鴟鴞，食母之鳥也。《詩》曰「鴟鴞鴟鴞，既取我子」者，指管、蔡背父叛君，流不利孺子之言，使成王有疑心也。

「毋毀我室，恩斯勤斯，鬻子之閔斯」者，痛傷管、蔡背毀王室，不思君父顧復之恩，創業之勤也。

「迨天之未陰雨，徹彼桑土，綢繆牖户，今此下民，❶或敢侮予」者，言如是，然後可以有室家而人信服也。

「予手拮据，予所捋荼，予所蓄租，予口卒瘏」，周公佐佑武王，創立室家，勤苦如是也。

「曰予未有室家」者，以成王爲室家主，而有疑周公之心，王室危而未可保也。

夫鴟鴞，遞相食者也，管叔既背文王矣，今成王又將背周公，故周公亦以鴟鴞自喻。曰「予羽譙譙，予尾翛翛，予室翹翹，風雨所漂揺，予維音曉曉」，其事惡，其比惡；其心切，故其辭切。

成王讀是詩，知比鴟鴞之爲惡矣。心不能無愠怒而未敢誚公者，以其心疑而未之決也。及天威動，則啓書而感泣焉。寧知非此詩不先有以警動其心者乎！

---

❶ 「此」，四庫本作「汝」。

多方文失次

《多士》「今爾又曰：❶『夏迪簡在王庭，有服在百僚。』予一人惟聽用德」，宜在「爾小子，乃興從爾遷」之下。《多方》「克閱於乃邑謀介。爾乃自時洛邑，尚永力畋爾田；天惟畀矜爾。❷我有周惟其大介賚爾，迪簡在王庭，尚爾事，有服在大僚」，宜在《多士》「予一人惟聽用德」下。而「殷革夏命」，❸宜與「肆予敢求爾於天邑商」相屬也。

伏生耄矣，口授於人，文失其次。如是正之，則《多士》、《多方》可讀之而求其義矣。

周禮祀冕

武王定天下，命周公制禮，追王太王、王季、文王，上祀先公以天子之禮。夫先公之於先王，雖有遠近侯王之别，皆吾祖也，故一事以天子之禮。劉歆傅會成書，乃曰：「享先王

❶ 「士」，原作「方」，據四庫本改。

❷ 「畀」，原作「界」，據四庫本改。

❸ 「革夏」，原作「夏革」，據四庫本。

則衮冕，享先公饗射則鷩冕。」❶是降先公於先王，使與賓客諸侯爲伍也，❷天下寧有是？故《周禮》之書顛倒人倫，不可以爲經也。

天子有天下，祭祀以立本，莫先於宗廟，莫大於天地，莫重於社稷山川。祀之細也，觀周家庚戌之禮，則鬼神之序可知矣。《周禮》乃曰：「祀山川則毳冕，祭社稷則絺冕。」❸是以社稷降於山川也，故劉歆顛倒鬼神，❹其書不得與《易》、❺《詩》、《書》、《春秋》比也。

周禮禮樂

天命之謂性。王者受命於天，宰制天下。其所以祭天地者，盡其心以成吾性耳，非有天神地祇在吾度外，有形體狀貌可得見而承事之也。

劉歆《周禮》曰：「樂六變而天神降，八變而地祇出。」此豈君子知禮之言？類如巫祝造怪之辭也。則又以爲神降祇出，然後可得而禮也，不知樂所以導和，禮所以爲節，作樂乃所以行禮禮神也。豈待神降祇

❶「饗射」，原無，據四庫本補。
❷「侯」，原脱，據四庫本補。
❸「絺」，原作「緯」，據明本《皇王大紀》卷十八改。
❹「顛」，原脱，據四庫本補。
❺「與」，原作「周」，據四庫本改。

出，然後行禮哉？

夫天地之道，一往一來，否泰相應，變化無方，人日用而不窮。不可以智慮測度，不可以才能作爲者，謂之鬼神。鬼神者，特以往來言之。道固一體，不可分也。先儒多以神屬之天，鬼屬之人，我知其不知鬼神之情狀矣。故《易》、《詩》、《書》、《春秋》皆無如《周禮》之文者，然則劉歆之僞可不闢乎？

舞所以象德也，❶故必於其人，必於其事，必於其時。不於其人，不於其事，不於其時，則爲無義，人心不厭，鬼神不享也。

劉歆牽合《周禮》之文，乃曰：「黄帝之《雲門》以祀天神，堯之《咸池》以祀地祇，舜之《韶》以祀四望，禹之《大夏》以祀山川，成湯之《大濩》以享先妣。」夫以《雲門》祭天，❷猶可言也。地祇烏知堯之《咸池》，四望烏知舜之《韶》，山川烏知禹之《大夏》，武周之先妣烏能知商之《大濩》也哉！設禮作樂而不知其義，則何以爲禮樂矣。❸

彼劉歆者，叛父背君，不祥之人也，是烏知禮樂？世儒瞢瞢然推尊其書，使與聖經並，此愚之所以拊膺

❶「舞」，原作「武」，據四庫本改。

❷「天」，原作「先」，據四庫本改。

❸「何」，原作「付」，據明本《皇王大紀》卷十八改，四庫本作「無」。

太息，❶論之而不能自已者也。

極論周禮

謹按，孔子定《書·周官》，六卿「冢宰掌邦治，統百官，均四海」者也。❷今以劉歆所成《周禮》考之，太宰掌建邦之六典。夫太宰統五官之典，以爲治者也，豈於五官之外更有治典哉！則掌建六典，歆之妄也。太宰之屬，六十小宰也，司會也，司書也，職内也，職歲也，職幣也。是六官之所掌，辭繁而事複，類皆期會簿書之末，俗吏掊克之所爲，而非贊冢宰進退百官，均一四海之治者也。

古之君國子民者，以義爲利，不以利爲利，故百乘之家不蓄聚斂之臣，與其有聚斂之臣，寧有盜臣。今《天官》有宰夫者，考群都縣鄙之治，❸乘其財用之出入，凡失財用物辟名者誅之，其足用長財善物者賞之。夫君相守恭儉，不向末作，使民務本，此足用長財之要也。百官有司謹守其職，豈敢踰越制度，自以足用長財爲事？若劉歆之説，是使百官有司不守三尺，上下交征利，椎剥其民以危亡其國之道，❹非周公制太平

❶「愚」，原脱，據四庫本補。「膺太息」，原作「應大息」，據四庫本改。
❷「海」，原作「民」，據四庫本改。
❸「群」，原作「郡」，據四庫本改。
❹「椎」，原作「惟」，據明本《皇王大紀》卷十九改。

之典也。

古之王者，守禮寡欲，申義而行，無所忌諱，不畏災患。今《天官·甸師》乃曰：「喪事代王受眚災。」此楚昭、宋景之所不爲者也，而謂周公立以爲訓，開後王忌諱之端乎！

先王之制，凡官府次舍列於庫門之外，所以別内外，嚴貴賤也。今宮正乃比宮外之官府次舍之衆寡，又曰「去其奇衺之民」，則是妃嬪官吏衆庶雜處，簾陛不嚴而内外亂矣。

宮伯掌王宮之士庶子，鄭玄以爲宮中諸吏之適庶宿衛王宮者也。天子深居九重，面朝後市，謹之以門衛，嚴之以城郭溝池，環之以鄉遂縣都，藩之以侯甸男邦采衛，守之以夷蠻戎狄，周匝四垂，中天下而立，定四海之民。今周公乃於宮中置諸吏，又以其士庶子衛王宮，何示人不廣而自削弱如此也？

王后之職，恭儉不妬忌，帥夫人嬪婦以承天子、奉宗廟而已矣。今内宰凡建國佐后立市，❶豈后之職也哉？

内小臣掌王后之命，后有好事於四方則使往，有好令於卿大夫則亦如之。閽人掌守王宮中門之禁。説者以爲此二官奄者、墨者也。婦人無外事，以貞潔爲行，若外通諸侯，内交群下，則將安用君矣？夫人臣尚無境外之交，曾謂后而可乎！古者不使刑人守門，公家不畜刑人，大夫弗養，士遇諸塗，弗與之言。周公作

❶「佐后」，原作「左右」，據明本《皇王大紀》卷十九改。

《立政》，戒成王以卹左右綴衣虎賁，欲其皆得俊乂之人。❶今反以隱宫刑餘近日月之側，開亂亡之端乎！❷寺人内竪，賤人，非所貴也。

女祝掌宫中禱祀禳禬之事。夫祭祀之禮，天子公卿諸侯大夫士行之於外，后妃夫人嬪婦供祭服籩豆於内，況天地、宗廟、山川、百神祀有典常，又安用此么麽禱祀禳禬於宫中？❸此殆漢世女巫執左道入宫中，乘妃姬争妬忌，與爲厭勝之事耳。劉歆乃以爲太宰之屬，置於王宫，其誣周公也甚矣！

冢宰當以天下自任，故王者内嬖嬪婦敵於后，外寵庶孽齊於嫡，宴飲無度，衣服無章，賜與無節。法度之廢，將自此始。雖在内庭爲冢宰者，真當任其責也。若九嬪之婦法，❹世婦之宫具，女御之功事，女史之内政，典婦之女功，乃后夫人之職也。王安石以爲統於冢宰，則王所以治内，可謂至公而盡正矣。夫順理而無阿私之謂公，由理而無邪曲之謂正。脩身以齊家，此王者治國平天下之定理，所自盡心者也。苟身不能齊家，而以付之冢宰，爲王也，悖理莫甚焉！又可謂之公正乎？噫！安石真姦人哉！

四方貢賦，各有定制，王者爲天下主財，奉禮義以養天下，無非王者之財也，不可以有公私之異。今太

---

❶「乂」，原作「又」，據四庫本改。
❷「亡」，原作「世」，據四庫本改。
❸「么」，原作「妖」，據四庫本改。
❹「九」，原脱，據四庫本補。

府乃有式貢之餘財，以共玩好之用，是不幾有如李唐之君受裴延齡之欺罔者乎！王府乃有珠玉金玉良貨賄之藏，不幾有如漢桓、靈置私庫者乎！內府乃有四方金玉齒革良貨賄之獻而共王之好賜，不幾有如李唐之君受四方羨餘之輕侮者乎！

王衣裘服，宜夫人嬪婦之任也。今既有司裘，又有縫人、屨人等九官，則皆掌衣服者也。❶膳夫酒正之職，固不可廢。又有醢人、鹽人等十有六官，則皆掌飲食者也，亦置五官焉。醫師之職，固不可廢。又有獸醫等五官，皆醫事也。幕人次舍之事，固不可廢，而皂隸之所作者也。凡此皆不應冗濫如是，且皆執技以事上，役於人者也，而以爲冢宰進退百官，均一四海之屬，何也？漢興，經五霸七雄，聖道絶滅，大亂之後，陳平爲相，尚不肯任廷尉、內史之事，周公承文、武之德，相成王爲太師，乃廣置宮闈猥褻衣服、飲食、技藝之官以爲屬，必不然矣。其末，則又有夏采之官焉，專掌王崩復土者也。❷嗚呼！安得是不祥之人哉？禮官臨大變，一時行之可矣，乃預制官以俟王崩而行其職，何不祥之甚也！

太宰之屬六十有二，❸考之，未有一官完善者，則五卿之屬可知矣。而可謂之經，與《易》、《詩》、《書》、《春秋》配乎！

---

❶「則皆」至下段「六官」二十八字，原無，據明本《皇王大紀》卷十九補。

❷「土」，原作「生」，潛園改作「土」，且於眉端寫校語云：「據别本改。」四庫本作「土」，今從。

❸「屬」，原作「職」，據四庫本改。「二」，原作「三」，據四庫本改。

又按《周官》，司徒掌邦教，敷五典者也。司空掌邦土，居四民者也。世傳《周禮》闕冬官，愚考其書而質其事，則冬官未嘗闕也，乃劉歆顛迷，❶妄以冬官事屬之《地官》。其大綱已失亂如是，又可信以爲經，與《易》、《詩》、《書》、《春秋》配乎！

昔先王盛時，不令而行，❷不禁而止，❸天下風動，無一物不得其所。其次猶令行禁止，天下無冤民。今劉歆司徒之屬，有調人者，掌和萬民之難，有辟讐之法，有交讐之令，有成鬬怒之書，此下陵上替，政令不行之明徵也。周公力平王室，身致太平，其經國之典，固如是哉！王者提綱撫世，❹已受大，不窺小。今劉歆司徒之屬，有廛人者，凡珍異之有滯者，斂而入於膳府，其細已甚矣！細已甚，而民不傷者，未之有也。

夫齊民非有執禁也，徒以財利相役，猶能制人之命，破人之産，招怨生禍，況大君以雷霆之威、萬鈞之勢而細可行哉！百官有司必承望風旨，禦人於國門之外，使民欲與之偕亡而後已也。又有泉府者掌買賣商賈之滯貨，斂散百姓之賒貸。夫審於音者，聾於官，理勢自然。王者布正大之德以治世，不行煦濡姑息之惠

❶「顛」，原作「真」，據四庫本改。
❷「而」下，原有「令自」二字，據四庫本删。
❸「而」下，原有「自」字，據四庫本删。
❹「王」，原作「主」，據四庫本改。

以沽名，乃能張理天綱、❶整領萬姓。若夫買賣賒貸之事，❷正市井商賈争錐刀之末，而草莽細民私相交際之所爲也。豈大君所宜及哉！其言顛倒如是，乃尊以經，與《易》、《詩》、《書》、《春秋》並，是學者之不察也。

劉歆王畿之制，邦中爲六鄉，四郊爲六遂，遂外爲邦甸，甸外爲家削，削外爲邦縣，縣外爲邦都。名雖不同，其制度則一，不應更有異也。其所載鄉遂之官，比與里皆下士一人，閭與酇皆中士一人，族與鄙皆上士一人，❸黨與縣皆下大夫一人，州與遂皆中大夫一人，鄉卿一人。王畿八百萬家，略計其所當置卿大夫士已百有餘人矣。成王固曰：「唐、虞稽古，建官惟百，夏、商官倍。❹今予小子，仰惟前代時若，訓迪厥官。」説者謂周官三百也。❺今乃冗濫如是，又設三百六十職焉，其妄誕不經，昭昭矣。自劉歆成書，惟鄭康成推贊之，真周公之罪人也。謹按劉歆，漢家賢宗室向之子，附會王莽，變亂舊章，殘賊本宗，以趨榮利。《周禮》之書本出於孝武之時，爲其雜亂藏之秘府，不以列於學官。及成、哀之世，歆得校理秘書，❻始列序爲經。衆儒共排其非，惟歆以爲是。

❶「綱」，原作「綱」，據四庫本改。
❷「事」，原作「市」，據四庫本改。
❸「族與」至「下大夫一人」十七字，原無，據明本《皇王大紀》卷十九補。
❹「官」，原無，據四庫本補。
❺「謂」、「百」，原作「説」、「伯」，據四庫本改。
❻「校」，原作「枝」，據四庫本改。

夫歆不知天下有三綱，以親則背父，以尊則背君，與周公所爲正相反者也。其所列序之書，假托《周官》之名，勸入私説，希合賊莽之所爲耳。❶王安石乃確信亂臣賊子僞妄之書，而廢大聖垂教筆削之經，棄恭儉而崇汏侈，舍仁義而營貨財。不數十年，夷狄亂華，首足易位，塗炭天下，未知終始。原禍亂之本，乃在於是。噫嘻！悲夫！有天下者尚鑒之哉！

周禮五官

《周官》太宰、小宰、宰夫之職，有六典、六叙、六職、六聯，有八法、八則、八成、八職，有九職、九賦、九式、九貢、九兩之制，而皆不取。何也？或其事重複，雖無載可也；或其事顛倒，直不可用也；或其事冗瑣，本無足舉也。凡五官中不取者，皆如是也。

流宥五刑

此司寇之書，宅心忠恕，❷雖條貫闕失，而卹刑之意深，殆周公之遺法也歟！

春秋之時，鄭子産、趙宣子始出入先王用刑之法，作爲刑書。末流至於暴秦，以斬劓人爲不足，而夷人

---

❶「合」，原作「令」，據四庫本改。

❷「忠」，原作「書」，據明本《皇王大紀》卷十九改。

之三族，帝、王五刑之典盡廢，而墨、劓、剕、宮、大辟五虐之刑獨行。天下之人摇手觸重罪，而無輕刑以當之。

漢孝文哀民之無辜，於是廢肉刑而立笞與棄市之法，❶雖卹民之意甚至，而未知先王五刑之本，故當斬右趾者棄市，笞者往往至死，雖名爲輕刑，其實殺人與專用肉刑無異，故後世不得不更之以輕。

至於今，有笞、杖、徒、流、絞、斬，雖差善於漢法，然使人自新之路猶狹，繩人以罪之法猶急，非帝王以刑弼教之意也。

《虞書》曰：「象以典刑，鞭作官刑，扑作教刑，金作贖刑，怙終賊刑。」此乃帝王正五刑也。又曰：「流宥五刑，五刑有服，五服三就；五流有宅，五宅三居。」是此正五刑，皆有流宥之法也。墨、劓、剕、宮、大辟者，賊刑之科目也。後世止以是爲五刑，故肉刑一廢，遂不可復。非不可復也，不行帝王正五刑，而專以賊刑當天下之罪，慘莫甚焉。自非天下之至不仁者，孰忍專用之！若盡復正五刑，於當絞斬之科增立劓、剕與宮，無遂絶人命而笞杖，悉行流宥之法，無輕折辱人。❷典刑，所以待士大夫也。昔人爲輔相士大夫失行，有能不顯其過，隨宜他叙，❸人以爲愧，至無敢犯者。

❶「是」，原作「道」，據四庫本改。
❷「輕」字，原重，據四庫本删。
❸「叙」，原脱，據明本《皇王大紀》卷十九補。

意其近似典刑流宥之法也。鞭刑，所以待府吏胥徒在官之有過者。扑刑，所以待士農工商從師之不率者。嘉石之役，疑其近似鞭刑流宥之法也。朝庠之禮，疑其近似扑刑流宥之法也。

雖鞭扑輕刑，聖人猶慎行之。待人如此其有禮也，人豈得不生愧恥？其能使天下人人有士君子之行，無足怪也。流宥之而不改，然後刑之；刑之而不改，然後當之以墨、劓、剕、宫、大辟，而又審其輕重而許之贖。又流宥之，今之三流、圜土之禁其近之乎。及其終不改也，然後殘其體膚，雖殺之亦所謂生道也，其誰不心悦誠服乎？行之以歲月，頑鈍無恥之風宜亦少衰矣。❶

載書之叙

孔子定《書》，必有先後之義。經秦焚毁，聖人之意不可盡見。愚詳考經文，禹當堯時，别九州，平水土，而載於《夏書》之首者，此夏后氏之王天下也。今雖以載於帝王之時，探本索原，固未失聖人之意矣。商高宗惟傅説之言是聽，殷所以衰而復興，禮所以廢而復起。「黷於祭祀」，其初年時事也，若不然，改致有彤日之異，又何以爲高宗？故今載彤日之訓於《説命》之前，以不没高宗改過從善致中興之實也。

《康誥序》曰：「成王既伐管叔、蔡叔，以殷餘民封康叔。」謹按，康叔者，成王之叔父也，不應稱之曰「朕

---

❶ 「衰矣」，原作「逸」，據明本《皇王大紀》卷十九改。

其弟」。成王者，康叔之猶子也，不應自稱曰「乃寡兄」。其曰「兄」曰「弟」者，蓋武王命康叔之辭也，故史記武王封康叔於衛。且康叔者，文王之子；叔虞，成王之弟也。周公東征，叔虞已得封於唐，王命歸周公於東，豈有康叔得封反在唐叔之後乎？❶故不得不舍書叙而從經史也。

周公東征三年而歸，明年奉王東伐淮夷，遂踐奄還歸於豐而作《多方》。❷及營洛邑成周，❸成，反政於王，分正東郊而作《多士》。以《多士》在《多方》之前，既無大義而時不可逆，是以正之也。

武王崩之年，師尚父猶在。成王二年，三監叛，尚父不任征討而周公自行者，是尚父已薨矣。❹周公不見知於成王，所以敢將兵居外者，恃召父爲保耳。不然，周公其可離成王左右乎？故《君奭》之作在元年，而不在亂定之後也。以《無逸》繫於周公將没者，考於《君奭》、《立政》、《洛誥》諸篇，周公於成王皆有冲、孺、幼、小之稱，而《無逸》獨無，故知其爲最後也。

凡此皆本之經文，非敢以胸臆亂古書之舊。或有尚論古人之君子，盍試考諸，是耶？非耶？又從而正之可也。

❶「在」，原作「其」，據四庫本改。
❷「奄」，原無，據四庫本補。
❸「及」，原作「乃」，據四庫本改。
❹「是」，原作「自」，據四庫本改。

成王將崩

人多以爲成王中才之主也。愚觀其臨終處斷大事不動聲氣，過人甚遠，然後知周公所以教之者至，而成王進德之勇也。

成王既崩，然後迎元子於南門之外者，是太子宫在南門之外也。夫太子，國儲君副，疾既大漸而不居中，可乎？古者聖賢之君以死生爲常，故不與怛化小人大命未終，❶妻子已環而泣之者同也。以大臣爲腹心，故公其子而不與之私，❷重輔弼也。以天下爲家，故必終於正寢，公卿百官受顧命而不没於妻子之手也。❸後世此道不明，人君牽滯於兒女之情，而懼於死生之變，以利勢亂其心，而以天下私其子，故不任大臣以天下，而大臣亦不敢以天下自任。於是有母后臨朝之顛制，❹外戚擅權之大患，閹寺狐鼠之深害，偏信獨任之陰謀矣。此後世所以不及夫三代之隆也。

❶「怛」，原作「坦」，據四庫本改。

❷「私」，原作「輕」，據明本《皇王大紀》卷二十改。

❸「妻」，原作「兒女」，據明本《皇王大紀》卷二十改。

❹「顛」，原作「傎」，據四庫本改。

即位禮服

唐、虞、夏、商，天子之服十有二章，繢日、月、星辰、山、龍、華蟲於衣絺，繡宗彝、藻、火、粉米、黼、黻於裳；上公九章，自山龍而下；侯伯七章，自華蟲而下；子男五章，自宗彝而下；卿大夫三章，自粉米而下；士一章，黼黻而已。

周天子九章，上公七章，侯伯五章，子男三章，卿大夫一章，士皮弁素積。天子公侯卿士，五服有章矣。康王受命之際，其君臣冕服，非常章，何也？天子崩，嗣君即位而後成服者，不敢重己事而輕天命也，是故康王君臣變其常服，使吉凶之道不相干犯以成禮焉，非衆人之所識也。

在昔，即位之禮，宜莫不如是，而孔子特有取焉者，豈二代緜蕞至此而後盡善乎？《禮》曰：「天子崩，七日而殯。」至今於九日者，天下方安泰，講典禮，立制度，貽後世之時也。豈召公、畢公監於二代，有所損益，遂至於九日而後定乎？蘇東坡疑之，以爲既喪服矣，又以冕服即位，非禮也。愚今考之，癸酉須材，則未殯也，是康王君臣於未成服之時，變常服以即位，既即位，見諸侯而後成服諒陰也。❶故孔子取其得禮之節，以爲天下後世之法則焉。

❶「侯」，原無，據四庫本補。

建國井田

先儒以爲王畿方千里，積百同，❶九百萬夫之地。其言是也。以爲中有山陵、林麓、川澤、溝瀆、城郭、宫室、塗巷，三分去其一，餘六百萬夫，又以田不易、一易、再易相通，定受田者三百萬家，則非矣。何以言之？愚深考封建之法，王畿方千里者，❷田方千里也；公侯方百里者，田方百里也。方千里者爲方百里者百，爲田百萬井，九百萬夫之地，受田者八百萬夫。百倍公侯之國，然後足以爲天子都畿，鎮撫天下。若受田者止於三百萬家，則是方百里者三十七、五十里者一耳，安在其爲方千里？本根不强，將何以應千八百國之求乎？

劉歆又以爲，諸公之地封疆方五百里，其食者半；諸侯之地方四百里，諸伯之地方三百里，其食者三之一；諸子之地方二百里，諸男之地方百里，其食者四之一。亦非矣。周制分土惟三，未嘗有五等也。先王以田制禄，一夫一婦，受田百畝；上農夫食九人；諸侯之下士視上農夫，中士倍下士，上士倍中士，❸下大夫倍上士。卿，四大夫禄；君，十卿禄。計口受田，積而上之，度人情交際之廣狹，裁其用度之多寡而授之者

❶「積」，原無，據明本《皇王大紀》卷二十二補。
❷「方」，原作「萬」，據四庫本改。
❸「上」，原作「下」，據四庫本改。

也。爲公侯者，田必百里，不百里不足以事天子，睦四鄰，親九族，守宗廟，定社稷。伯必七十里，❶子男必五十里，不可多也，不可寡也。若鄭氏、劉歆之説，是連山亘川，不審田之定數，茫然依約以爲國也。

夫田之肥磽，四方不同，故大禹有九等之别，後世亦有十色之辯，因其地之肥磽，以定井之廣狹。百里之田，提封萬井，是爲定制，豈有先定四封，然後去山陵、林麓、川澤，又始以不易、一易、再易定其夫家之數乎？井田封國，帝王之世萬事根本也。若根本無法制，則萬事將如之何？又諸公封方五百里，其食者半，則是方百里者六十、五十里者一矣。以鄭氏所言王畿計之，合六國諸侯，已足與王爲敵，尾大不掉，豈先王之良制哉？

嗚呼！井田封國，仁民之要法也。唐太宗嘗慨然有復古之心，惜其諸臣識不足以知三代之道也。使太宗有其臣，力能行之，則唐世終無藩鎮跋扈篡弑之禍，而末流終無卒徒扶立夷狄制命之事矣。噫！有國家者，欲如三代保守中國以天年終，其必井田封國而後可。❷

祭祀郊社

成身莫大於禮，禮莫重於祭。祭祀之禮，所以立吾誠也。鬼神之爲物非他，吾之誠是矣。王者繼天而

❶「伯」，原作「舊」，據四庫本改。
❷「國」，四庫本作「建」。

爲之子，獨主萬化，故祭天於郊，祭地於社，祭名山大川、五祀各於其方。

後世禮樂失傳，論者不本於性命，故秦禮八神以求仙人，❶一曰天，二曰地，三曰兵，四曰陰，五曰陽，六曰月，七曰日，八曰四時。漢祠太乙，求神仙方，曰天神貴者太乙，太乙佐曰五帝。是皆不知鬼神之情狀，方士家妄作，儒者不取也。

及歷考儒者論祭天地之禮，於天，則有昊天上帝，有五方帝，有感生帝，夫土不可以有二王，而天可以有七帝乎？於地，則或立方澤，或立方邱，或立北郊，與天敵體，是猶家有二主也。且子事父母，父在，爲母齊衰期，不敢見於父者，尊無二上故也。王者，父事天，母事地，而可崇地以抗天乎！是故夫獨制義於其家，而家道正矣，君獨出令於其國，而天下定矣。

天獨健而無息，❷地道順承而無成，而太極立矣。王者以父事天，立誠而精一其德，故兆於南郊，埽地而祭者，昊天上帝而已。天言其氣，帝言其性也。社祭土，所以神地道也。名山大川者，寶貨財用之所出，而四方之所依據也。五祀者，穀與水、火、金、木也。人所日用，莫過五材，不是之報而顧報行與門户，❸舉

❶「秦」，原作「奏」，據四庫本改。
❷「天」，原作「夫」，據四庫本改。
❸「是」，原作「足」，據四庫本改。

失輕重，豈禮也哉！禮之所貴，貴其義也。是故王者祭天以柴燎牲，使氣上達。語其精神，❶則謂之禋；語其感格，則謂之類；語其方兆，則謂之郊。指事異名，其實一也。

《周禮》乃專以禋祀歸之上帝，以實柴歸之日月星辰，以槱燎歸之司中、❷司命、風師、雨師，不以日月星辰一於天，而以柴燎分爲三，多見其妄也。又司中、司命、風師、雨師，歆私意傅會，不得與《易》、《詩》、《書》、《春秋》比也。

宿衛兵法

三代宿衛之法，不可得聞矣，然亦有可推者。

按三代王畿千里，八百萬夫，籍爲兵者七十有五萬人，以六軍爲十番入宿衛，❸自王城達於畿封，一歲十二月。虞、夏五載一巡狩，周天子六年一巡狩，則未見其宿衛扈從者，皆以一時而更乎？以一時而更，❹

❶「神」，明本《皇王大紀》卷二十七作「誠」。
❷「槱」，原作「醮」，據四庫本改。
❸「十」，原作「丁」，據明本《皇王大紀》卷二十三改。
❹「一時」，原脱，據四庫本補。

則五年而再周也。春聽之以鼓鐸，夏教之以茇舍，❶秋辨之以旗物，冬習之以戢陳。宿衛三月，巡狩四方，❷周而復始。習之也故不惰，教之也故不驕，親之也故不悖，寬之也故不怨。三王之兵，以守則固，以征則强。後王雖不振，猶有所持循者，以法良故也。

徐偃仁義

世傳徐偃王仁義人也。❸夫仁義之人，無犯上。今徐子朝諸侯，僭王號，犯上干時，亦已甚矣，蓋仁義之罪人也。其及也宜。❹非惟徐偃王爲然，後世亦有之矣。如天水隗囂，尊禮賢士，坐談西伯，自以爲仁義者也。然至於殺身亡宗者，蓋施小惠以爲仁，立小節以爲義，雖足以欺惑愚衆於須臾，終亦必亡而已矣。若夫由仁義行者，必無敵於天下，豈有兵敗國亡而身死之哉？

❶「夏教」，原作「更聽」，據明本《皇王大紀》卷二十三改。「茇」，原脱，據明本《皇王大紀》補。
❷「巡」，原作「之」，據明本《皇王大紀》卷二十三改。
❸「傳」，原作「薄」，據四庫本改。
❹「及」，原作「反」，據四庫本改。

送死禮文❶

後世送死無度，愚今叙集禮文，雖未大備，推類而行，亦所以盡孝子之心也。❷ 三代制度具於此矣。暨乎末流不知死生之説，則有以玉斂者焉。故秦、漢以來，天子后妃葬骨未朽，破冢暴尸，爲盜賊僇辱，豈不痛哉！至此，然後知三代之王爲可法也。而劉歆《周禮》有曰：「駔圭、璋、璧、琮、琥、璜之渠眉，❸疏璧、琮以斂尸。」漢世諸帝尚不皆以玉斂，曾爲周公立爲此法哉！劉向曰：「文、武之喪，丘隴皆小，葬具甚微。」周公非薄於君親，誠以長慮却顧求便於體也，則周公不以侈靡訓子孫也必矣。❹

---

❶ 「送死禮文」，本篇篇題與篇文皆脱，潛園録於眉端，補於此，且於眉端寫有校語云：「脱《送死禮文》一條，今據别本補於上方。」四庫本此處有本篇，今從。

❷ 「所」，潛園原録篇文脱，據四庫本補。

❸ 「琮琥璜之渠眉」，潛園原録篇文作「珪璜琥之□眉」，據四庫本補改。

❹ 「必矣」下，潛園録文尚有一百三十六字，其中「故周禮之書皆之事無不虞之慮」十三字不明所出，其後自「今徐子」至「身死之哉」一百二十三字，爲前《徐偃仁義》文闌入，據四庫本删。

吕刑五虐

考《吕刑》，則墨、❶劓、剕、宫、大辟，乃苗民所作五虐之刑也。苗民坐是以絶世，❷而先王亦遵用之者，以是五刑治怙終之人，蓋五刑之極刑也。賊人肌體而絶其命，一成而不可變，故君子盡心焉。穆王耄荒，德雖不衰，然猶曲盡典獄之情僞，以爲天下後世之訓戒，其仁民之意厚矣。孔子所以有取也，亦不得中行而與之，故思狂狷之意歟。

昭王南征

史有謂昭王以楚人不朝南征，濟漢，楚人密以膠舟進，中流舟解，王没於水者。若是，則楚有不可赦之罪，嗣王所當寢苫枕戈，誓弗與共天下也。愚觀穆王命君牙、伯冏之文，典雅弘奥，克己求善，蓋賢君也，豈有忽棄君父而不動天下之兵以討荆楚者乎！疑好事者爲之，如堯幽囚、舜野死之類也。是以不取彼而取此。

---

❶「則」，原作「刖」，據明本《皇王大紀》卷二十八改。

❷「坐」，原作「生」，據四庫本改。「絶」，明本《皇王大紀》卷二十八作「終」。

文侯之命

幽王無道，雖天下所不與，其見殺於犬戎，則天下所不忍。❶而平王乃子也，所宜坐薪嘗膽，養民訓兵，帥天下諸侯披其巢穴，誅其宗種，復居鎬京，繼迹文、武、成、康，以蓋前人之愆，則可謂人子矣。愚觀其命秦、晉之詞，語平而不切，志舒而不慘，忘不共戴天之仇，輕棄舊都，以西事委之於秦，而即安于洛邑，亡三綱矣。

孔子定《書》，而取《文侯之命》，何哉？平王雖不自飭勵，而晉侯不失藩宣之道，逐西戎，黜伯服，扶立冢嗣，定都成周，號令天下，莫敢不從。使平王稍有仁心義氣，而輔之以晉文、衛武，則周室中興矣。聖人心廣道大，權輕重不失毫釐，是以深取晉文，而於平王猶有望也。及其末年，怠惰放縱，不可救藥，日以衰微，名號雖存，其實與杞、宋等矣。聖人據事實，本天命，而作《春秋》，固非衆人之所識也。

齊用豎貂

五帝三王之盛，一行一止必於其時，必於其義。是故晝居於外，所任使者則公卿賢大夫士也；夜居於内，所叙御者則后夫人淑嬪婦也。曷嘗有刑餘之人在日月之側哉？雖夏、商季世，桀、紂之亂，尚無是也。

---

❶「所」，原作「有」，據四庫本改。

及幽王寵褒姒，滅西周，始有婦寺之名。自是以來，帝王大本日以淪亡。爲人君者，以行道布德之公位爲快情遂欲之私居，故聽政有素而公卿進接者希，宴遊無度而妃嬪幸御者無節，外不分於晝，内不分於夜矣。然天下萬事來者不可不應也，公卿既不可使至於内，妃姬又不可使至於外，於是始有用刑餘之人將命於其間者矣。齊小白用自刑之豎貂，死不獲殯；秦胡亥信天刑之趙高，爲其所殺。

後之人君自宜披根拔本，追復夏、商之制，以革衰周之弊。❶而漢、唐猶有用之以亡國者，豈非君之不仁哉？噫！病在君之不仁，不可與言也，使其可與言，則何亡國敗家之有？

管仲相齊

諸侯之不得僭天子，大夫之不得僭諸侯，猶趾掌之不可爲股肱，股肱之不可爲元首也。❷觀管仲使齊桓下拜，及此辭享之事，可謂恭矣。而謂鏤簋朱紘、❸山楶藻棁、塞門反坫、三歸不攝之僭，何歟？霸者，務私報圖大權而共小節，據實勢而崇虛名者也。仲相桓公，匡王室，封諸侯，號令天下，幾於改物，故桓公尊寵之，而賜以群臣不得用之禮也。

---

❶「衰」，原作「衺」，據四庫本改。

❷「股肱」，原脱，據明本《皇王大紀》卷四十一補。

❸「簋朱」二字，原無，據四庫本補。

仲奪伯氏駢邑三百，飯蔬食飲水，没齒無怨言。雖盟會征伐無寧歲，而能使齊師常冠於諸侯，賦斂輕簡，府庫充實，百姓富庶，賢才服其能，小民懷其惠矣。故斯禮也，國人以爲宜賜，仲自以爲當得，莫有知其非者。孔子誚之曰：「管仲之器小哉！管氏而知禮，孰不知禮。」所以明王伯異道，義利異途，❶示後人以天理之所在，使人欲不得而汩之也明矣。❷

齊亦公侯之地耳，管仲得政，遂能强大伯諸侯，何也？守信不貳，行法無私；舉用賢才，開闢言路；不藉樹蓄，務富民財；不大興兵，務舒民力。仗尊王之義會於首止，天子憚其正而王室之亂消寧。魯難誅哀姜，❸公道伸，而諸侯服盟於召陵。禮荆楚而中國之義立，封衛楚丘、城邢夷儀、❹遷杞緣陵而夷狄不得肆。此其所以九合諸侯、虎視中原之大略也。其去戎狄也遠矣。故孔子曰：「如其仁，如其仁。」

若夫伐魯國以殺子糾，而父子兄弟之恩薄；五大夫立子頹，出天王，不能奔命，而君臣之義虧。魯、晉、宋有弑君之賊而不能討也，陳有殺嫡立庶之亂而不能正也，鄭有兄弟争國之禍而不能止也。以病燕則伐北

❶「義利」，原作「□義」，據四庫本補。

❷「明矣」，四庫本作「且夫」，屬下。潛園於此處眉端寫校語云：「别本無『明矣』二字，空二十四字。」

❸「難」，原作「雖」，據四庫本改。

❹「邢」，原作「刑」，據四庫本改。

戎山戎，以包茅不貢則南伐楚，以不從己則伐宋、❶伐鄭、執陳轅濤塗。厚自封殖，滅譚滅遂，降鄣遷陽。❷處置如是，❸何以服人？於是北則晉專冀方，西則秦專疆土。南則荆楚横强，滅弦滅黄，圍許伐徐，而終不退聽也。❹原其故，皆由不知天理之本，而馳心於功利。❺功烈如彼其卑也，其去王也遠矣。故孟子曰：「管仲，曾西之所不爲也，而子爲我願之乎！」

齊桓公卒

齊桓之所以有始而無終者，大本不正也。使其果有匡天下之志而不求自利，則管子者，天下之材也，當以見諸天王，上言文、武之勤，中述成、康之盛，下陳今日之衰微。

蓋自幽王滅於西戎，秦人力戰取豐、❻鎬，平王東遷於成周，虞、虢、魏、芮皆畿内諸侯，乘亂各據土宇，王畿中斷，無西偏矣。使齊桓、管仲入贊天王，正畿甸以修王略，謹五禮以齊諸侯，整六軍以膺戎狄，則周室

❶「宋」，原作「家」，據四庫本改。
❷「鄣」，原作「彰」，據四庫本改。
❸「置」，原作「己」，據四庫本改。
❹「退」，原脱，據四庫本補。
❺「利」下，明本《皇王大紀》卷四十一有「之域故輕重後先不相並無以得天下心而」十七字。
❻「取」，原作「聖」，據四庫本改。

赫然中興而王化行矣。❶ 惜乎！ 齊桓、管仲不知出此，而溺於飲宴衽席之間也。

魯會楚嬰齊

唐末，馬殷竊據長沙，畏荆南成汭、淮南楊行密之强，議以貨結之。高郁曰：❷「奉天子，撫士民，訓勵卒伍，霸業脩明，誰能爲敵。」殷從之，果能平定湖南，没身傳嗣，敵人不敢謀。

吁！ 觀此周公之裔，宗卿之嗣，至於以貨賂人而乞盟者，其棄禮義及人民、辱國家也著明矣。

魯立武宫

立武宫者，立武公敖之宫也。諸侯立五廟。武公至宣公十一世矣，乃祧主也。季氏立其宫者，豈爲搴之功也哉？❸

謹按，武公者，從宣王不順之命，舍長立少者也。季氏以少子專魯國，因是立其宫，爲子孫久長之計，以自堅耳。夫子書之，以表著其非禮也。

---

❶「室」，原作「宗」，據四庫本改。

❷「郁」下，原有「有之」二字，據明本《皇王大紀》卷四十九删。

❸「搴」，原脱，據明本《皇王大紀》卷五十補。

楚殺追舒

有子曰:「君子務本,本立而道生。孝弟也者,其爲仁之本歟!」按,公子追舒非有大逆之罪,退之可也,而王必欲殺之,則非仁矣。❶爲棄疾者,進宜陳使臣之禮以諫王,退宜陳事君之禮以諫父。諫於王而王不聽,則竊負父而去之可也;諫於父而父不聽,則號泣而隨之可也;諫於王與父皆不聽焉,則請復祖廟而以身代父死可也。烏有閔默恬然不動其心,坐待王殺其父,然後死之者。以爲子,則不孝;以爲臣,則不忠。噫!大道不明,是以人至此極而莫覺莫悟也。故愚論之以示爲仁之道焉。而《春秋》特書「楚殺其大夫公子追舒」,不罪棄疾者,大夫,君之股肱心膂也,公子,宗室之枝葉庇蔭也,而輕殺之,所以罪楚君也。棄疾與殺其父矣,豈待貶而後見乎?

實沈臺駘

瞽卜祝史,技數也,然切於人身而天理之所不能不用者也。❷先王之世,瞽卜祝史世守其事,而身屬於官。瞽以十全爲上,過誤而殺人者,有誅。有大事則訊之卜,有疑事則决之卜。而吉、凶、軍、賓、嘉,凡有告

❶ 「仁」,原無,據明本《皇王大紀》卷五十三補。
❷ 「天」,四庫本作「人」。

於鬼神之事，必祝史宣其意，然後主事者得全其精，以與神明交矣。

今世則不然，散於民間，取人者無罪，驕人者無禁，殺人者無誅，而妙達陰陽之寇、❶有十全之功者，官亦莫之旌用也。國有大事，事有大疑，内不反覆謀諸心，外不謀之於士庶，精不謀之於龜筮，而卜道以亡。

噫！五禮之不得其理也久矣。君子漫不知其義，祝史豈能知其數哉？故民間惟有疾病則卜，而卜者率皆誑言某鬼某神之怨怒以恐惑之，如晉卜人之言，因爲之祝祭，以圖衣食而已。民寧破産祀鬼，而不求醫，至有敬事荒夷之神，❷驅除其祖考而不薦者，豈不傷人情，逆天理乎？是故君天下欲仁其民者，雖毉卜祝史之流，亦必如先王之世，然後禮教可行也。❸

魯立煬宫

煬公，伯禽之子，考公之弟，而得國者也。喪事即遠，有進而無退；宫廟即遠，有毁而無立。煬公至是十有九世矣，是祧主也，其不可立宫明甚。所以立之者，季氏以少子當魯國，祭祀自專，廢立自恣，重賂足以結四鄰，私恩足以收百姓，所懼神怒，或降之罰耳。故有禱於煬公而立宫也。

❶「寇」，四庫本作「理」。
❷「敬」，原作「收」，據明本《皇王大紀》卷五十五改。
❸「行」，原作「仁」，據四庫本改。

聖人筆之於經，使後之人考其世，而尋其所由來，則季氏誣神之罪著，而禮制不至於遂亂而惑人之聽矣。

天産地産

此《彖》文，孔子之所作也。孔子極言天地之道，謂乾道變化，則萬物各得性命；坤順承天，而萬物生焉。❶是故雖一物之微，無非天地合而後成。❷其施者，天也；産者，地也。

劉歆《周禮》曰：「以天産作陰德，以中禮防之；以地産作陽德，以和樂防之。」是裂天地爲二本，而中和禮樂異道矣，何可以爲經，與《易》、《詩》、《書》、《春秋》比乎？

周易成書

愚讀包犧畫卦，文王繫辭，周公爻辭，孔子十翼，❸然後知聖人憂患後世之至也。後生晚學守一卷成

---

❶「生焉」，原無，據四庫本補。
❷「非」，原無，據明本《皇王大紀》卷六十一補。
❸「子十」，原作「夫子」，據明本《皇王大紀》卷六十三改。

書，豈復知經百千歲四聖人竭心思之勤？❶ 故愚復其舊，❷將以啓之也。

夫先聖後聖發明文義，❸如太和之體萬物，春生秋殺，雷動風行，千變萬化，務曉人以生生之道，初非緣己成事，由聞見知識而爲之者，故愚讀之警動焉。嗚呼！聖人亦人耳，所以臻此，必有道矣。

夫《詩》、《書》、《春秋》，後人猶多引以正心斷事，至於《易》，則希矣。吁！士大夫之負先聖可勝道哉。

叔孫州仇

凡人之情，利害不及則不相譽、不相毀也。彼叔孫之所以貶聖人、譽子貢者，孔子方用事，惡其有不便於己。而子貢，孔子之門人也，一貶一譽，人固不疑，於以嘗試諸大夫之向背。其姦慝如此，而衆莫以爲非也，故遂毀聖人而擠之。陳亢若非真不知聖人，❹則黨於州仇者也。觀子貢以「自絶」責州仇，而以「爲邦」語陳亢，則知州仇之毀譽，正孔子用事、利害相及之時，而小人去君子之情狀見矣。

人君臨涖群臣，與夫執國命，進忠賢，察姦罔之君子，其可忽諸？

❶「勤」，原作「動」，據四庫本改。
❷「舊」，原作「愚」，據四庫本改。
❸「文」，原作「大」，據明本《皇王大紀》卷六十三改。
❹「若」，原作「莫」，據四庫本改。

孔子去魯

人之有德慧術智者，常存乎疢疾。陽虎在鄆，不狃在費，侯犯在郈，此三家之疢疾也。季孫斯幾於死，故發憤懑，❶思禮義，❷遵用孔子。孔子行乎季孫，三月不違，謂此時也，故能墮郈，又墮費。三家才損其死疾，而叔孫遂於是毁聖人，仲孫遂於是聽處父，季孫遂於是受女樂。❸惜哉！三子者期於苟安而不能遠謀，拘於小利而不知大慮，習於人欲而不能明於天理也。

孔子攝相事

司馬遷載孔子墮三都之明年，由大司寇攝相事。夫聖人之仕所以大過人者，無他焉，如天之生物，隨其分限，無不可爲而過者，無可爲而不及者。爲委吏，則會計當；爲乘田，則蓄養蕃；爲宰而親民，則制爲養生送死之節；爲司空而正封域，則溝合昭公之墓；爲司寇而治姦亂，則誅少正卯而墮三都。及成不墮，❹三家

❶「懑」，原作「憑」，據明本《皇王大紀》卷六十四改。

❷「思」，原作「君」，據明本《皇王大紀》卷六十四改。

❸「女」，原作「去」，據四庫本改。

❹「成」，原作「城」，據四庫本改。

之慮變矣。故經文不言三家，直書曰「公」。聖人「色斯舉矣」。安有明年由大司寇攝相之事？所以必知其無者，考按經文，明年無更改起廢之事，而築囿大蒐，絶與墮都之意不侔故也。遷載孔子言行，不得其真者尤多，則未知其所以得實録之名者，何歟？

楚子軫卒

楚國敗壞於囊瓦，❶創夷於吴，幾於滅亡。昭王之所以復國而益安强者，皆公子申之謀也。或問申於孔子，子曰：「彼哉，彼哉！」

聖人度量宏遠而責人以恕，何獨於子西如此乎？按，楚之先鬻熊爲文王師，❷以封於楚，及熊通越禮僭號，❸聖人黜之，等於荆蠻。文、莊而後，與中國並駕齊驅，❹聖人進之，同於諸夏。逮昭王之時，中國衰，諸侯放恣，大夫驕横，無可告語者。而昭王獨發大論，皆當於道，若左右得其人，其進未可量也。惜也！得君之專，執政之久，曾不能輔之變楚俗，匡天下，曹然守舊規而已。故仲尼責之如此。

❶「囊」，原作「薨」，據四庫本改。
❷「王」，原無，據四庫本補。
❸「通」，原作「過」，據四庫本改。
❹「國」，原作「原」，據四庫本改。

子貢見太宰嚭

子貢在言語之科，觀其遺言，理義明暢，雖使甚愚人，亦曉然知利害之所在，此聖人之所貴也。若夫縱横捭闔，❶不顧理義，一出而存魯、亂齊、破吴、疆晉、霸越，則子貢之所甚惡也。

嗚呼！以文王、武王之將聖，司馬太史尚信以爲陰脩德政而傾商，不宅大憂而伐紂，❷又況聖門諸子哉？

愚惡夫棄聖經而祖述司馬太史以爲實録者，❸是以論之，使後世之學者毋惑焉。

商鞅變法❹

先王之所以溝封田井者，畝數一定，不可詭移，❺一也；邑里阻固，雖有戎車，不可超越，二也；道路有制，雖有姦宄，不可群逞，三也。此三利者，絶兼并之端，止獄訟之原，沮寇盗、禁姦宄於未兆，所以均平天

---

❶「捭」，原作「排」，據四庫本改。

❷「伐」，原脱，據四庫本補。

❸「而」下，原有一「反」字，據四庫本删。

❹「法」，原作「化」，據四庫本改。

❺「詭」，原作「説」，據四庫本改。

下，行政教，美風俗，保世永年之大法也。❶秦一廢之，及今千六百歲，而弊日益深，而夷狄不可禁矣，可勝歎哉！

孟子闢楊墨

愚讀孟子書，謂楊朱、墨翟之言盈天下。及考諸史，則朱、翟未嘗用於時君，時君亦莫有信用其言者，安在其爲盈天下？而孟氏闢之如此其力，似空言侈大，無益於實者。後人雖信誦其言，亦莫能究明其義。

愚始而疑，中而惑，卒喟然長嘆，❷見孟氏指意深遠廣大，非苟爲夸辭而已也。何以言之？天下之道，爲人、爲己二端而已，惟聖人合内外之道，得時措之宜，故不塞不流而王道行，百姓寧。舍是，則或失於爲人太重而不知立己，或失於爲己太重而不知立人。失己與人，則天地否塞而人之道頓滅矣。五霸之末，仁義益不明，有志於爲己者，直欲高飛深入，不在人間，如接輿、沮溺之徒是也。於是楊子唱爲我之論，❸而此徒翕然是之矣。有志於爲人者，直欲自沽自獻，必行其説。如衛鞅、儀、秦之徒是矣。於是墨子唱兼愛之説，而此徒翕然是之矣。此二氏之言所以盈天下也。然孟子所以不闢沮溺者，爲其無詞説而楊朱之言近義故

❶「年」下，原有「湮」字，據四庫本删。
❷「喟」，原無，據明本《皇王大紀》卷七十六補。
❸「子」，四庫本作「朱」。

也；所以不闢儀、秦者，爲其事淺陋而墨翟之言近仁故也。近於仁，則不仁；近於義，則不義。不仁不義，近於禽獸，人將何以立於天地之間？故孟氏拔其本，塞其源，則末流將自止矣。❶有見於此，然後知孟氏闢楊、墨，承先聖，有大功於王道，而可以爲萬世法也。使齊、梁之君一行其言，豈至人之類自相殘滅，陳、吴、劉、項之際，死者十之九而後止哉！

---

❶「止」，原作「正」，據四庫本改。

五峰胡先生文集卷五

易外傳

屯：元亨利貞，勿用有攸往，利建侯。

屯者，盈也。物之始生，盈盈然皆有充滿塞實之意，及既生，則發舒矣。剛柔始交而難生，震始交於下，坎始交於中，難屯未通暢也。震爲雷，坎爲水。陰陽始交，則勃鬱爲雷，未爲雨也。震動坎陷，二卦相重，動乎險中也。屯有大亨之道，震且固雷雨之動滿盈也，❶故「勿用有攸往」。往則不貞，失大亨之道矣。方天下屯難之時，紀綱未正，法度未明，豈獨力所能濟？建侯，廣求輔，❷憂勤不懈，然後能濟矣。

《彖》曰：屯，剛柔始交而難生，動乎險中，大亨貞。雷雨之動滿盈，天造草昧，宜「建侯」而不寧。

秦暴既極而未息，漢安方來而未定。陳涉以匹夫首事，出萬死之計，不畏狼秦，「動乎險中」也。

❶ 「震且固」，四庫本作「貞且因」。

❷ 「輔」，原作「補」，據四庫本改。

誠能立爲天下除殘賊之志，復立六國後於此，有人正固其心，❶爲秦益敵以自輔助，守正而不移，則秦可滅，時可治，而天下之屯解矣。自蘄至陳，未遠也，秦兵方强，殘賊肆行未艾也，而遽王之，示天下私，無中正誠慤之心，豈有大亨之道也？傲長者而妻父去，斬賓客而故人行，聽讒毁而諸將不親附，失建侯之義甚矣。死於城父，不保首領，非不幸也。「勿用有攸往」，豈不信乎？若漢高則起豐沛，扶義而西卷蜀漢，扶義而東誅殘賊，其正固可知矣。❷得張良於邂逅，舉陳平於忘命，拔韓信於行陳，取英布於敵國，收雍齒於故怨，是以能誅滅秦、項，剗革暴虐，❸於天下更始，❹四海會同，六合爲家。由是觀之，則「大亨貞」、「利建侯」之義，聖人示後世之意悉矣。

初九：盤桓，利居貞，利建侯。《象》曰：雖「盤桓」，志行正也。以貴下賤，大得民也。

東漢之末，豪傑競起，有剛陽之德，宜爲君者，劉備而已。痛王室之傾頽，憤姦臣之竊命，扶本宗，誅姦宄，一匡天下，其志也。而爲相於平原，爲牧於徐州，歸袁紹，投曹操，依劉表，曾未足以舒其志。然臨禍患而信義益明，不少變其初志，三顧草廬以致諸葛，得龐統，來法正，追景升，顧戀赴義之徒，而衆士影從，若水

❶「正」，四庫本作「貞」。
❷「正」，四庫本作「貞」。
❸「革」，原作「草」，據四庫本改。
❹「於」，四庫本作「與」。

之歸海，以貴下賤，❶而大得民也。於是遂定巴、蜀，三分天下，而有濟屯之勢，「居貞」、「建侯」之利大矣。

六二：屯如邅如，乘馬班如，匪寇，婚媾。女子貞不字，十年乃字。《象》曰：六二之難，乘剛也。「十年乃字」，反常也。

六二，九五之正應而逼於初陽，不得相從者，以屯故也。天子者，天下之首；蠻夷者，天下之足。中國盛强，蠻夷屈服，天下之常經也。而漢之時，匈奴暴桀，抗衡中夏。其爲足也，猶初；其僭亂也，猶九。蘇武使焉，匈奴壯其節義，凌折困辱，必欲降之。武雖倚漢武剛明之君，❷而遠在蠻夷，爲所拘縶，降之不可，歸歟不聽，故「屯如邅如，❸乘馬班如」，進退不能也。六，陰也，二亦陰也，妻道也，臣道也，從一而忠者也。❹武守是道，舍生取義，以死守節，心歸中國，義絶蠻夷，雖身在匈奴，不爲之用，豈求有功名於彼哉！譬如貞女，雖或介於强暴，而不可侵陵，終不爲之字也。夫使蠻夷而善歸者多矣，是時匈奴强暴，❺

❶「貴」，原作「責」，據四庫本改。

❷「剛」，原作「劉」，據四庫本改。

❸「故」下，原有「也」字，據四庫本删。

❹「忠」，四庫本作「終」。

❺「時」，原無，據四庫本補。

非心服中國，而武乃使之，是以遭難如此耳。❶ 十者數之終，極而後變也。居十九年，虜勢益衰，❷欲歸計强漢，武乃得還。然後名揚於匈奴，功顯於漢室，完節而歸，「乃字」也。蠻夷服中國，「反常」也。

六三：即鹿無虞，惟入於林中，君子幾不如舍，往吝。《象》曰：「即鹿無虞」，以從禽也。君子舍之，往吝窮也。

夫炎漢再建之初，隗囂起於隴西，以庸材居民上，有偏霸之意，即是「鹿」也。夫立國以得賢爲本，若馬援、❸申屠剛、❹杜林、❺鄭興諸賢，皆莫之與而去之，是「無虞」也。惟陷身於不義，以及亂亡耳。❻ 囂終不悟，舉兵背叛，不知幾而往，困於西城，饑而死，吝窮甚也。竇融則不然矣，其保河西也，豈無專據方面之志哉！然聞光武勃起，中原土地最廣，甲兵最强，號令最明，遂舍五郡之權，一心漢室，終保福禄，亦可謂之君子人矣。❼

❶「此」，原脱，據四庫本補。
❷「虜」，原作「膚」，據清納蘭性德《大易集義粹言》(清通志堂經解本)卷七引改。
❸「若」，原作「君」，據四庫本改。
❹「剛」，原作「删」，據四庫本改。
❺「杜」，原脱，據四庫本補。
❻「及」，原作「反」，據四庫本改。
❼「人」，四庫本無。

六四：乘馬班如，求婚媾，往吉，無不利。《象》曰：求而往，明也。

桓公自莒入齊，鮑叔實輔之，既而不執其政，「乘馬班如」也。管仲者，己之交遊，有賢才而勝己，則求之於魯，脱之於俘，❶薦之於公，讓之以政，「求婚媾，往吉」也。於是桓公九合諸侯，一匡天下。而管、鮑爲齊臣，至於今稱焉，可謂「吉，❷無不利」矣。非明者，❸其能知己之短而肯進人之長乎！

九五：❹屯其膏，小貞吉，大貞凶。《象》曰：「屯其膏」，施未光也。

魯昭公當三桓强盛、禄去公室之時，以人，則□皆季氏之人；以政，則皆季氏之政。君位雖存而威權去已，不足以有爲，欲恩澤下流，難矣，其膏也！膏，凝結而不流者也。然則宜奈何？自小而以漸正之，使恩澤浸潤加於百姓，仁心仁聞著於天下，則有吉，如唐武宗、憲宗是也。魯昭不知出此，舉兵攻之，欲奪數世之權於一旦，恩澤未孚，民莫之與，以致失國出奔，客死它所，凶矣。

上六：乘馬班如，泣血漣如。《象》曰：「泣血漣如」，何可長也。

漢獻帝、皇泰王。❺

---

❶「脱」，原脱，據四庫本補。

❷「吉」，原作「言」，據四庫本改。

❸「明者」，原無，據《大易集義粹言》卷七引補。

❹「五」，原作「月」，據四庫本改。

❺「王」，四庫本作「主」。

蒙：亨。匪我求童蒙，童蒙求我。初筮告，再三瀆，瀆則不告，利貞。《彖》曰：蒙，山下有險，險而止，蒙。蒙亨，以亨行時中也。「匪我求童蒙，童蒙求我」，志應也。「初筮告」，以剛中也。「再三瀆，瀆則不告」，瀆蒙也。蒙以養正，聖功也。

太甲、成王以幼冲未有所知而居君位，童蒙也；伊尹、周公以剛陽之才任顧託之重，爲發蒙之主者也。夫伊、周非有求於太甲、成王，太甲、成王非伊、周則無以保其尊位，守其宗廟社稷，故「匪我求童蒙」，乃「童蒙求我」也。「初筮告」，若伊尹於太甲，方其居憂之時，即放之桐宫，「密邇先王其訓」是也。若不決之於初，❶待其聽政，然後隨事之失而言其非，則「瀆蒙」矣。周公於成王，自幼冲之中，不順其意而行姑息之恩，故左右侍御僕從，即以正人爲之，以檢束其行，使幼而聞正言，❷見正行，❸亦不待其臨尊位，然後因事一一以教之也。是以太甲、成王雖無過人之才，❹而卒皆爲大賢者，以伊尹、周公能養其正於蒙，有作聖之功。此蒙之所以亨也。夫當天子蒙蔽未發之時，當發蒙之任，❺負天下之責，苟不持正，❻自信不疑，則

❶「之於」，原作「於之」，據四庫本改。
❷「聞」，原作「見」，據四庫本改。
❸「見」，原作「聞」，據四庫本改。
❹「人之」，原作「之人」，據四庫本乙正。
❺「蒙」，原作「童」，據四庫本改。
❻「持」，原作「恃」，據四庫本改。

必有乘間投隙而起者矣。故聖人又戒以利在於貞也。惟貞，然後足以弭姦邪窺伺之心，厲忠賢進爲之志，事功可就，而禍難不生矣。

初六：發蒙，❶利用刑人，用説桎梏，以往吝。《象》曰：「利用刑人」，以正法也。

大舜之有天下也，先誅四凶；孔子之執魯政也，先誅少正卯；唐太宗之起義兵也，先誅高德儒。蓋時方蒙蔽，未知好惡之所在，惟先威之以刑，則觀聽聳動而民知所從矣。是説去其不知所從之桎梏也。雖然，刑加於惡之尤者，然後足以正法，新民之耳目而施教化也。若用之不正，❷以及衆人，則不足以得民心。民苟免而無恥，於治安之道爲可吝矣。

九二：包蒙，吉。納婦，吉。子克家。《象》曰：「子克家」，剛柔接也。

諸葛孔明執蜀政柄，上有劉禪孱暗之君，下有楊儀、魏延昧於大體之屬，北有蔽欺天下、竊命之魏，東有不知天命、稱尊之吴，可謂蒙之世矣。然孔明盡禮，❸劉禪聽信，無所嫌忤；圓融儀、延，使各展其才力；結好江東，而不明其稱帝之罪；志在北征，亦必閉關息民，然後用之。其志大，其量弘，雖未能致其亨，而有

❶「蒙」，原作「童」，據四庫本改。
❷「正」，原作「止」，據四庫本改。
❸「禮」，原作「祀」，據四庫本改。

安强之吉矣。廣開言路，棄非猶弊屩，得是如珠玉，孜孜盡下，故事無不察，❶算無遺數，「納婦，吉」也，豈有凶禍之及哉？夫臣事君猶子事父，九二剛陽之才，而六五柔順之君與之相應，故雖居蒙世而有吉。聖人舉而示人以近，故云「子克家」也。

六四：困蒙，吝。《象》曰：「困蒙」之「吝」，獨遠實也。

漢元初立，蕭望之以師傅下行端揆之職，爲發蒙之主。史高與望之同受顧命，位望之上，爲親近大臣，以陰柔庸劣之才輔暗懦之君，❷而暱比於恭、顯閹宦不中正之人，疎遠望之，不與同心輔政，於先帝付托之意，豈不負哉！此自遠於剛陽篤實之賢，故有「困蒙之吝」耳。

六五：童蒙，吉。《象》曰：「童蒙」之「吉」，順以巽也。

漢昭所以委政霍光者，冲幼，未明習國家事耳。非天資愚蒙，乃童蒙也。以其童蒙而天性聰明，故能上順先帝之志，下任霍光之賢，而燕王之謀不成，❸篡弒之禍不作，故爲吉也。

上九：擊蒙，不利爲寇，利禦寇。《象》曰：利用禦寇，上下順也。

大舜之征苗，文王之伐崇，湯之放桀，武王之伐紂，皆以其蒙昏之極，不得已，故擊而去之耳。若後世漢高

❶「不」，原無，據四庫本補。
❷「柔」，原作「陽」，據四庫本改。
❸「王」，原脱，據四庫本補。

之誅秦、項，漢宣之誅先零之類，禦寇者也。平城之兵，馬邑之伏，唐太宗之伐高麗，爲寇者也。禦寇者，出於不得已，故天人順之。漢武爲寇於四夷，而望天下之人皆如卜式之順己，其可得乎！

需：有孚，光亨，貞吉。利涉大川。《象》曰：需，須也，險在前也。剛健而不陷，其義不困窮矣。「需：有孚，光亨，貞吉」，位乎天位，以正中也。「利涉大川」，往有功也。

文王雖有亹亹剛健之德，❶既受命爲人之主矣，若遂欲進定天下，則紂之才猶足以有爲，惡未貫盈，人心未盡去，天命未盡改，時未可以定也。文王逡巡不進，退處於西伯，而紂在上，「險在前也」。文王以服事殷，其忠信於上下，其誠動於殘賊，故得行其號令於諸侯，天下化之而紂不以爲嫌。剛健而不陷，豈有困窮哉？「有孚，光亨，貞吉」，此之謂也。若文王中非有孚，則不足以動商紂而至於以兵相加，文王雖得天下，是篡也，非「位乎天位」、「中正」之義矣。惟文王「位乎天位」，「中正」而不過，故孔子曰：「三分天下有其二，以服事殷。周之德其可謂至德也已矣。」夫以天道處之，何事不濟？故曰「利涉大川」。

初九：需於郊，利用恒，无咎。《象》曰：「需於郊」，不犯難行也。「利用恒，无咎」，未失常也。

夫人幼而學之，壯而行之。古之君子如伊尹之耕於有莘，傅說之築於傅巖，吕望之釣於渭濱，皆待時於郊野曠遠之地，不冒犯世患而求進者也。其耕也，其築也，其釣也，用常而已，非有驚時異衆之行也，故「无咎」。

❶ 「雖」，原作「惟」，據四庫本改。

九二：需於沙，小有言，終吉。《象》曰：「需於沙」，衍在中也。雖「小有言」，以吉終也。

孔子、孟子執其規矩準繩，周行於諸侯，見可而進，「需於沙」者也，近於世難矣。然孔、孟志在於天下後世，非私己也，故不以煦煦爲仁，孑孑爲義，或以微罪行，或三宿而後出晝，道廣德弘，其心甚大。雖小有患害，厄於陳、蔡，圍於匡人，景子謂之不敬，尹士謂之干澤，於孔、孟乎何傷？故當時諸侯大夫敬之、重之，萬世之下尊之、仰之。「以吉終」者，其此之謂也。❶

九三：需於泥，致寇至。《象》曰：「需於泥」，災在外也。自我致寇，敬慎不敗也。

范滂、李膺，名冠天下，激濁揚清，進必以其道，「需於泥」者也。然時方多僻，「災在外也」。其氣剛，其志鋭，其行勁，無所顧慮，露其鋒刃，欲以力除姦邪。❷姦邪畏忌，則思所以中傷之矣。黨人禁錮，豈無自而然哉？皆自致之也。若敬慎如陳寔，❸雖中常侍張讓父葬，亦往弔焉，敬慎之至也。及黨人被誅，而名士因寔得免者甚衆。使范滂、李膺敬慎如此，豈有誅死之敗乎？

六四：需於血，出自穴。《象》曰：「需於血」，順以聽也。

---

❶「其」，四庫本無。

❷「姦邪」，原無，據四庫本補。

❸「寔」，原作「實」，據四庫本改。下同。

漢桓既誅梁冀，❶拔黄瓊，首居天位，天下想望異政。瓊奏誅州郡貪污者十餘人，❷海内翕然稱之。是時小人充朝，❸正人處乎其間，佞幸之所必中傷也，「需於血」者也。夫瓊之心，豈止於誅州郡貪污而已哉？肅清廷列，乃其志也，少須服之耳。及嬖寵益横，瓊自度力制不能，遂上疏極言，❹稱疾不起，不敢安其位，「出自穴」者也。瓊雖言之，然一言不聽，則不據其位而去。❺力言之而不止，以與嬖寵争也。順聽時命，❻委而去之，雖其志蹇遏不行，傷於小人，而無凶禍之及矣。

九五：需於酒食，貞吉。《象》曰：「酒食貞吉」，以中正也。

文王當紂之時，位乎天德，退稱西伯，天下歸之，實行天子之事矣。其居中正，又何疑哉？飲食宴樂，以待天命，所需必遂，可謂吉矣。故孔子曰：「無憂者，其惟文王乎？」

訟：有孚，窒惕，中吉，終凶。利見大人，不利涉大川。

---

❶「桓」，原作「柏」，據四庫本改。
❷「州郡」，原作「則以」，據四庫本改。
❸「小人」，原作「瓊」，據四庫本改。
❹「疏」，原作「流」，據四庫本改。
❺「不」下，四庫本有「敢」字。
❻「聽」，原作「德」，據四庫本改。

韓馮翊之説蕭，趙廣漢之訟魏，❶皆中無孚實，不知畏惕，過而失中道者也。故終極其事，皆至於凶。左雄、周舉，「中吉」也；王渾、王濬，「利見」也。❷

初六：不永所事，小有言，終吉。❸《象》曰：「不永所事」，訟不可長也。❹雖「小有言」，其辯明也。

鄭興、❺桓譚。

九二：不克訟，歸而逋，其邑人三百户，無眚。《象》曰：「不克訟」，歸逋竄也。自下訟上，患至掇也。

楊惲。

六三：食舊德，貞厲，終吉。或從王事，無成。《象》曰：「食舊德」，從上吉也。

郭子儀、魚朝恩。

九四：不克訟，復即命渝，安貞吉。《象》曰：復即命渝，安貞不失也。

杜淹。

---

❶「廣」，原脱，據四庫本補。

❷「利見也」，原注「逸」，據四庫本補。

❸「終」，原作「中」，據《易・訟》初六爻辭改。

❹「訟」，原重，據四庫本删。

❺「興」，原作「與」，據四庫本改。

九五：訟元吉。《象》曰：「訟元吉」，❶以中正也。

曹騰、梁商、賀若弼、❷韓擒虎、賈復、寇恂和事天子。

上九：或錫之鞶帶，終朝三褫之。《象》曰：以訟受服，亦不足敬也。

主父偃、❸來俊臣之徒。

師：貞，丈人吉，無咎。《象》曰：師，衆也。貞，正也。能以衆正，可以王矣。剛中而應，行險而順，以此毒天下，而民從之，吉，又何咎矣。

武王戎車三百兩，虎賁三千人，紂率其衆七十萬，戰於牧野。武王鼓之，維師尚父，時維鷹揚，前者倒戈，後者北焉，❹其故何也？紂不能正心以正天下，故衆莫爲之用。武王征之，非富天下也，正己而已矣。

初六：師出以律，否臧凶。《象》曰：師出以律，失律凶也。

劉虞，吉德之主，士民之所與也；公孫瓚，暴黠之將，士民之所不與也。然虞以十萬之衆聲罪討瓚而一敗不振者，以無律故也。不以律，雖臧亦凶矣。李廣。

---

❶「吉」上，原有「之」字，據四庫本删。

❷「若」，原作「君」，據四庫本改。

❸「主父偃」，原在「來俊臣之徒」下，據四庫本乙正。

❹「北焉」，原作「比干」，據四庫本改。

九二：在師中吉，無咎。王三錫命。《象》曰：「在師中吉」，承天寵也。「王三錫命」，懷萬邦也。

趙將李牧初守雁門之塞，趙王聽讒而罷之。既而邊境不安，復命牧將，牧請行其初志，趙王聽之，牧乃受命。於是利鈍進退，功罪賞罰，牧皆專制，趙王不得而與也。❶故能一戰而破滅三國，邊境清淨。❷夫不用則聽命而退，用之則專命而行，得中道者也。故吉而無咎。其後牧禦秦師，趙王罷之而不受命，則恃專而失爲臣之道矣，見殺宜哉！故《象》以「承天寵」爲「中吉」也。吴、楚反，景帝命周亞夫將三十六將軍討之。亞夫言於帝，曰：「楚人剽輕，難與争鋒，願以梁委之，絶其食道，乃可制也。」於是吴攻梁急，梁求救於帝。帝命亞夫救之，亞夫守先謀，不奉詔，堅壁不出，❸而遣輕兵絶吴、楚糧道。吴、楚兵卒困於梁，饑死叛散，遂以破滅。惟其委之重而自任也專，故能有是功，吉無咎也。雖然，人臣有大功於天下，奉身而退，不爲天下先，可也。亞夫，絳侯之子，復有大功，又爲輔相，守正而行，抗義不撓，其居正也善矣。然卒取死亡之禍者，不知消息盈虚，與時偕行之過也。唐憲宗之討淮西也，既命裴度長御史往視師矣，又命以爲相，使賞罰用命不用命，又命往釐以既厥事。信之深，任之確，恩禮有加而無怠也。所以能平逋寇宿賊，威震諸藩，合乎「王三錫命，懷萬邦」之意，可以爲天下後世法矣。

❶「而」，原作「不」，據四庫本改。
❷「邊」，原作「邀」，據四庫本改。
❸「壁」，原作「辭」，據四庫本改。

六三：師或輿尸，凶。《象》曰：「師或輿尸」，大無功也。

用師之道，必以才德謀慮足以服人心如丈人者主之，故能有成功。若燕樂毅，丈人也，而以騎刼代之；若趙廉頗，丈人也，而以趙括代之；李牧，丈人也，而以顔聚代之。此以衆人而尸丈人之事者也，不敗亡何待！六之才德，衆人也，而三之位則統師也，故聖人明輿尸無功之義。

六四：師左次，无咎。《象》曰：「左次无咎」，未失常也。

齊桓伐楚，退師召陵；趙充國討先零，固守不戰；漢高祖伐項羽，舍滎陽、❶成臯而趨宛葉；朱儁討韓忠，解圍而後復戰，皆「左次」也。「左次」者，不以氣也，必有義也；不以力也，必有謀也。夫聚衆而付以芟殺人之器，豈得已哉？能以謀義行之，庶幾其可勝矣。❷此兵家之常也，故無咎。

六五：田有禽。利執言，无咎。長子帥師，弟子輿尸，貞凶。《象》曰：「長子帥師」，以中行也。❸「弟子輿尸」，使不當也。

夷狄居邊塞不毛之地，❹盜賊屏其邪心而從於教化，不害良善，其宜也。夷狄若有侵犯於中國，盜賊若有

❶「滎」，原作「榮」，據四庫本改。
❷「勝」，原作「信」，據四庫本改。
❸「行」，原作「正」，據四庫本改。
❹「邊」，原作「遷」，據四庫本改。

干犯於天下，則是禽獸在田而侵犯稼穡也。當申其罪而討之，若大禹之征有苗，湯、武之征桀、紂，漢高之伐項羽。則皆申其罪而討之，故蠻夷率服，天下響應，爲利大矣，故无咎。然任將之道，必以名德才行足以率衆者爲之。九二剛陽之才，❶在下爲師之主，長子也。若不任長子而以弟子衆人庸才間之，未有不敗者也。以郭子儀、李光弼尚有相州之敗，况它人乎？故吕蒙不肯與孫皓並爲大督，曰：「昔周瑜、程普並將，幾敗國家大事。」

比：吉。原筮，元永貞，无咎。不寧方來，後夫凶。《彖》曰：比，吉也；比，輔也，下順從也。「原筮，元永貞，无咎」，以剛中也。「不寧方來」，上下應也。「後夫凶」，其道窮也。

張良以兵法説他人，皆不省，及以説漢高，則常用其策。良曰「沛公殆天授」，❷故遂從不去，「原筮」也。其從沛公以復仇暴秦而濟世安民，非以爲亂也。此仁人之心，可久之道，夫天下之正理，❸得「元永貞」之義也，故无咎。若沛公之約法三章以收秦民，❹馬援之擇君，竇融之歸光武，郭嘉之去袁紹，皆「原筮」者也。其相比，莫非有善謀，行常道，守正理者，故邴原告曹操曰：「原之所以自容於明公，明公之所以待原

❶「之」，原作「三」，據《大易集義粹言》卷十一引改。
❷「策良」，原作「良策」，據四庫本改。
❸「夫」，四庫本作「爲」。
❹「章」，原作「軍」，據四庫本改。

者，以能守訓典而不易也。」非剛中者不能如是。不然，以利相比，如趙高、二世之君臣，耳、餘，竇、灌之朋友，未有得无咎者也。夫天下未定，國家未立，而身未安，固宜汲汲求此。若楚、漢分争之時，君臣未定，百姓未知所歸，賢能未盡見用，韓信、彭越、英布之徒，不能乘此時舉賢恤民，求上下之助以宰制山河，保其大功。及楚已滅，天下歸漢，乃奉兵叛逆，自取滅亡，「後夫凶」也。况隗囂之徒，才不逮數子，方紛亂之際，則坐談西伯，及中原略定，乃始舉兵圖大事者乎？

六二：比之自内，貞吉。《象》曰：「比之自内」，不自失也。

伊尹耕于有莘之野，成湯三聘之，然後起。諸葛孔明躬耕南陽，劉備三顧之，然後見。聘之在彼而起在我，顧之在彼而見在我。其尊德樂義之心著於禮貌之間，然後就之，故足與有爲也。不然，則失身於人，雖有規矩準繩，❶焉得而用之？反爲有勢者之所賤矣，又安得吉？

六三：比之匪人。《象》曰：「比之匪人」，不亦傷乎？

如齊王建所比之群臣賓客，❷反爲秦用，卒誤王建，死于松柏之間，不亦傷乎？

小畜：亨。

❶「矩」，原作「短」，據四庫本改。

❷「比」，原脱，據《大易集義粹言》卷十二引補。

初九：復自道，何其咎，吉。《象》曰：「復自道」，其義吉也。❶

郭子儀雖爲魚朝恩所忌，❷然朝聞命，夕引道，信命而行，「復自道」者也，是以姦邪莫之能害而終吉也。若李光弼因姦邪之間，遂擁衆不朝，則不能復於道矣。

六四：有孚，血去惕出，无咎。《象》曰：「有孚惕出」，上合志也。

漢明帝察察剛急，治楚王英獄，無辜連逮不可勝數。群臣希旨，無敢以情恕者，獨侍御史寒朗心傷其寃，❸出萬死爲无辜一言。❹其言發乎忠誠惻怛，「有孚」者也。其情既由，❺其辭既達，其義既明，故帝卒從其言，死罪免而恐懼亡矣。正君心，救无辜，何咎之有？

九五：有孚攣如，富以其隣。《象》曰：「有孚攣如」，不獨富也。

舜既受堯之命有天下，而堯朝舊臣，如共工、驩兜、伯鯀，佐堯治天下，其執權利之日久矣。舜，江海陶漁之人也，雖以堯命聽居其上，其志未嘗不欲專命，使舜不得有爲於天下也。然舜以天德居天位，其有孚可知，固將分天職與天下聖賢共治之，分天禄與天下聖賢共食之，列天位與天下聖賢共守之，豈姦邪之臣所

---

❶「義」，原作「意」，據四庫本改。

❷「忌」，原脱，據四庫本補。

❸「寃」，原作「究」，據四庫本改。

❹「死」，原作「一」，據四庫本改。

❺「由」，《大易集義粹言》卷十二引作「伸」。

能遏哉？是以九官命而不仁者遠矣。「攣如，富以其隣」，此之謂也。

上九：既雨既處，上德載，婦貞厲。月幾望，君子征凶。《象》曰：「既雨既處」，德積載也。「君子征凶」，有所疑也。

東漢閹宦之盛，自孝和永元中，鄭衆始得與聞政事。其宦者出入禁闥，以奉承爲事者也。暱比，則易以親；順事，則易以信。其後遂得天寵，日侵朝權。至永興之時，中官近習，手握王爵，口含天憲，政令一自之出矣。然賢者猶或用，勢已張而未成也。及延熹之末，❶逐黨錮，賢智舉不得進，於是乎成矣。所以及此者，❷以其暱比順事足以媚惑人君，而桓、靈之君心與之同，性與之合，「既雨既處」也。彼趙忠、張讓之徒，豈知其非，日以益甚，終受誅戮，固其宜矣。「婦貞厲」也。雖然，閹豎也而執國柄，政自己出，侵逼人主，「月幾望」矣。陳蕃、竇武以區區之力，不復顧慮，誦言誅之，欲以一旦而奪百有餘年憑籍之權，❸不亦難乎！孔子曰「有所疑」者，戒時君子必知疑慮，徐思所以制之，則不至於凶也。

履虎尾，不咥人，亨。《象》曰：履，柔履剛也。説而應乎乾，是以「履虎尾，不咥人，亨」。剛中正，履帝位而不疚，光明也。

❶「延」，原作「元」，據四庫本改。
❷「所以」，原重，據四庫本删。
❸「而」，原作「亦」，據四庫本改。

袁涣之答吕布，嚴顔之答張飛，薛包之事父母，謝安之待桓温，所處至順，所言至當，皆以「柔履剛」、「説而應」之故，雖履强猛暴戾之地，終不見傷害也。紂至强暴也，而文王徽柔懿恭以事之，故能免於羑里，以西伯一怒而安天下之民，則得中正，履帝位而不疚，其德光大，明于天下後世也。其亨可知。

初九：素履往，无咎。《象》曰：「素履」之「往」，獨行願也。

夫張良以布衣起爲帝者師，及功成天下定，則從赤松子遊。楊秉以儒生起爲三公，嘗稱我有三不惑：酒、色、財也。此安其卑下之素，往行其志願者也，故貴勢不能動其心，利禄不能亂其操，以是而行，豈有咎乎？

九二：履道坦坦，幽人貞吉。《象》曰：「幽人貞吉」，中不自亂也。

黄憲汪汪如萬頃波，澄之不清，搖之不濁，非有驚衆險異之行也。初舉孝廉，又辟公府，友人勸之仕，憲亦不之拒也。行至京師，竟無就。若其中以利欲自亂，豈能從容應之若是乎？

六三：眇能視，跛能履，履虎尾，咥人，❶凶。武人爲於大君。《象》曰：「眇能視」，不足以有明也。「跛能履」，不足以有行也。「咥人」之「凶」，位不當也。「武人爲於大君」，志剛也。

吕布剛决不常，智卑而才小，雖統衆爲將，固不足以濟亂也。然以董卓之悖逆而殺之，以袁紹之背叛而絶之，「眇能視」、「跛能履」者也。其見非能窮理，其行非能盡義，亦迫刼於形勢，因以爲功耳。使布統御於

❶ 「咥」上，原有「不」，據四庫本删。

人，遵約束而行，則未必不爲名將，如尉遲敬德之流，保其天禄矣。以其剛决猛暴而居人上，自主一方也，故躁率妄行，謀不中禮義，動不中幾會，「履虎尾」，蹈危難，終爲曹操所擒，而被咥，人之凶焉。

九四：履虎尾，愬愬，終吉。《象》曰：「愬愬終吉」，志行也。

東漢之初，竇融保據河西，專有方面。厥後歸命光武，以爲大司空，居近君之地。光武剛强明决，以法術制馭臣下之君也。融嘗專制，則光武心忌，本處於外，入爲大官，❶則舊功臣心不平，「履虎尾」也。然融謙恭小心，有子欲其恂恂守道，不願其才能。其畏慎可知。「愬愬」，畏懼也。融能如是，不以寵利居成功，其「志行也」，故終吉。

九五：夬履，貞厲。《象》曰：「夬履貞厲」，位正當也。

夬，剛决也。堯、舜之聖，猶曰「欽明文思」，「允恭克讓」。禹戒舜曰：「無若丹朱傲。」仲虺戒湯曰：❷「從諫弗咈，先民是若。」《詩》稱文王曰：「小心翼翼。」蓋優游從容，寬大盡下者，聖人之容止也。能如是，則履帝位而不疚矣。若自以爲居位正當，任其剛决，不復畏慎，則德不能日新，往往日退，不如其初。此危道也，故曰「貞厲」。

上九：視履考祥，其旋元吉。《象》曰：「元吉」在上，大有慶也。

---

❶「入爲」，原作「人」，據四庫本改。

❷「仲虺戒湯」，檢阮元校刻《十三經注疏》本《尚書》，下引不見於《仲虺之誥》，而在《伊訓》。

曾子寢疾，病，謂門人曰：「啓予足！啓予手！《詩》云：『戰戰兢兢，如臨深淵，如履薄冰。』而今而後，吾知免夫！小子！」夫人有一善一功，一言一事，欣欣然自喜自足而不能有終者，多矣。焉知君子以天下萬世爲消息，❶没身而後已乎！曾子啓手足，可謂「視履考祥」矣；必得正而斃，可謂「其旋元吉」矣。

賁：❷

初九：賁其趾，舍車而徒。《象》曰：「舍車而徒」，義勿乘也。

季氏使閔子騫爲費宰。閔子騫曰：「善爲我辭焉！如有復我者，則吾必在汶上矣。」王烈寓於遼東，公孫度欲以爲吏，烈爲商賈以自穢，乃免。

六二：賁其須。《象》曰：「賁其須」，與上興也。

六二文明，賁之主。其質陰柔，隨質之善惡而賁之耳，故不能變其質也。如叔孫通制禮儀，因漢高所能行者而已。

九三：❸賁如濡如，永貞吉。《象》曰：「永貞」之「吉」，終莫之陵也。

---

❶「焉知」至「已乎」十八字，原無，據《大易集義粹言》卷十四引補。「萬」，四庫本作「世」。

❷「賁」，原無，據四庫本補。

❸「九」，原作「六」，據四庫本改。

三，處文明之極，陽奇陰耦，❶陽居其中，陰陽交合，情文悦懌，賁之盛也。如舜得十六相，文王得四友，漢高得三傑，光武得二十八將，唐太宗得房、杜、王、魏，君臣相輔，光被天下後世，而膏澤下於斯民，「賁如濡如」也。❷方世之亂，英雄角逐，君擇其臣，臣擇其君，非素有定分也，皆以情意氣决相從耳。❸苟不長守正固而繼之以疑阻猜嫌，則君臣必不相保，未有能終者也，安得吉？如陳靈之殺洩冶，趙遷之殺李牧，❹袁紹之殺田豐是也，終必爲人所凌辱矣。

六五：賁於丘園，束帛戔戔，吝，終吉。《象》曰：六五之吉，❺有喜也。

德宗、陸贄。

剥：

初六：剥床以足，蔑貞，凶。《象》曰：「剥床以足」，以滅下也。

漢和帝以鄭衆誅竇憲有功，遂得與聞政事，閹宦擅權，侵害正人，自此始矣。小人得志，君子道消，其凶必矣。

❶「陽奇陰耦」，原作「陰奇陽耦」，據四庫本改。
❷下「如」字，原無，據四庫本補。
❸「情意氣决」，四庫本作「情合氣浹」。
❹「牧」，原作「爲」，據四庫本及《史記·李牧傳》改。
❺「之」，原重，據四庫本删。

六二：剥床以辨，蔑貞，凶。《象》曰：「剥床以辨」，未有與也。

天子者，天下之本，民人之主。其得位也，上受於天，下受其君父，而輔之以大臣者也。桓帝以李潤、江京而廢，來歷以死争之是也。而同謀之徒皆見險而止，歷獨立无助，桓帝遂廢。後雖立于孫程等，然進退人才，更張政事，皆在天子之手，猶未甚也，而執朝政與大臣爲伍之勢成矣。❶若大臣得人，以其類進，則猶可爲也。

六三：剥之无咎。《象》曰：「剥之无咎」，失上下也。

剥者，陰剥陽也。三，居剛，應剛，以陰從陽者也。昔東漢吕强處閹宦之中，獨有愛君子、憂宗社之心，雖身被殺，猶有令名，无咎也。

語　指　南❷

證黄祖舜繼道、沈大廉元簡之説。

子曰：「父在，觀其志；父没，觀其行；三年無改於父之道，可謂孝矣。」

黄氏曰：有父兄在，如之何其聞斯行之？觀人子之志，可也。父没之後，其志可以施爲，則觀其所行如何耳。君子不忘其親，三年之間，孝子惟恐不及，於父所行之道，或當或否，將有所不暇議，忍改之乎！

❶「成」，原無，據四庫本補。

❷「語」上，四庫本有「論」字。

沈氏曰：昔居先君之喪，於哀苦中而得此説，甚以爲合於人情也。評曰：觀其言，可見其爲子矣。如此説，極是也。

有子曰：「禮之用，和爲貴。先王之道，斯爲美，小大由之。有所不行，知和而和，不以禮節之，亦不可行也。」

黄氏曰：事無大小，一於敬而無和，❶其失也過嚴；知和而無禮以節之，其失也無辨。二者偏勝，概之以先王之道，其不可行均也。

沈氏曰：禮固貴和，「小大由之」，則過於和矣。「不以禮節之」，❷則不可行。「知和而和，不以禮節之，亦不可行」者，申上言也。

評曰：「小大由之」，謂事無巨細，皆以和爲貴也。而「有所不行」者，「知和而和，不以禮節之」也。禮用，「和爲貴」，「不以禮節之」，則不和，故「亦不可行也」。沈氏謂「申上言」是也。

子曰：「人而不仁，如禮何？人而不仁，如樂何？」

黄氏曰：孔子之時，禮樂廢壞，不仁之人用之，是言蓋有爲而言也。如季氏之旅泰山，舞八佾。知禮樂者，如是乎？

---

❶ 「和」，原作「知」，據四庫本改。
❷ 「不」，原作「復」，據四庫本改。

沈氏曰：不仁者，私意横生，尚何有於禮樂？

評曰：不仁者，所行七顛八倒，雖用禮樂，舞《八佾》、《雍》徹，而非禮樂也。故曰「如禮何」、「如樂何」。

子曰：「禘自既灌而往者，吾不欲觀之矣。」或問禘之説。子曰：「不知也；知其説者之於天下也，其如示諸斯乎？」指其掌。祭如在，祭神如神在。❶子曰：「吾不與祭，如不祭。」

黄氏曰：魯躋僖公，亂昭穆也。既灌之後，所以降神，故「不欲觀之」。或者不喻而窮其説。孔子爲魯諱，故託以不知而指其掌，其意若曰：明乎上下之分，治天下無難矣。夫祭以誠爲主，今從逆祀而失昭穆之義，於誠何有？是祭與不祭等矣。此孔子之所不與，若「吾與點也」之「與」同。

沈氏曰：「逆祀」之説極好。「指其掌」，上詞已斷矣，下所言，以類記之者也，不必比而同之。「與」字一説，恐未安也。

評曰：「逆祀」之説固好，但恐孔子之意不止謂此也。魯之郊禘，逆祀之大者。明則有禮樂，幽則有鬼神，此情狀見於禮樂，❷不可亂也。禘祫之禮樂不同，其鬼神亦異，豈可亂乎？「祭如在，祭神如神在」，連上文説，亦通。「吾不與祭，如不祭」，恐却是以類記，故有「子曰」二字題之。「與」字一説，誠未安也。

子曰：「射不主皮，爲力不同科，古之道也。」

---

❶「在」下，原有「祭祭先祖也祭神祭外神也」十一字，據四庫本删。

❷「此」，原作「之」，據四庫本改。

黄氏曰：古者，射有五善，不特主皮，兼取禮樂容節也。古者，力役之事分而爲二，欲其可法矣。後世徒以中皮爲善，强弱無别，同爲一科，故夫子言古之道以明今之不然。❶

沈氏曰：嘗見趙岐有是説而然之，當無以易也。

評曰：二氏之説極是。

子曰：「唯仁者能好人，能惡人。」子曰：「苟志於仁矣，無惡也。」

黄氏曰：仁，人心也。私意不萌於心，故能公天下之好惡。苟志於仁，有心於仁也，雖未能見於所行，而一念之間固已向于善矣。

沈氏曰：弟子之善記事如此。上言仁者好惡矣，然言能惡人，則或者疑焉，於是復明仁者之心，曰：本無所惡也。

評曰：仁者之心如鑑，妍者來則妍，醜者來則醜。方其妍也，烏得不謂之妍？方其醜也，烏得不謂之醜？好惡如此，吾心初未嘗動也。若恐或者以惡人爲疑，復明仁者之心，曰：本無所惡。則是當好惡之時，胷中元未了了也，烏得爲仁？苟志於仁矣，無惡也。「惡」字或讀作入聲。「有心於仁」，如此立言，恐不識心，不識仁也。

子曰：「人之過也，各於其黨。觀過，斯知仁矣。」

---

❶ 上「之」字，原重，據四庫本删。「明今」，原作「分明」，據四庫本改。

黄氏曰：與仁同功，其仁未可知也；與仁同過，然後其仁可知也。蓋功者人所樂赴，過則人祈於苟免，而後知君子存心甚厚，雖過也，不害其爲仁。若周公之厚於其兄，孔子之厚於其君，皆不以有過爲嫌者，其仁可知也。

沈氏曰：伊尹、周公，皆是過乃所以爲仁。

評曰：聞諸先君子曰：「黨，偏勝也。」有所偏勝，則過而不得其中。或敏慧而過于太察，或剛勇而過于太暴，或畏慎而過于退縮，或慈愛而過於寬弛。人能内觀其過，深自省焉，則有所覺矣。竊謂伊尹、周公不可以言過。

子曰：「參乎！吾道一以貫之。」曾子曰：「唯。」子出，門人問曰：「何謂也？」曾子曰：「夫子之道，忠恕而已矣。」

黄氏曰：夫子垂世立教，學者宗之，或得其一體，或聞其一言，有稱其博學者，有譽其多能者，皆不能偏觀而熟察之。乃若聖人之道，則聞而知之傳以心也，默而識之悟以心也，况其泛應於域中，雖千變萬化未始有窮，而會歸於一心則天地之純全，萬人之大體，皆其分内耳，所謂「一以貫之」也。曾子早遊聖門，省身於内，守之以約，故夫子告之不待發問，而曾子受之不復致疑，可謂相契以心，得於言意之外矣。及其答門人之問，語之以「忠恕」者，亦以其違道不遠者告之，使之求諸心而切於踐履者也。蓋忠之爲心，無纖介之私，其毋自欺，亦不欺人也。恕之爲心，無物我之間，其處人亦如其在己也。忠恕生於吾心，則彼己不立，孰爲町疃，將盡己之性，以盡物之性而至於参天地，其於「一貫」之妙舉，積此矣。曾子至是，蓋不容言，而門人之問，不得已而應之，於是形容夫子之道，非「忠恕」兩言無以明之。使門人而悟曾子之言，❶則「一」之名亦不立矣。是道也，曾子之傳於聖人，門人之受於曾子，又未可以淺深論。

沈氏曰：此論亦鄙見所同，曾子所以告門人者，別是一轉語也。

評曰：唯仁者爲能一以貫天下之道，是故欲知「一貫」之道者，必先求仁；欲求仁者，必先識心。「忠恕」者，天地之心也。人而主忠行恕，求仁之方也。施諸己而不願，亦不施於人，即主忠行恕之實也。黄氏之言，非不高妙，然言意支離，恐使學者惑也。夫聖人，垂世立教者是也，而黄氏以垂世立教與道爲二途。其支離者一也。聖人所傳者心也，所悟者心也，相契者心也。❷今曰傳以言，悟以心，相契以心，是人與心爲二，心與道爲二矣。其支離者二也。夫忠恕即道也，而子思謂之「違道不遠」者。聞諸侯師聖先生曰：「以學者施諸己而不願，然後不施諸人，故謂之『違道不遠』，非以忠恕爲違道不遠也。」今黄氏似以忠恕爲違道不遠，其支離者三也。夫人心忠，則爲忠；恕，則爲恕。今曰「忠之爲心」、「恕之爲心」，似以忠恕又自有心。又曰「忠恕生於吾心，則彼已不立」，夫人能忠恕，推己及彼，輕重先後，不失其宜，仁之至，義之盡也。若「彼已不立」，則是無本矣。墨子二本，孟子闢之，況無本乎？

宰予晝寢。子曰：「朽木不可雕也，糞土之牆不可污也；於予與何誅？」

❶「使門人」，原無，據四庫本補。
❷「心」下，原有「相契」二字，據四庫本删。

黄氏曰：《記》曰：「晝居於内，問其疾可也。」君子非有疾不居内，今宰予好内而懷安，無其質矣，教何所施？❶故孔子深責之。

沈氏曰：「好内」之説，竊以爲不然。宰予固不至是，聖人亦不察人之微至是也。但晝而多寢，昏惰無精進，故夫子深責之。

評曰：宰予只是「昏惰無精進」之意，故夫子深責之。嘗見表兄范伯達亦如此説。

子曰：「晏平仲善與人交，久而敬之。」

黄氏曰：晏平仲相齊景公，執國政，孔子久於齊而不能用，徒以交際爲恭，非王公之尊賢也。於此猶善其能全交者，所見夫子之忠恕。

沈氏曰：此恐只是不没其實，非有爲而言也。

評曰：沈氏之説極是。

季文子三思而後行。子聞之，曰：「再，斯可矣。」

黄氏曰：凡事之是非，利害兩端而已。過是而思，則惑也。觀其使晉之時，其慮當矣，至於求遭喪之禮以行，不亦過乎！

沈氏曰：鄉人林德惠嘗云：「時人稱季文子三思而後行，夫子以爲不然，曰：『如能再思，可矣。』何望其三

---

❶「何」，原作「無」，據四庫本改。

乎？如三家之强，文子殆未之思也。」

評曰：德惠之言甚好。黄氏之言上半截亦好。

子謂仲弓，曰：「犂牛之子騂且角，雖欲勿用，❶山川其舍諸？」

黄氏曰：此論仲弓之德不用於天子，❷必用於諸侯，如牛之騂且角，雖不用於郊，山川亦不舍之矣。鯀殛而禹興，不以其類廢之也。

沈氏曰：先儒謂指仲弓之父言，非也。斥父稱子，豈聖人之意？人之才德，不係於世類。才者，雖不大用，必小用，故以郊與山川言之，亦非謂天子諸侯也。

評曰：沈氏之説爲長。

曾子曰：「以能問於不能，以多問於寡，有若無，實若虚，犯而不校，昔者吾友嘗從事於斯矣。」

黄氏曰：學道未至於無心，非善學也。自「問不能」至「實若虚」，無矜伐之心也；「犯而不校」，無物我之間也。❸顔子省身克己如此。

沈氏曰：矜伐之心，由物我之心生也。自「能問」、「若虚」以至「不校」，皆是無物我之事，不必分也。

---

❶「勿」，原作「弗」，據四庫本及《論語》改。

❷「天」，原作「夫」，據四庫本改。

❸「間」，四庫本作「心」。

評曰：黄氏以此五者爲顔子克己之學，甚好。而曰「學道未至於無心，非善學也」，異於愚所聞矣。學道者，以傳心爲主，不知如何却要「無心」？心可無乎？又二氏皆有「無物我」之説，愚竊惑焉。蓋天地之間無獨必有對，有此則有彼，有内則有外，有我則有物，是故「一陰一陽之謂道」，未有獨者也。而聖人曰「毋我」者，恐人只見我而不見人，故云爾也。若物我皆無，不知酬酢萬變，安所本乎？

三分天下有其二，以服事殷。周之德，其可謂至德也已矣。

黄氏曰：文王之有周，天命之，人歸之，有天下之二，可以王矣。而猶事殷，所以爲德之至，不可少訾者也。不曰「文王之德」，而曰「周之德」者，《詩》於《皇矣》云：「天監代殷，莫若周，周世世脩德，莫若文王。」則文王所以致此者，固非一世之積，其由來遠矣，至文王而後成耳。於是推本而言之。

評曰：此意甚好。然三分天下有其二，以服事殷，方見其德之至。不曰文王而曰周者，三分天下有其二，以服事殷，非特文王也，武王亦然。考之《詩》、《書》可見。至于伐殷，❶又别是一義。

子見齊衰者、冕衣裳者與瞽者，見之，雖少，必作；過之，必趨。顔淵喟然嘆曰：「仰之彌高，鑽之彌堅。瞻之在前，忽焉在後。❷夫子循循然善誘人，博我以文，約我以禮，欲罷不能。既竭吾才，如有所立卓爾。雖欲從之，末由也已。」

❶「伐」，四庫本作「代」。
❷「焉」，原作「然」，據四庫本及《論語》改。

黄氏曰：哀敬之道常存於心，故見之者誠有觸於中。其作也，其趨也，有不期而然矣，蓋夫子平日踐履之道，所謂「無行而不與二三子者」是也。衆人懵不知覺，顏子於此獨有省焉，所以喟然發嘆也。蓋嘗論聖人之道，大包六合而小不外乎吾身，遠貫萬古而近不離乎日用，若窮高極妙而求之於渺茫恍惚，其去道益遠矣。顏子既發嘆而悟昔者之非，於是吐其胷中所見言之。若曰：「人之所以不見道者，以才爲之累也。向時從事於高堅、❶前後之際，矜吾聰明，任吾智力，卒之罔然無得，若有遐志矣。而夫子誘而教之於博約之間，❷則又欲罷而不能，至是，才無所施，聰明智力盡矣。恍然若有見其卓然獨存者，不可以他求也。雖欲從之，又烏得而存之，反之吾身而已，然後知吾之心，即聖人之心也。聖人所謂哀敬之道，亦吾所體之道也。平居日用之間，吾與聖人豈有二哉？」所以四科之列，回爲之冠，聖人之門，獨以好學許之也。

沈氏曰：此論深見顏子學問之道。嘗見一鄉人髣髴此説，謂鑽、仰、前、後之初，未有所見，及夫子誘之於博約之後，不能自已，竭力而進，乃有所見。雖欲從之，末由也已，終不可及，不若此論去聰明智力而有所得之爲妙也。❸但上文「見齊衰者」，恐意不相蒙也。

評曰：此顏子之學，學者所宜盡心，不可姑從人言而已也。仰之而知其彌高，鑽之而知其彌堅，瞻之而知

❶「高堅」，原作「堅高」，據四庫本改。
❷「約」，原作「學」，據四庫本改。
❸「智」下，原有「慮」字，據四庫本删。

其在前，而又知其忽焉在後，此顔子習聞察見聖人分明，❶所以爲善學也。「夫子循循然善誘人」，其先後次第不可得而詳聞矣。「博我以文」，所以使我見識極高明、窮廣大也；「約我以禮」，所以使我踐履不失中庸也，此夫子所以善教也。「欲罷不能」，理義悦我心，自不能已也。「既竭吾才，如有所立卓爾。雖欲從之，末由也已」。顔子庶幾聖人，在欲化未化之間，故發言如此也。夫欲化未化之時，似猶用聰明智力，又似用聰明智力不得，真當得之於意表，不可言語形容也。若聖人從心不踰矩，則聰明智力具存而無所用之，故所過者化，所存者神，與天地參矣。沈氏謂「去聰明智力而有所得之論爲妙」，❷竊謂聰明智力在學者不當去，在聖人不必去。去之，則必入於空，淪於静，又烏能有得而可以開物成務乎哉？顔子之喟然而嘆，直與上文彼此不相蒙耳。

子曰：「衣敝緼袍，與衣狐貉者立，而不恥者，其由也與？『不忮不求，何用不臧』？」子路終身誦之。子曰：「是道也，何足以臧？」

黄氏曰：子路之勇，以氣爲主，能守貧賤而輕富貴者也。不以貧賤爲不若人，故衣敝緼袍，無忿疾之心，所謂「不忮」也。不以富貴爲愈乎己，故與衣狐貉者無歆羡之心，所謂「不求」也。「不忮不求」，亦人之所難，而子路既躬行之矣，猶終身誦之，故曰「何足以臧」，所以進之也。

❶「聞」，四庫本作「而」。
❷「智力」至「聰明」十四字，原無，據四庫本補。

評曰：不忮不求，夫子「進之」，欲其何所進？ 向上義理如何？

食不厭精，膾不厭細。

評曰：黄氏嘗讀「厭」作平聲，❶可見聖人之中節，一切世務不能移也。❷

鄉人儺，朝服而立於阼階。

黄氏曰：禮鄉人裼，❸子朝服而立於阼階，存室神也。儺，即「裼」也。

沈氏曰：龜山謂「誠意於除厲」，❹此論自佳。先儒謂「存室神」，❺恐非也。

評曰：儺起於鄉，非先王之制禮也。其説以驅逐厲鬼爲事。龜山之説雖好，而先儒之説亦自有理也。

顔淵問仁。子曰：「克己復禮爲仁。一日克己復禮，天下歸仁焉。爲仁由己，而由人乎哉？」

黄氏曰：顔淵問爲邦，夫子嘗以四代之禮樂告之。而此曰「克己復禮，天下歸仁」，蓋其德行純備，心不違仁，可以爲人上矣，故以是道明之也。《記》曰：❻「一家仁，一國興仁；一家讓，一國興讓；一人貪戾，一

❶「黄」，原作「顔」，據四庫本改。
❷「切」，原作「相」，據四庫本改。
❸「禮」，原作「祀」，據四庫本改。
❹「除厲」，原作「徐屬」，據四庫本改。
❺「神」，原無，據四庫本補。
❻「記」，原脱，據四庫本補。

國作亂。其機如此。」則天下歸仁係乎一人之克己復禮，不可不慎其機也。夫仁，人心也。心之不仁，私欲害之也。私欲苟萌，則視聽言動舉越於禮，而施爲之間，流風浸遠，天下必受其弊，况能使之歸仁乎？唯自反而充於禮，不役耳目亂之，不作好惡擾之，正心誠意於上，而天下安於無事，風俗自是歸於淳厚矣。所謂「天下歸仁」也。必曰「一日」者，以見克己誠非自外至，其用力甚寡，其成效甚遠，而功利之及於天下者甚博也。

評曰：黄氏所言仁之功也，須要見顔子居陋巷，一日克己復禮，天下歸仁處，方是真有所見仁人之心也。「心之不仁，私欲害之也」，竊謂人有不仁，心無不仁，此要約處不可毫釐差。

子路曰：「衛君待子而爲政，子將奚先？」子曰：「必也正名乎！」

黄氏曰：蒯聵得罪於南子，故出奔宋。靈公之死也，衛人欲立公子郢，郢辭焉，乃立輒，以靈公之命也。蘇内翰謂：「靈公黜其子而立其孫，出公不父其父而禰其祖，人道絶矣。」夫以父子之間，至於争國，逆天理人倫，名之不正，孰大於此。以《春秋》考之，蒯聵出奔，與趙鞅納之，皆稱衛世子，以示其得世於衛也。使夫子果爲政於衛，其將周旋父子之間，使輒辭位而納蒯聵，則輒無拒父之名，蒯聵復世子之位，靈公亦無黜子之過。此正名之大者，爲政所先務也。

評曰：蒯聵無父，出奔，失世子者，罪其輕佻謀非常、至於出奔，失世子之道也。趙鞅納之而稱世子者，罪大臣輔輒而拒父也。蒯聵無父，輒亦無父，天下豈有無父之人尚可以事宗廟社稷爲人上者哉，故孔子爲政於衛，則必具靈公父子祖孫本末，上告於天王，下告於方伯，乞立公子郢，然後人倫明，天理順，無父之人不得立，名既正而國家自然定矣。

子夏爲莒父宰，問政。子曰：「無欲速，無見小利。欲速則不達，見小利則大事不成。」

黄氏曰：爲宰之政，則所治者小也。夫子告以久遠之圖者，以子夏之學失之不及，特將擴而大之也。

評曰：政者，正也。正無大小，聖人之言可以爲天下後世之法，非特救子夏一人之失也。兩漢以來，爲政者恐多未免「欲速」、「見小利」之病也。

言必信，行必果，硜硜然小人哉！

黄氏曰：不知義之所在，小廉曲謹之士耳。其見者小，故謂之小人。

評曰：向宣卿常説有讀「小」爲「之」者，似亦意味好。

子貢問曰：「鄉人皆好之，何如？」子曰：「未可也。」「鄉人皆惡之，何如？」子曰：「未可也。不如鄉人之善者好之，其不善者惡之。」

黄氏曰：同乎流俗，鄉人或好之；有拔俗之行，鄉人或惡之，好惡未必當。唯善者好之，不善者惡之，則爲君子也審矣。

沈氏曰：好惡而唯鄉人是從，未必當也。要當，公吾心而察焉。其善惡者自有見焉，可也。孟子言：「國人皆曰賢，然後察之，見賢焉，然後用之。」得此也。

評曰：察人之賢否，以鄉人好惡爲主；察鄉人之好惡，以善爲主，則人之賢否得其實矣。黄氏之説，自已明白，不必引孟子之説也。有人非不公其心而見善不明，或入於邪曲，故察鄉人之好惡，必以善爲主，弗可改也已，而善未易明也。

憲問恥。子曰：「邦有道，穀；邦無道，穀，恥也。」「克、伐、怨、欲不行焉，可以爲難矣？」子曰：「可以爲難矣，仁則吾不知也。」

評曰：原憲説克、伐、怨、欲不行，便以爲仁，是未識仁也。故孔子提醒之曰：要克、伐、怨、欲不行，可以爲難矣。使原憲自此能克去克、伐、怨、欲，如人飲水，冷暖當自知之。孔子不得而與之也，故曰「仁則吾不知也」。此聖人着力爲原憲處，可得之於意表，不可以言語求也。若黄氏之言制克、伐、怨、欲不行，未若泊然無心，克、伐、怨、欲不萌於中，亦無有制之者，然後爲仁。此説大體既非所以言仁，且泊然無心之語，大有病也。

子曰：「君子義以爲質，禮以行之，孫以出之，信以成之，君子哉！」

黄氏曰：剛義得於天資，有其質矣，所乏者，威儀文辭也。行之以禮，則行正而不過，威儀可觀矣。出之以孫，則言順而不暴，文辭均也。三者備而後信有諸己，所以成始而成終也。是爲令德之君子。

沈氏曰：此非爲學者言，爲立政事言也。以義度宜，事之始也，行之則有節文焉，又出之以孫，民聽不駭，❶守之以信，又久有所成也。若夫爲學者，則敬以直内，乃其本也。

評曰：聖人之言無所不通，使在上之人行己如是，則政立矣；使在下之人行己如是，則身脩矣。敬以直

---

❶「駭」下，四庫本有「戾」字。

内，固學者之本。爲政者敬以直内，可頃刻忘哉！若謂欲不失此四事，非敬以直内不能，則可。

子曰：「當仁，不讓於師。」

黄氏曰：人之於師，所當讓也。至於仁，則爲之惟恐不及，若出人於患難，拯人於饑溺，❶皆所急務者，何暇讓乎？❷

沈氏曰：此言爲仁之急如此，然當爲之時，師亦不讓，非真不讓也。

評曰：人之於仁，猶饑食渴飲，不可讓不饑者使食，不渴者使飲也。當饑則食，當渴則飲，非不讓也。非謂「爲仁之急」，❸亦非謂「爲之唯恐不及」而不暇讓也。師所以發吾仁也，言當仁雖師不讓，所以明仁之義也。

孔子曰：「生而知之者，上也；學而知之者，次也；困而學之，又其次也；困而不學，民斯爲下矣。」

黄氏曰：生知出於天資，如由仁義行是也，故爲上。學而知，則思而後得，如行仁義是也，故次之。

沈氏曰：行仁義，非學也，仁義在我而已。而曰行之，是人與道二也。執柯以伐柯，疑於同矣，而猶以爲遠者，二物故也。「道也者，不可須臾離也；可離，非道也」，故知行仁義，非學也。「生而知之」，誠也；「學

❶「溺」，原殘缺，據四庫本補。
❷「暇讓乎」，原無，據四庫本補。
❸「謂」，原作「獨」，據四庫本改。

而知之」，誠之也。

評曰：聖人與道一體，故不用學。學者，學道者也，若體與道一，則更何用學？唯未能與道爲一，故須學也。學道，便是行仁義也。至於德盛仁熟，則由仁義行，不用行仁義矣。「道也者，不可須臾離也；可離，非道也」，指大體而言也。欲求全體，故須戒慎恐懼，莫使有虧欠也。戒慎恐懼，便是行也。❶至於純熟，自不用戒慎恐懼，然後謂之由仁義行矣。誠之，便是行仁義也。若曰「行仁義，非學之至」，則可矣。

周公謂魯公曰：「君子不施其親，不使大臣怨乎不以，故舊無大故，❷則不棄也，無求備於一人！」

黄氏曰：朋友，先施之可也；父黨，無容，篤於恩而已，無所施也。

沈氏曰：「君子不施其親」，謂不有私於其親也。

評曰：李丞相綱云：「君子親親不施者，不加刑殺也。」漢成帝欲恐諸舅，曰：「今將一施之必是。」魯公天性嚴冷寡恩，故周公戒以四事，事皆相類。

子夏曰：「博學而篤志，切問而近思，仁在其中矣。」

黄氏曰：仁，人心也。雖以學問求之，必以心得之。

評曰：仁，人心也。言「以心得之」，不支離否？

❶「便」，原作「使」，據四庫本改。

❷下「故」字，原作「過」，據四庫本改。

子游曰：「子夏之門人小子，當洒掃應對進退，則可矣，❶抑末也。本之則無，如之何？」子夏聞之，曰：「噫！言游過矣！君子之道，孰先傳焉？孰後倦焉？譬諸草木，區以别矣。君子之道，焉可誣也？有始有卒者，其唯聖人乎？」

黄氏曰：道不離動静語默之間，所謂洒掃應對進退，無非道也。下學而上達，非於下學之外復有上達也。故君子之道初無二致，孰以爲先而不傳，孰以爲後而不倦，譬諸草木，其始生也，及其長也，區以别之，雖若不同，而所以爲曲直之性則一而已。❷子夏之門人所謂小子者，知克勤小物於正心誠意之時，其進於成人之德無疑矣。苟不達此而概以爲末務，是厚誣也。子夏推明君子之道，以正言游之失，以爲道之在人，其致無本末，其施無先後，而小子之學率由始以成其終，其序不可越也。若以爲必求其本而不循始終之序，則雖聖人，亦不能凌節而施矣。

沈氏曰：理一而已，本末先後貫焉，如草木一區之内，種子根莖華實具在其中，人未之見也。下學上達，在識之而已。

評曰：草木生於粟粒之萌，及其長大，根莖華實雖凌雲蔽日、據山蟠地，從初具乎一萌之内，而未嘗自外增益之也，故區以别矣。君子下學而上達，其道正如此。沈氏曰「亦在識之而已」，此至言也。愚以謂正

❶「矣」，原脱，據四庫本補。
❷「所」，原脱，據四庫本補。

當心了，不以語言到也。黄氏曰「下學而上達，非於下學之外復有上達也」，其言妙矣。而曰「克勤小物於正心誠意之時」，則愚所不解也。夫正心誠意，自先自後，徹本徹末，豈可以時節言哉？又曰「道之在人，其致無本末，其施無先後」，亦愚之所未解也。夫道有本末，❶有先後，人之行不失本末先後，則當於道矣。子游不識本末先後，故子夏正之。

出納之吝謂之有司。

黄氏曰：前言「惠而不費」，其所謂吝，則惠不足以及人也。《易》以「屯其膏」爲「小貞吉」，則出納之吝特有司之事，非爲上之道也。

評曰：不知如何理會「屯其膏，小貞吉」，疑與此義若不相似然。

釋疑孟❷

司馬文正之賢，天下莫不知，孰敢論其非者。然理之所在，務學以言可也。

夫孟氏學乎孔聖，雖未能從容中道，跡其行事，質諸鬼神，亦可謂鳌中縷當矣。❸其道光大，如青天白

---

❶「夫」，原作「天」，據四庫本改。
❷「孟」，原作「三」，據四庫本改。
❸「可」，原作「中」，據四庫本改。

日，而司馬子疑之。愚竊惑焉，作《釋疑》。❶ 蓋有能宥其狂簡而相爲切磋者，吾與之友矣。

性

孔子曰：「人生而静，天之性也。感於物而動，性之欲也。」知天性感物而通者，聖人也；察天性感物而節者，君子也；昧天性感物而動者，凡愚也。告子不知天性之微妙，而以感物爲主，此孟子所以决爲言之，使無疑也。此聖學之原也。而司馬子乃引朱、均之不才以定天性，是告子之妄亂孟子之正。其不精，孰甚焉！

辯

形而上者謂之性，形而下者謂之物。性有大體，人盡之矣。一人之性，萬物備之矣。論其體，則渾淪乎天地，博浹乎萬物，雖聖人，無得而名焉；論其生，則散而萬殊，善惡吉凶百行俱載，不可掩遏。論至於是，則知物有定性，而性無定體矣，烏得以不能自變之色比而同之乎？

告子知羽雪玉之白，而不知犬牛人之性、昧乎萬化之原。此孟子所以不得不辯其妄也。以此教民，猶有以性爲惡而僞仁義者，猶有以性爲善惡渾不能决於去就者。今司馬子徒以孟子爲辯，其不窮理之過，

❶ 「疑」下，四庫本有「孟」字。

甚矣！

舜

舜爲天子，皋陶爲士，瞽瞍殺人，桃應設爲是事以問孟子者，應之意若曰：父子，天性也，而生殺之柄乃大君所以輔翼民德者，惟以處是事，觀聖人御變之權耳。若皋陶體舜孝心，舍瞽瞍罪，而人有犯者執之，爲天子行法不公，民生悖心矣。縱而釋之，無以佐天子主天下，民生離心矣。進退，罪也，今皋陶畏天命，執之不赦，❶以昭示天下，使有罪者不敢幸於免，懷姦者不敢伐其技。自世俗觀之，於吾身可矣，而君□□也，吾人臣執君之父，置之於法，情何安焉！行法而有私者，非君道，狥法而不仁者，無君德，聖人寧棄天下而存此矣。此民所以生也，天地之大本也。

孟子曰：「聖人，人倫之至。」非天下之至精，其孰能知之！故瞽瞍有罪，舜竊負而逃，❷而司馬子以爲狂夫不爲。瞽瞍見執，而司馬子以爲皋陶猶可執也。使司馬子事君，不幸有是事，遂行其言，豈不傷人情，逆天理乎！

自周室既衰，文、武之道不著，申、商之術肆行，積習至於秦，生民不忍，起而攻之。秦以天下之力不能

❶「赦」，原作「赧」，據四庫本改。

❷「而逃」，四庫本無。

禁禦，至於絶滅者，尚刑名，滅天理之效，必至於斯也。漢興，鑒秦敗亡之道，力行寬厚，其涵養民彝之意厚矣，君子猶曰以智力得天下，無三代之淳懿矣。知此，❶則知孟子之言微且遠矣。而司馬子之賢，乃孔子所謂多學而識之，非知之者也。

仲　子

天下之事，人倫爲重，舍人倫而矜細行以欺世盜名者，君子不與也。陳氏，齊之世臣，相與戮力同心，定社稷者也。是以有萬鍾之奉，若祖若父，皆享焉。仲子起而非之，不義齊國，避兄離母，居于於陵。方是之時，天下之君非不奉王命，則篡奪之子孫。天下之人從而事之，是天下皆不義也。仲子于於陵不義之地，何居焉？于於陵不義之纑，何辟焉？屨所易者，乃不義人之粟，何食焉？不然，則蓋邑之禄可受而室可居矣。而離母焉，是不孝也。而辟兄焉，是不恭也。不孝不恭，天理滅，人倫廢矣。雖云有義，亦將安施？此孟子所以深罪之也。且仲子敢於辟兄離母，卓然爲絶微之行，狷者有所不爲，而司馬子與之，過矣。

❶「知」，四庫本作「如」。

責善

天地之間，人各有職，父子以慈孝爲職者也，朋友以責善爲職者也。故孟子謂父子不責善以明其分，如曰中也養不中、才也養不材，則有中和覆育變化之道，如雨露滋益草木之功，其効至使子弟於父兄忻忻愛慕而樂生焉。此與朋友察言觀行、切磋琢磨之義相去遠矣，夫豈必面諍犯顏、見於聲色，然後爲善哉！而司馬子議之，毋乃思不及是耶？

仕

天氣感乎下，則地氣應乎上，一有感而不應，則爲水旱寒燠之災。君臣之義，猶天地之道也，其感應從違豈有異乎！因君用舍以有行藏，察君厚薄以有去就，過則爲亢爲驕傲，不及則爲諂爲邪佞，故陳臻問仕，孟子折衷以明三去三就之義。斯亦概舉大體云耳，其曲折萬變惟其人爲能神之。司馬子乃以就有禮周之而受者，爲無禮貌、飲食而仕，豈不過甚矣哉！

今有常人等夷也，爲之折枝而不應，則必怒矣，❶爲之飲食而不薦，則必怨矣。有施而無報，其怨，❷情

❶「怒」，原作「怨」，據四庫本改。

❷「怨」下，四庫本有「其怒」二字。

所宜也。君子與常人交，稱情而應，猶必盡道，便無纖介，❶况君臣之際所宜盡心者乎！迎之致敬，又有禮焉，而不就也，周其饑餓，恩意有加，而不受也。使司馬子執此意以事君，必不免於抗傲不恭之誠矣。❷雖與諂邪者不同，求其無意必固我之鑿，行藏去就與天地相似，其可得乎！

霸

二帝三王施仁政，定天下之功，盡道而已，非有利天下之心也。五伯仗義結信，摟諸侯，獎王室，謀自强大，非有正天下之心也。五伯，桓公爲盛，忿不懲而滅譚，欲不窒而窺魯，其心原不可考矣。雖力行信義，豈其如日之晝，如月之夜，不可掩乎。使其無死，要知其不至驕溢而後有失信棄義之事哉！唯其執之不致中道而廢，是以得成伯者之名耳。此孟子之所謂「假」也。

今有人假人之器以爲用，方其用也，謂之非己用可乎？爲己用矣，謂之文具而實不從可乎？用之來歸以至於没身，孰知非己有乎？❸五伯假仁義而不歸，則已有之矣，其得罪於三王者，何也？以有爲而爲之也。此王伯之所以分乎！

❶「便」，四庫本作「使」。

❷「抗」，原作「元」，據四庫本改。「誠」，四庫本作「誚」。

❸「孰」，原作「就」，據四庫本改。

德

君子於天下無成心，不狥人以失己，不狥物以失道，稱情而施，當於義而已。周道之衰，人懷利以相與。爲君者自恃崇高足以致士，而懷輕士之心；爲士者懷利宴安，知進而不知退，死生謬制於人。海内蕩蕩，綱紀文章掃地盡廢者，以君臣之道不明於天下也。

孟子曰：「天下有達尊三：朝廷尚爵，鄉黨尚齒，輔世長民尚德。烏得有其一，❶慢其二？」所以明進退之分，權輕重之義，明爲臣之道非可以奴隸使也。

夫由義而行，事異則行異，何必蹈古人之陳迹，然後爲是乎？故仲尼當君召不俟駕，周公爲相北面稱臣，其義然也。孟子有師諸侯之德，斯文所係。以位，則齊王君也，我臣也，召之役則往役矣；以德，則齊王事我者也，夫召我者豈禮也哉？「唯而起」可也。難乎爲臣者矣，于義得乎？司馬子以是疑之，其不察於進退之分與輕重之義也甚矣！

師

師嚴，然後道尊，貴賤一也。孟子於齊王有師道焉，未聞有官守言責也。夫官守於一職，言責于一事，

❶「有」，四庫本作「恃」。

職脩事行則有功而受賞，出守忘責則有過而受罰，可程可督，受之于君者，臣也。君所未知而已發之，君所未有而已與之，提携其善，增益其能，以陶冶君心，君反受命焉者，師也。孰敢官之而責以言哉？故齊王於孟子，君不能致，去不能止，而蚳鼃之徒不敢擬議者，以孟子有師德而師道固然也。

司馬子曰：「愚恐後世挾其有以驕君，無所事而貪禄位者，皆援以自況。」是不識孟氏心而未知所以爲師耳。噫！自秦漢以來，師傅道絶，朝廷乏儀，大抵皆襲嬴氏尊君抑臣之故，無三代之遺風久矣。司馬子習於世俗，溺于近聞，譬之安於培塿者驟窺泰山，烏得不驚且疑乎？

伐燕

沈同之問燕事，孟子之對，私論其理也。齊人伐燕，正行其事，行之是也，而齊人行之非矣。司馬子疑之，必將使孟子言燕不可伐，然後爲是乎！

夫燕有可伐之道，懼諸侯伐之，遂言其不可，是棄理而尚術也。夫棄理而尚術者，乃戰國縱横之事也，而謂君子爲之邪？且齊欲伐燕，議不起於沈同，必其既伐也，或者疑之，以問孟子，孟子曰：「彼然而伐之也。」則伐燕之舉，孟子初不知之矣，及燕敗齊勝，齊人來問，所以告之者，甚明。齊人不用，吾將諫乎？非其言宜，旅臣犯分而言，於義何居？未能救燕人之係累而已顛沛流離矣，此亦君子之所斷不爲者也。

理

「《易》有太極，是生兩儀。」故天地之間，物必有對，感則必應，出則必反，不易之理也。是以禹、湯保天下而天下歸之，桀、紂虐天下而天下棄之。周室道衰，諸侯睥睨天子，大夫僭奪諸侯，當時君臣以權術相馭，以戩勢相使，❶因隙而起，乘間相圖者，皆是也。蓋君感之以此，則臣應之必以此；君所出者如是，則臣之反者必如是。孟子知此理，故告於齊王曰：「君之視臣如犬馬，則臣視君如寇仇矣。」欲其有感於斯而更待臣下以禮也。而司馬子以爲非忠厚之道，則凡忠於君，陳政令之不便而言民有怨離者，雖指爲叛逆，可矣。

王

孔子於周，自平王東遷，等之於諸侯。聖人何容心哉？載其實也。故《黍離》降爲國風，而《春秋》作矣。《春秋》，天子之事也，人曷嘗務於尊周乎？區區務以尊周爲事者，五霸之虛名耳。

孟子所以勸時君者，實行王政也。自春秋時，周室微弱，諸侯强大，互相譏議，臣弑君，子弑父，周天子不能禁禦。淪夷至於戰國，天下横潰，人欲肆而天理滅矣。使天下諸侯有能知孟子之言，遏人欲，明天理於

❶「戩」，四庫本作「職」。

天下者，是《春秋》之法行也，豈與聖人異乎？❶且天生民而立之君，使司牧之，非爲一人也。故湯、武雖聖，必征伐然後定，而天下與之，後世聖人與之。況周室微弱，威令不能行於家人，天命已去矣。而司馬子猶欲尊焉，昧于時變，豈非腐儒之論哉？

卿

貴戚之卿，君之輔也，宗廟社稷之衛也。君不可輔，則宗廟有絶食之憂，社稷有變置之虞。乃若異姓之卿則去矣，而吾任不可委，親不可離，國有危難，咎將誰歸？與其滅亡，俱爲纍囚，覆及宗廟，孰若廢昏立明，以保國家乎！是道也，雖異姓之卿，予顧托之重，亦有行之者矣。故伊尹放太甲，使太甲終不類，則別立君必矣。後世霍光廢昌邑，立孝宣，天下服之，人至於今稱焉，而況貴戚之卿耶！孟子之言可謂正而不苟矣。司馬子疑後世有援是言行簒奪者。夫子噲行禮讓以起亂，王莽擅居攝以簒漢，彼堯、舜、周公何罪哉？得其人則放伐可爲，非其人則以義濟姦，亦何所不至，孰能禁之乎？君子知正言其義而已矣。

學

子思子曰：「君子知風之自。」夫學之本一有虧而未純，則其流必有偏而不起之處。君子欲窒其起弊之

❶「與」，原作「有」，據四庫本改。

原以開示學者，是以歷舉數聖之行，剖析其義而歸諸中焉。

夫孔子，聖之時者也，兼天下之善。伯夷，聖之清者也，兼天下之清；柳下惠，聖之和者也，兼天下之和。使二子者所爲易其行，則必跋前疐後，疑其所之而有所不通矣。乃若孔子則左右周旋，無施不安。此孟子所以舍伯夷、柳下惠，而願爲必學孔子也。❶

司馬子歷取孔子之行，以二子之行事參配之，其無不合，固宜矣。曾不知各以二子之行反復質諸孔子，則衛南子之見，公山弗擾之召，伯夷必有所甚恥；膰肉之行，女樂之去，展禽必有所不忍矣。而謂二子之行，孔子如之，棄己之全，爲人之偏也，豈不大失孟氏窒源之旨哉？❷

❶ 「願爲必學孔子」，四庫本作「必願爲孔子者」。

❷ 本段後有陸心源校跋：「右蕭山陸氏三間草堂抄本《胡五峰集》。卷一第十五、十六、十七三葉有錯簡。卷二《上光堯皇帝書》『則知其』下脱廿一字，『大憂者』下脱四字，『恐臣妾之軋己者比乎』下脱十九字，『財者天地有時四民』下脱十七字，第六十五葉『勾龍周棄』上脱十二字，『然則聖人所以不以復仇責平王者』上脱十八字。卷三《題張欽夫希顔録》『既竭吾才』上脱廿二字，《整師策》（按「策」，内文作「旅」）『上之威令不行矣』上脱十八字。卷四《皇王大紀論・徐偃仁義論》後脱《送死禮文論》一首，計三百餘字。卷五《易外傳・視履考祥傳》『曾子啓手足』上脱十九字。今據影宋抄本補足，並改正數十字，乃成善本。蕭山陸氏藏書向稱精善，豈知脱誤亦如此也。時光緒八年春三月。潛園識。」

附録

元許有壬五峰文集後序❶

五峰胡先生文集凡五卷，南軒張先生序之矣。益陽劉用孚將刻諸家塾，且徵余題其端。余惟世之深相知者莫若師友，先生之集，南軒之序詳矣，余何人哉？然其引而不發者，愚不容訒也。先生資質純粹，根乎天性；講貫精密，得之家傳。於六經則沈潛反覆，取道之原；於百家則參考互訂，必是之歸。其涵養見於《知言》一書，而性命道德之微無不貫；其設施著於《皇王大紀》，而禮樂政刑之用無不該。議論慷慨，輝光宣著，千載之下，猶想見其風采。至於發言爲詩，抒言爲文，皆修齊治平之實也。先生避地衡山，結廬五峰，故嘗造祝融之峰，以求先生之遺躅。而深山大谷，雲烟草樹，邈乎其不可求也。獨取先生之書，伏而讀之，其亦萬一私淑者乎！用孚刻其書，俾大行諸世，其用心亦仁矣哉！

元許有壬《至正集》卷三十三

❶ 此序載於《至正集》，有文淵閣四庫本，不詳其撰寫時間。

胡子知言

〔南宋〕胡宏 撰

楊柱才 校點

校點説明

《知言》是南宋理學家胡宏的一部重要著作。胡宏（一一〇五—一一六一），字仁仲，建州崇安（今屬福建）人。胡宏爲胡安國季子，以廕補右承務郎，然終身不仕。胡安國服膺河南程氏之學，爲「私淑洛學而大成者」（《宋元學案》卷三十四）。胡宏自幼受其父影響甚大，終身傾心於二程之學，早年從學楊龜山（時）於京師，後又從學侯師聖於荊門。胡宏不僅「卒傳文定公之學」（張栻《胡子知言序》），而且終能超出紹興諸儒之上，而「卒開湖湘之學統」（《宋元學案》卷四十二）。晚寓居衡嶽五峰山，潛心著述。學者稱五峰先生。

胡宏生前對《知言》曾反復修訂，甚至臨終前猶未脱稿。可見，胡宏對此書極其重視。《知言》一經流傳，便受到學者的高度重視。張栻稱「其言約，其義精，誠道學之樞要，制治之著龜也」。吕祖謙甚至説「《知言》勝似《正蒙》」。朱熹雖然對《知言》有「八端」之疑，但總體上承認「五峰善思」，稱讚《知言》「其思索精到處殊不可及」。

南宋以後，《知言》出現了多種刻本。據張栻《胡子知言序》及《五峰集序》，《知言》爲「一編」，也就是不分卷次。陳振孫《直齋書録解題》、馬端臨《文獻通考》皆著録「胡子《知言》一卷」，當即是據張栻之説。除了張栻的序本以外，《知言》在南宋還流行着幾種刻本和抄本。現在可知的有，吴儆作跋的汪伯虞刻本，爲吴儆得之其師張栻而委諸汪氏刻印。真德秀作跋的蕭定夫「所藏真稿」，當淵源有自。然宋刻本今皆已不見。

元人有刻《五峰集》者，而《知言》似無刻本。明代至少有三種版本。一是《永樂大典》本，凡六卷。這應當也是《知言》分爲六卷之始。此本爲《四庫全書》所收六卷本《知言》的祖本。據《四庫全書總目》提要云，明人傳刻古書，好爲竄亂，《永樂大典》本雖保存了宋槧本的文字原貌，卻仍然「爲妄人强立篇名，顛倒次序，字句舛謬，全失其真」。四庫館臣遂「據其章目，詳加刊正，以復其舊」。四庫本所復之舊，並非宋本原貌，實爲明人版式。二是弘治三年（一四九〇）程敏政作跋的侯氏刻本。據程跋，程氏於吴中得到《知言》，發現其間錯誤頗多，遂手校一過，並將朱熹所編《知言疑義》别爲一卷，而凡見諸《知言疑義》的胡宏文字不再於《知言》中復出，又以朱熹論胡宏的文字及胡宏的史傳材料爲附録一卷。此本亦收宋吴、真二氏之跋。清道光三十年（一八五〇）《粤雅堂叢書》本脱胎於此本。從《粤雅堂叢書》本分爲六卷，或可推知程跋本當亦爲六卷。三是明嘉靖五年（一五二六）正心書院刊刻本（簡稱嘉靖本），此本亦分《知言》爲六卷。

清代除了上面提及的《粤雅堂叢書》本及四庫本以外，尚有道光五年（一八二五）伍崇曜作跋的重刻本，其祖本爲當時流傳的一個抄本，亦以《知言》爲六卷，並録《疑義》一卷，《附録》一卷。近世，《知言》的版本有《百子全書》本（簡稱百子本）、《子書百家》本（簡稱子書本）、復性書院校刊本（簡稱復性書院本）等，皆分爲六卷。近年中華書局出版的《胡宏集》，係將《知言》和《五峰集》彙爲一書，而《知言》不分卷，當合於宋代樣式。然而，從明人分《知言》爲六卷，並以《疑義》别爲一卷以來，胡宏《知言》已非原貌，見諸《疑義》的文字有的不見於《知言》本身。這對於《知言》不能不説是一種缺憾。對於研究胡宏尤其是《知言》的學者而言，這一點是應當明確瞭解的，當合《知言》和《疑義》而並觀之，庶幾可得其全貌。

此次校點，以《粤雅堂叢書》本爲底本，參校了嘉靖本、四庫本、百子本、子書本、復性書院本等現今可以找到的本子。校點過程中，也參閲了吴仁華先生校點的中華書局版《胡宏集》的《知言》，謹此説明並申謝。另外，也吸收了拙文《〈胡宏集〉點校辨誤》（載《中國哲學史》2005 年第 1 期）的有關意見。

校點者　楊柱才

胡子知言序

門人廣漢張栻

《知言》，五峰胡先生之所著也。先生諱宏，字仁仲，文定公之季子也。自幼志於大道，嘗見楊中立先生於京師，又從侯師聖先生於荆門，而卒傳文定公之學。優遊南山之下餘二十年，玩心神明，不舍晝夜，力行所知，親切至到。析太極精微之藴，窮皇王制作之端。綜事理於一原，貫古今於一息。指人欲之偏以見天理之全，即形而下者而發無聲無臭之妙。使學者驗端倪之不遠，而造高深之無極。體用該備，可舉而行。晚歲嘗被召旨，不幸寢疾，不克造朝而卒。

是書乃其平日之所自著，其言約，其義精，誠道學之樞要，制治之蓍龜也。然先生之意，每自以爲未足。逮其疾革，猶時有所更定。蓋未及脱稿，而已啓手足矣。

或問於栻曰：❶《論語》一書未嘗明言性，而子思《中庸》獨於首章一言之，至於孟子始道性善，然其爲説則已簡矣。今先生是書，於論性特詳焉，無乃與聖賢之意異乎？栻應之曰：無以異也。夫子雖未嘗指言

❶「栻」，《南軒集》卷十四作「某」。下一「栻」字同。

性，而子貢蓋嘗識之曰「夫子之文章可得而聞也，夫子之言性與天道不可得而聞也」，是豈真不可得而聞哉？蓋夫子之文章，無非性與天道之流行也。至孟子之時，如楊朱、墨翟、告子之徒，異説並興，孟子懼學者之惑，而莫知所止也，於是指示大本，而極言之，蓋有不得已焉耳矣。又況今之異端，直自以爲識心見性，其説譸張雄誕，又非當時之比。故高明之士，往往樂聞而喜趨之，一溺其間則喪其本心，萬事隳弛。毫釐之差，霄壤之謬。其禍蓋有不可勝言者。先生於此又烏得而忘言哉？故其言有曰：❶「誠成天下之性，性立天下之有，情效天下之動。」而必繼之曰：「心妙性情之德。」又曰：「誠者，命之道乎。中者，性之道乎。仁者，心之道乎。」而必繼之曰：「惟仁者爲能盡性至命。」學者誠能因其言而精察於視聽言動之間，卓然知夫心之所以爲妙，則性命之理，蓋可默識。而先生之意，所以不異於古人者，亦可得而言矣。若乃不得其意，而徒誦其言，不知求仁，而坐談性命，則幾何其不流於異端之歸乎？

栻頃獲登門，道義之誨，浹洽於中。自惟不敏，有負夙知。輒序遺書，貽於同志。不韙之罪，所不得而辭焉。❷

❶「故其言」，原無，據四庫本及《南軒集》卷十四補。

❷「焉」下，四庫本有「乾道四年三月丙寅門人張栻序」十三字。

胡子知言卷第一

天命

胡子曰：誠者，命之道乎。中者，性之道乎。仁者，心之道乎。惟仁者，爲能盡性至命。

静觀萬物之理，得吾心之説也易。動處萬物之分，得吾心之樂也難。是故仁智合一，然後君子之學成。

觀日月之盈虚，知陰陽之消息。觀陰陽之消息，知聖人之進退。

士選於庠塾，政令行乎世臣，學校起於鄉行，財出於九賦，兵起於鄉遂，然後政行乎百世，❶而仁覆天下矣。

生刑輕，則易犯，是故教民以無恥也。死刑重，則難悔，是絶民自新之路也。死刑生刑，輕重不相縣，然後民知所避，而風化可興矣。

自三代之道不行，君臣之義不明，君誘其臣以富貴，臣干其君以文行。夫君臣相與之際，萬化之原也。既汩其利矣，末流其可禁乎？此三代之治所以不復也。

---

❶「世」，嘉靖本、四庫本作「姓」。

堯、舜、禹、湯、文王、仲尼之道，天地中和之至，非有取而後爲之者也。是以周乎萬物，通乎無窮，日用而不可離也。釋氏乃爲厭生、死，苦病、老，然後有取於心以自利耳。本既如是，求欲無弊，其可得乎？

爵位儀章，德之飾也。有德則爲等威，君子之所欲。無德則器物而已矣，君子賤焉。

陰陽之升降，邪正之内外，一也。是故，仁者雖切切於世，而亦不求之必行也。

寒暑之始終，天地之始終也。

拘於耳目聞見者，衆人也。無典章法度者，釋氏也。安得其心偏該流通，與論性命之理，而反之正哉。

一裘裳也，于冬之時舉之，以爲輕，逮夏或舉之，則不勝其重。一絺綌也，于夏之時舉之，以爲重，逮冬或舉之，則不勝其輕。夫衣非隨時而有輕重也，情狃於寒暑而亂其心，非輕重之正也。世有緣情立義，自以爲由正大之德而不之覺者，❶亦若是而已矣。孰能不狃於情，以正其心，定天下之公乎？

見善有不明，則守之不固。或懾於威嚴而失之，或没於情恩而失之，❷或亂於精微而失之，或汩於末流而失之。偉哉，孟氏之子！生世之大弊，承道之至衰，藴經綸之大業，進退辭受，執極而不變，用極而不亂，屹然獨立於横流，使天下後世曉然知强大威力之不可用，士所以立身，大夫所以立家，諸侯所以立國，天子所以保天下，必本諸仁義也。偉哉，孟氏之子！

---

❶ 下「之」字，嘉靖本作「知」。

❷ 「恩」，原作「思」，據嘉靖本、四庫本改。

義者，權之行也。仁，其審權者乎。

道充乎身，塞乎天地，而拘於軀者不見其大；存乎飲食男女之事，而溺於流者不知其精。諸子百家億之以意，飾之以辨，傳聞襲見，蒙心之言，命之理，性之道，置諸茫昧則已矣。悲夫！此邪説暴行所以盛行，而不爲其所惑者鮮矣。然則奈何？曰：在修吾身。

釋氏定其心而不理其事，故聽其言如該通，徵其行則顛沛。儒者理於事而心有止，故内不失成己，外不失成物，可以贊化育而與天地參也。

自反則裕，責人則蔽。君子不臨事而恕己，然後有自反之功。自反者，修身之本也。本得，則用無不利。

有毁人敗物之心者，小人也。操愛人成物之心者，❶義士也。油然乎物各當其分而無爲者，君子也。

知人之道，驗之以事而觀其詞氣。從人反躬者，鮮不爲君子；任己蓋非者，鮮不爲小人。

釋氏直曰吾見其性，故自處以静，而萬物之動不能裁也；自處以定，而萬物之分不能止也。是亦天地一物之用耳。自道參天地，明並日月，功用配鬼神者觀之，則釋氏小之爲丈夫矣。其言夸大，豈不猶坎井之蛙歟！

仁者，天地之心也。心不盡用，君子而不仁者，有矣！

---

❶「愛」，嘉靖本、四庫本作「譽」。

萬物備而爲人，物有未體，非仁也。萬民合而爲君，有一民不歸吾仁，非王也。

天命爲性，人性爲心。不行己之欲，不用己之智，而循天之理，所以求盡其心也。

修身

胡子曰：修身以寡欲爲要，行己以恭儉爲先。自天子至於庶人，一也。

道不能無物而自道，物不能無道而自物。道之有物，猶風之有動，猶水之有流也。夫孰能間之？故離物求道者，妄而已矣。

釋氏之學，必欲出死生者，蓋以身爲己私也。天道有消息，故人理有始終。不私其身，以公於天下，四大和合，無非至理，六塵緣影，無非妙用。何事非真，何物非我？生生不窮，無斷無滅，此道之固然，又豈人之所能爲哉？夫欲以人爲者，吾知其爲邪矣。

道非仁不立。孝者，仁之基也。仁者，道之生也。義者，仁之質也。

未能無欲，欲不行焉之謂大勇。未能無惑，惑不苟解之謂大智。物不苟應，務盡其心之謂大仁。人而不仁，❶則道義息。

强暴感仁義而服者有矣，未聞以强暴服强暴而能有終者也。

---

❶「人而不仁，則道義息」，嘉靖本、四庫本别爲一段。

孝莫大於寧親，寧親莫大於存神。神存天地之間，順其命，勿絶滅之而已矣。死生者，身之常也。存亡者，國之常也。興廢者，天下之常也。絶滅者，非常之變也。聖人制四海之命，法天而不私己，盡制而不曲防，分天下之地以爲萬國，而與英才共焉。誠知興廢之無常，不可以私守之也。故農夫受田百畝，諸侯百里，天子千里。農夫食其力，諸侯報其功，天子享其德。此天下之分，然非後世擅天下者以大制小，以强制弱之謀也，誠盡制而已矣。是以虞、夏、商、周傳祀長久，皆千餘歲。論興廢，則均有焉。語絶滅，則至暴秦郡縣天下，然後及也。自秦滅先王之制，海内蕩然，無有根本之固。有今世王天下，而繼世無置錐之地者。有今年貴爲天子，而明年欲爲匹夫不可得者。天王尚焉，❶況其下者乎！是以等威不立，禮義難行，俗化衰薄，雖當世興廢之常，而受絶滅之禍也。其爲不孝孰大焉？悲夫！秦、漢、魏、晉、隋、唐之君，真可謂居絶滅之中而不自知者也。是故大《易》垂訓，必建萬國而親諸侯。《春秋》立法，興滅國而繼絶世。

義有定體，仁無定用。

道無不可行之時，時無不可處之事。時無窮，事萬變，惟仁者爲能處之不失其道而有成功。權數智術，用而或中則成，不中則敗。其成敗係人之能否，而權變縱釋不在我者也。豈不殆哉！

天命不已，故人生無窮。具耳目、口鼻、手足而成身，合父子、君臣、夫婦、長幼、朋友而成世，非有假於外而强成之也，是性然矣。聖人明於大倫，理於萬物，暢於四肢，達於天地，一以貫之。性外無物，物外無

❶ 「焉」，嘉靖本、四庫本作「然」。

性。是故成己成物，無可無不可焉。釋氏絶物遁世，棲身冲寞，窺見天機有不器於物者，遂以此自大，謂萬物皆我心；物不覺悟而我覺悟，謂我獨高乎萬物。於是顛倒所用，❶莫知所止，反爲有適有莫，不得道義之全。名爲識心見性，然四達而實不能一貫。展轉淫遁，莫可致詰。世之君子信其幻語而惑之，孰若即吾身世而察之乎？❷

先道而後言，故無不信之言。先義而後行，故無不果之行。

陰陽成象，而天道著矣。剛柔成質，而地道著矣。仁義成德，而人道著矣。

萬物生於天，萬事宰於心。性，天命也。命，人心也。而氣經緯乎其間，萬變著見而不可掩，莫或使之，非鬼神而何？

法制者，道德之顯爾。道德者，法制之隱爾。天地之心，生生不窮者也。必有春秋冬夏之節，風雨霜露之變，然後生物之功遂。有道德結於民心而無法制者，爲無用，無用者亡。劉虞之類。有法制繫於民身而無道德者，爲無體，無體者滅。暴秦之類。是故法立制定，苟非其人，亦不可行也。

學進，則所能日益。德進，則所能日損。不已而天，則所能亡矣。

事成則極，極則變。物盈則傾，傾則革。聖人裁成其道，輔相其宜，百姓於變而不知。此堯舜所以爲聖也。

---

❶「所」，嘉靖本、四庫本作「作」。

❷「若」，原無，據嘉靖本、四庫本補。

造車於室而可通於天下之險易，鑄鑒於冶而可以定天下之妍醜，蓋得其道而握其要也。治天下者，何獨不觀乎此而反求諸身乎？❶是以一正君心而天下定矣。

陰陽

胡子曰：「一陰一陽之謂道」，有一則有三，自三而無窮矣。老氏謂「一生二，二生三」，非知太極之藴者也。

小道任術，先其得，後其利，智己而愚民者也。聖人由道而行，其施也博，其報也厚，其散也廣，其聚也多，貪慾不生而天下通焉。

夫婦之道，人醜之者，以淫慾爲事也；聖人安之者，以保合爲義也。接而知有禮焉，交而知有道焉，惟敬者爲能守而勿失也。《語》曰「樂而不淫」，則得性命之正矣。謂之淫慾者，非陋庸人而何？

變異見於天者，理極而通，數窮而更，勢盡而反，氣滋而息，興者將廢，成者將敗。人君者，天命之主，所宜盡心也。德動於氣，吉者成，凶者敗，大者興，小者廢，天豈有心於彼此哉！謂之譴告者，人君覩是，宜以自省也。仁義服於吾身，是非明於吾政，雖四海沸騰，三光淪没，亦不足畏也已。若以天命爲恃，遇災不懼，肆淫心而出暴政，未有不亡者也。

❶「何獨」，百子本作「獨何」。

物之生死，理也。理者，萬物之貞也。生聚而可見，則爲有；死散而不可見，則爲無。夫可以有無見者，物之形也。物之理，則未嘗有無也。老氏乃以有無爲生物之本，陋哉！天得地而後有萬物，夫得婦而後有男女，君得臣而後有萬化。此一之道也，所以爲至也。

井法行，而後智愚可擇，學無濫士，野無濫農，人才各得其所，而游手鮮矣。君臨卿，卿臨大夫，大夫臨士，士臨農與工商，所受有分制，多寡均而無貧苦者矣。人皆受地，世世守之，無交易之侵謀，則無争奪之獄訟。無争奪之獄訟，則刑罰省而民安。刑罰省而民安，則禮樂修而和氣應矣。

守身以仁。以守身之道正其君者，大臣也。漢唐之盛，忠臣烈士攻其君之過，禁其君之欲，糾其政之繆，彈其人之佞而止已。求其大君心，引之志於仁者，則吾未之見也。惟董生其庶幾乎。

道可述不可作，述之者天也，作之者人也。三王述之，五霸作之，其功德可考矣。

深於道者，富用物而不盈。衛公子荆善居室，孔子何取焉？以其心不嬰於物，可以爲法也。夫人生於世，用物以成其生耳，其久能幾何，而世人馳騖不反也。

「維天之命，於穆不已。」聖人知天命存於身者，淵源無窮，故施於民者溥博無盡，而事功不同也。知之，則於一事功可以盡聖人之蘊；不知，則一事功而已矣，不足以言聖人也。莊周乃曰：「聖人之道，真以治身，其緒餘土苴以治天下。」豈其然乎！

善爲天下者務寢兵。兵，刑之大者耳。雖漢唐盛主，禮樂廢缺，法令專行，是兵常興而未嘗息也。紀綱如是，而欲有三代之文章，其可得乎！

有情無情，體同而用分。人以其耳目所學習，而不能超乎見聞之表，故昭體用以示之，則惑矣。惑則茫然無所底止，而爲釋氏所引，以心爲宗，心生萬法，萬法皆心，自滅天命，固爲己私。小惑難解，大礙方張，不窮理之過也。彼其夸大言辭，顛倒運用，自謂至極矣。然以聖人視之，可謂欲仁而未至，有智而未及者也。夫生於戎夷，亦閒世之英也，學之不正，遂爲異端小道。惜哉！

聖人尚賢，使民知勸；教不能，使民不争；明善惡之歸，如日月之照白黑，然民猶有惑於欲而陷於惡。故孔子觀上世之化，喟然而嘆曰：「甚哉！知之難也。」雖堯舜之民比屋可封，能使之由而已，亦不能使之知也。❶夫人目於五色，耳於五聲，口於五味，其性固然，非外來也。聖人因其性而導之，由於至善，故民之化之也易。老子曰：「不見可欲，使心不亂。」夫可欲，天下之公欲也，而可蔽之使不見乎？天地之生生萬物，聖人之生生萬民，固其理也。老聃用其道，計其成，而以不争行之，是舞智尚術，求怙天下之權以自私也。其去王事遠矣。

時之古今，道之古今也。

道者，體用之總名。仁其體，義其用。合體與用，斯爲道矣。「大道廢，有仁義」，老聃非知道者也。

❶「之」，原無，據嘉靖本補。

胡子知言卷第二

好　惡

胡子曰：寡欲之君，然後可與言王道。無欲之臣，然後可以言王佐。

志仁則可大，依仁則可久。

仲尼從心所欲不踰矩，可謂盡心矣。天即孔子也，孔子即天也。釋氏無障礙，而所欲不能不踰矩，吾知其未見心之全也，猖狂妄行而已。

有其德，無其位，君子安之；有其位，無其功，君子恥之。君子之遊世也以德，故不患乎無位。小人之遊世也以利勢，故患得患失，無所不爲。

一噓吸足以察寒暑之變，一語默足以著行藏之妙，一往來足以究天地之理。自陋者不足與有言也，自小者不足與有爲也。

人雖備天道，必學然後識，習然後能，能然後用。用無不利，唯樂天者能之。

有之在己，知之在人。有之而人不知，❶從而與人較者，非能有者也。水有源，故其流不窮。木有根，故其生不窮。氣有性，故其運不息。德有本，故其行不窮。孝悌也者，德之本歟。

有是心則有知，無是心則無知。巧言令色之人，一失其心於浮僞，未有能仁者也。等級至嚴也，失禮樂則不威。山河至險也，失禮樂則不固。禮乎樂乎，天下所日用，不可以造次顛沛廢焉者乎！富可以厚恩，貴可以廣德。是君子之所欲，有求之而得者，有不求而得者，有求而不得者，命有定矣。信而不渝，然後能爲君子。

有爲之爲，出於智巧。血氣方剛，❷則智巧出焉；血氣既衰，則智巧窮矣。或知功之可利而鋭於立功，或知名之可利而進以求名，或知正直之可利而勉於正直，或知文詞之可利而習於文詞，皆智巧之智也。上好恬退，則爲恬退以中其欲。上好剛勁，則爲剛勁以中其欲。上好温厚，則爲温厚以中其欲。上好勤恪，則爲勤恪以中其欲。上好文雅，則爲文雅以中其欲。皆智巧之巧也。年方壯則血氣盛，❸得所欲則血氣盛，壯邁往失則血氣挫折消懦而所爲屈矣，無不可變之操也。無爲之爲，本於仁義。善不以名而爲，功不以利

❶ 「有之」，原無，據嘉靖本、四庫本補。
❷ 「剛」，嘉靖本、四庫本作「盛」。
❸ 「壯」，百子本作「剛」。

而勸，通於造化，與天地相終始。苟不至德，則至道不凝焉。

聖人不可得而見矣，其遺言猶龍之蜕，猶虎之皮。用其文章，猶足動觀聽，况能充其蜕，復其皮，得其精神以設施於天下，其撥亂興治如反覆手足。❶不得其道，與天下之人角智力者，嵲嵲乎殆哉！

有聚而可見謂之有者，知其有於目，故散而不可見者謂之無。有實而可蹈謂之有者，知其有於心，故妄而不可蹈者謂之無。

馬牛，人畜也。御之失道，則奮其角踶，雖有猛士，莫之敢攖；得其道，則三尺童子用之，周旋無不如志焉。天下分裂，兆民離散，欲以一之，固有其方，患在人不仁，雖與言而不入也。

知幾，則物不能累而禍不能侵。不累於物，其知幾乎。

郡縣天下，可以持承平，而不可支變故。封建諸侯，可以持承平，可以支變故。

自觀我者而言，事至而知起，則我之仁可見矣；事不至而知不起，則我之仁不可見也。自我而言，心與天地同流，夫何間之！❷

處己有道，則行艱難險厄之中無所不利；失其道，則有不能堪而忿慾興矣。是以君子貴有德也。

❶「足」，嘉靖本、四庫本作「耳」。

❷「之」下，嘉靖本、四庫本有「有」字。

往來

胡子曰：或往或來，天之所以爲道也。或語或默，士之所以爲仁也。或進或退，臣之所以事君也。或擒或縱，兵之所以爲律也。或弛或張，王之所以成化於天下也。

釋氏以盡虚空沙界爲吾身，大則大矣，而以父母所生之身爲一塵刹幻化之物，而不知敬焉，是有閒也。有閒者，至不仁也，與區區於一物之中沈惑而不知反者何以異？

性譬諸水乎，則心猶水之下，情猶水之瀾，欲猶水之波浪。

即物而真者，聖人之道也。談真離物者，釋氏之幻也。

釋氏見理而不窮理，見性而不盡性，故於一天之中分别幻華真實，不能合一，與道不相似也。

當爵禄而不輕，行道德而不舍者，君子人歟？君子人也。天下之臣有三：有好功名而輕爵禄之臣，是人也，名得功成而止矣；有貪爵禄而昧功名之臣，是人也，必忘其性命矣，鮮不及哉；有由道義而行之臣，是人也，爵位功名得之不以爲重，失之不以爲輕，顧吾道義如何耳。君天下，臨百官，是三臣者雜然並進，爲人君者烏乎知而進退之？孟子曰：「君仁，莫不仁。」

有善行而不仁者有矣，未有不仁而能擇乎善者也。

子思子曰：「率性之謂道。」萬物萬事，性之質也。因質以致用，人之道也。人也者，天地之全也。而何以知其全乎？萬物有有父子之親者焉，有有君臣之統者焉，有有報本反始之禮者焉，有有兄弟之序者焉，有有救災恤患之義者焉，有有夫婦之別者焉，至於知時御盜如雞犬，猶能有功於人，然謂之禽獸而人不與爲類，何也？以其不得其全，不可與爲類也。夫人雖備萬物之性，然好惡有邪正，取舍有是非，或中於先，或否於後，或得於上，或失於下，故有不仁而入於夷狄禽獸之性者矣。惟聖人既生而知之，又學以審之，盡人之性，盡物之性，德合天地，心統萬物，故與造化相參而主斯道也。不然，各適其適，雜於夷狄禽獸，是異類而已，豈人之道也哉！是故君子必戒謹恐懼，以無失父母之性，自別於異類，期全而歸之，以成吾孝也。

中者，道之體；和者，道之用。中和變化，萬物各正性命而純備者，人也，性之極也。故觀萬物之流形，其性則異；察萬物之本性，其源則一。聖人執天之機，惇敘五典，庸秩五禮。順是者，彰之以五服；逆是者，討之以五刑。調理萬物，各得其所。此人之所以爲天地也。

目之所可覩者，禽獸皆能視也。耳之所可聞者，禽獸皆能聽也。視而知其形，聽而知其聲，各以其類者，亦禽獸之所能也。視萬形，聽萬聲，而兼辨之者，則人而已。覩形色而知其性，聞聲音而達其義，通乎耳目之表，形器之外，非聖人則不能與於斯矣。❶ 斯道不明，則中國冠帶之君有時而爲夷狄。楊朱、墨翟之賢而有禽獸之累，惟安於耳目形器，不知覺之過也。君子履安佚之地，當安佚之時，戒謹恐懼，不敢須臾怠者，以此。

君子畏天命，順天時，故行驚衆駭俗之事常少。小人不知天命，以利而動，肆情妄作，故行驚衆駭俗之

❶「矣」，原作「文」，據嘉靖本、四庫本改。

事，必其無忌憚而然也。

首萬物，存天地，謂之正情。備萬物，參天地，謂之正道。順秉彝，窮物則，謂之正教。❶賢者之行，智者之道之明也，道之行也，或知之矣。❷變動不居，進退無常，妙道精義未嘗須臾離也。賢者之行，智者之見，常高於俗而與俗立異。不肖者之行，愚者之見，常溺於俗而與俗同流。此道之所以不明也，此道之所以不行也。我知聖人之行，聖人之見矣。不與俗異，不與俗同，變動不居，進退無常，妙道精義未嘗離也。參於天地，造化萬物，明如日月，行如四時。我知聖人之行，聖人之見矣。

仲尼

胡子曰：仲尼之教，猶天地造化萬物，生生日新，無一氣之不應，無一息之或已也。我於季路而見焉。或曰：何謂也？曰：子路衣敝緼袍，與衣狐貉者立而不恥者，其質美矣。孔子曰：「不忮不求，何用不臧？」進之以仁也。季路終身誦之，力行乎仁矣。孔子曰：「是道也，何足以臧？」至哉斯言！非天下之至誠，其孰能與於此？顏回欲罷不能，未至文王純一不已之地。孔子所以惜之，曰：「未見其止也。」止則與天爲一，無以加矣。

❶ 本段原與上段連屬，據四庫本、百子本、復性書院本提行。

❷ 「或」，嘉靖本、四庫本作「我」。

氣主乎性，性主乎心。心純，則性定而氣正。氣正，則動而不差。動而有差者，心未純也。告子不知心而以義爲外，無主於中而主於言。言有不勝則惑矣，而心有不動乎？北宫黝、孟施舍以氣爲本，以果爲行。一身之氣，有時而衰，而心有不動乎？曾子、孟子之勇原於心，在身爲道，處物爲義，氣與道義同流，融合於視聽言動之間，可謂盡性者矣。夫性無不體者，心也。孰能參天地而不物，關百聖而不惑，亂九流而不繆，乘富貴而能約，遭貧賤而能亨，禮儀三百，威儀三千，周旋繁縟而不亂乎？

人皆有良心，故被之以桀、紂之名，雖匹夫不受也。夫桀、紂，萬乘之君，而匹夫羞爲之，何也？以身不親其奉，而知其行醜也。王公大人一親其奉，喪其良心，處利勢之際，臨死生之節，貪冒苟免，行若犬鼠者，皆是也。富貴而奉身者備，斬良心之利劒也。是故禹菲飲食，卑宫室，孔子重贊之曰：「吾無閒然矣。」富貴，一時之利；良心，萬世之彝。乘利勢，行彝章，如雷之震，如風之動，聖人性之，君子樂之。不然，乃以一時之利失萬世之彝，自列於禽獸。甯貧賤而爲匹夫，不願王公之富貴也。

以理義服天下易，以威力服天下難。理義本諸身，威力假諸人者也。本諸身者有性，假諸人者有命。性可必而命不可必，性存則命立，而權度縱釋在我矣。是故善爲國者，尊吾性而已。

君子有宰天下之心，裁之自親始。君子有善萬世之心，行之自身始。不然，則蕩而無止，不入於釋氏之絶滅，則入於老莊之荒唐。

有德而富貴者，乘富貴之勢以利物。無德而富貴者，乘富貴之勢以殘身。富貴，人之所大欲；貧賤，人之所大惡。然因貧賤而修益者多，因富貴而不失於昏淫者寡，則富貴也，有時而不若貧賤矣。

赤子不私其身，無智巧，無偏係。能守是心而勿失，然後謂之大丈夫。

惟仁者爲能所執無非禮，所行無非義。

今之儒者移學文藝、干仕進之心，以收其放心而美其身，則又何古人之不可及哉！父兄以學文藝令其子弟，朋友以仕進相招，往而不返，則心始荒而不治，萬物之成，咸不逮古先矣。

學欲博，不欲雜；守欲約，不欲陋。雜似博，陋似約，學者不可不察也。

修爲者必有弃，然後能有所取；必有變，然後能有所成。雖天子之貴，不仁不義，不能以尊其身。雖天下之大，不仁不義，不能以庇其身。况其下者乎？

魚生於水，死於水。草木生於土，死於土。人生於道，死於道。天經也。飲食、車馬、衣裘、宫室之用，道所以有濟生者，猶魚有蘋藻泥沙，草木有風雷雨露也。如使魚而離水，雖有蘋藻泥沙，則不能生矣。如使草木而離土，雖有風雷雨露，亦不能以生。今人也而離道，飲食雖豐，裘服雖鮮，車馬雖澤，宫室雖麗，其得而享諸？季世淫亂並興，争奪相殺，殄滅人倫，至於善良被禍，姦惡相殘，天下嚻然，皆失其所，則一人棄道崇物之所致也。有國家者戒之！戒之！

養太子不可以不慎也，望太子不可以不仁也。

胡子知言卷第三

文王

胡子曰：文王之行王政，至善美也。孟子之言王道，至詳約也。然不越制其田里，導之樹畜，教之以孝悌忠信而已。自五霸之亂以至於今，田里之弊無窮，樹畜之業不修，孝悌之行不著，忠信之風不立，治道日苟，刑罰日煩，非有超百世英才之君臣，與文王、孟氏比肩者，其孰能復之？養民惟恐不足，此世之所以治安也。取民惟恐不足，此世之所以敗亡也。

江河之流，非舟不濟，人取其濟則已矣，不復留情於舟也。澗壑之險，非梁不渡，人取其渡則已矣，不復留情於梁也。人於奉身濟生之物皆如是也，不亦善乎！澹然天地之閒，❶雖死生之變，不能動其心矣。

生本無可好，人之所以好生者，以欲也。死本無可惡，人之所以惡死者，亦以欲也。生，求稱其欲。死，懼失其欲。衝衝天地之閒，❷莫不以欲爲事，而心學不傳矣。

❶「之閒」，百子本作「之中」。

❷「衝衝」，四庫本、復性書院本作「憧憧」。

有源之水，寒冽不凍。有德之人，厄窮不塞。

以反求諸己爲要法，以言人不善爲至戒。

行謹則能堅其志，言謹則能崇其德。

下之於上德，不待聲色而後化。人之於其類，不待聲色而後從。禍福於善惡，不待聲色而後應。❶《詩》云：「民之秉彝，好是懿德。」是故「君子篤恭而天下平」。

人固有遠迹江湖，念絶於名利者矣，然世或求之而不得免。人固有置身市朝，心屬於富貴者矣，然世或捨之而不得進。命之在人，分定於天，不可變也。是以君子貴知命。知命，然後能信義。惟患積德不足於身，不患取資不足於世。

執斧斤者聽於施繩墨者，然後大厦成。執干戈者聽於明理義者，然後大業定。

仁心，立政之本也。均田，爲政之先也。田里不均，雖有仁心，而民不被其澤矣。井田者，聖人均田之要法也。恩意聯屬，姦宄不容，少而不散，多而不亂。農賦既定，軍制亦明矣。三王之所以王者，以其能制天下之田里，政立仁施，雖匹夫匹婦一衣一食，如解衣衣之，推食食之。其於萬物，誠有調燮之法，以佐贊乾坤化育之功，非如後世之君不仁於民也。

桀、紂、秦政皆窮天下之惡，百姓之所同惡，故商、周、劉漢因天下之心伐而代之，百姓親附，居之安久，

---

❶ 「待」，原誤作「侍」，據四庫本及上文文例改。

所謂仁義之兵也。魏晉以來，天下莫不假人之柄而有隳三綱之罪，仁義不立，綱紀不張，無以締固民心，而欲居之安久，可乎？

或問：「周室衰，諸侯更霸數百年，及秦累世窮兵極勢而後定天下，天下已定，其十三歲而亡，何也？」曰：「秦之亡也久矣。秦自用孝公、商鞅之法，勢日張而德日衰，兵日振而俗日弊，地日廣而民心日益散，秦之亡也久矣。」「然則賈生謂攻守之勢異，非歟？」曰：「攻守一道也。是故湯、武由仁義以攻，由仁義以守，漢、唐以仁義而攻，以仁義而守，子孫享之各數百年，蓋得其道也。」曰：「秦失其道，其能定天下，何也？」曰：「時也。六國之君，其愚又甚於秦，故秦能欺之，以僥倖一時之勝，而亡立至矣。」曰：「然則漢、唐興義師，不五六歲得天下，定中國者數百年，季世一失其道而亡，如此其速，❶何也？」曰：「井法不立，諸侯不建，天下蕩蕩無綱紀也。後世不改其轍，欲如周獲天年，終難矣哉！」

三代而後，漢、唐之盛，謂愛民而富民之君則有之，謂愛民而教民之君則未之有也。

漢、唐以來，天下既定，人君非因循自怠，則沈溺聲色。非沈溺聲色，則開拓邊境。非開拓邊境，則崇飾虛文。其下乃有惑於神仙真空之術。曷若講明先王之道，存其心，正其情，大其德，新其政，光其國，爲萬世之人君乎！後世必有高漢、唐賢君之聰明者，然後能行之矣。而漢、唐賢君志趣識量亦未易及也，可輕棄哉？又況三代之盛，王行一不義，殺一不幸而得天下不爲者，其仁何可及乎？人君聯屬天下以成其身者

❶「其速」，嘉靖本作「其故」，則屬下讀，四庫本作「其忽」。

也，内選於九族之親，禮其賢者，表而用之，以聯屬其親。外選於五方之人，禮其英傑，引而進之，以聯屬其民。是故賢者，衆之表，君之輔也。不進其親之賢者，是自賊其心腹也。不進其人之賢者，是自殘其四肢也。殘賊之君，鮮不覆亡哉！

事物

胡子曰：事物之情，以成則難，以毁則易。足之行也亦然，升高難，就卑易。舟之行也亦然，泝流難，順流易。是故雅言難入而淫言易聽，正道難從而小道易用。伊尹之訓太甲曰：「有言逆于汝心，必求諸道。有言遜于汝志，必求諸非道。」蓋本天下事物之情而戒之耳，非謂太甲質凡而故告之以如是也。❶英明之君以是自戒，則德業日新，可以配天矣。

聖人理天下，以萬物各得其所爲至極。井田、封建，其大法也。暴君汙吏既已廢之，明君良臣歷千五百餘歲未有能復之者，智不及邪？才不逮邪？聖道不傳，所謂明君良臣也，❷未免以天下自利，無意於裁成輔相，使萬物各得其所邪。

探視聽言動無息之本，可以知性。察視聽言動不息之際，可以會情。視聽言動，道義明著，孰知其爲此

❶「是」，百子本作「此」。

❷「也」，嘉靖本、四庫本作「者」。

心？視聽言動，物欲引取，孰知其爲人欲？是故誠成天下之性，性立天下之有，情效天下之動，心妙性情之德。性情之德，庸人與聖人同，聖人妙，而庸人所以不妙者，拘滯於有形而不能通爾。今欲通之，非致知，何適哉？

至親至切者，其仁之義也歟？至通至達者，其義之理也歟？人備萬物，賢者能體萬物，故萬物爲我用。物不備我，故物不能體我。應不爲萬物役而反爲萬物役者，其不智孰甚焉！

行吾仁謂之恕，操吾心謂之敬。敬以養吾仁。

非性無物，非氣無形。性，其氣之本乎。

釋氏窺見心體，故言爲无不周徧。然未知止於其所，故外倫理而妄行，不足與言孔孟之道也。明乾坤變化，萬物受命之理，然後信六道輪迴之説具詖淫邪遁之辭，❶始可與爲善矣。

氣之流行，性爲之主。性之流行，心爲之主。❷

釋氏有適而可，有適而不可，吾儒無可無不可。人能自强於行履之地，則必不假釋氏淫遁之詞以自殆矣。釋氏惟明一心，亦可謂要矣，然真孔子所謂「好仁不好學」者也。不如是，豈其愚至於無父無君而不自知其非也哉！

---

❶「具」，四庫本作「嗔」。

❷「爲之」，原作「之爲」，據四庫本、復性書院本改。

物無非我，事無非真。彼遺棄人間萬務，惟以了死生爲大者，其蔽孰甚焉！

氣感於物，發如奔霆，狂不可制。惟明者能自反，惟勇者能自斷。

行之失於前者，可以改之於後。事之失於今者，可以修之於來。雖然，使行而可以逆制，則人皆有善行矣。使事而可以預立，則人皆有善事矣。惟造次不可以少待也，惟顛沛不可以少安也，則行失於身，事失於物，有不可勝窮者矣。雖强力之人，改過不憚，其如過之不窮何？是以《大學》之方，在致其知。知至然後意誠，意誠則過不期寡而自寡矣。

事之誤，非過也，或未得馭事之道焉耳。心之惑，乃過也。心過難改，能改心過，則無過矣。

能攻人之實病至難也，能受人實攻者爲尤難。人能攻我實病，我能受人實攻，朋友之義，其庶幾乎！不然，其不相陷而爲小人者，幾希矣。

忌克之人，其可事乎？其急也，我諫我聽，我才我用。禍既息矣，我諫，謗也，我才，姦也，殺我必矣。有天下國家而如是，能傳之子孫者，未之有也。是故不忌不克，可以爲君矣。諫不妄發，才不妄試，可以保身矣。

喪之三年，盡生者之孝心也，於死者何加損焉？是故漢文雖有命短喪，我謂之天下之慈君，而漢景不服三年之喪，其爲孝也薄矣。行而有悖於天，有累於身，雖有父令，不可從也。從之，則成父之小欲，而隳父之大仁，君子不謂之孝。況三年之喪，仁人孝子所以事天成身之本，非父之所得令者乎！後世不罪漢景之薄於親，而罪漢文之慈於臣子，是未察乎喪服之志者也。

欲大變後世之法度，必先大變人主之心術。心術不正，則不能用真儒爲大臣。大臣非真儒，則百官不可總己以聽，而嗣君不可以三年不言，母后雖欲順承天意，不撓外權，不可得矣。此不可不大變其本也。❶本正，則自身措之百官萬民，而天下皆正矣。

荀子曰：「有治人，無治法。」竊譬之欲撥亂反之正者，如越江湖，法則舟也，人則操舟者也。若舟破楫壞，雖有若神之技，人人知其弗能濟矣。故乘大亂之時必變法。法不變而能成治功者，未之有也。

欲撥亂興治者，當正大綱。知大綱，然後本可正而末可定。大綱不知，雖或善於條目，有一時之功，終必於大綱不正之處而生大亂。然大綱無定體，各隨其時。故魯莊公之大綱在於復讐也，衛國之大綱在於正名也。讐不復，名不正，雖有仲尼之德，亦不能聽魯、衛之政矣。

紛華

胡子曰：行紛華波動之中，慢易之心不生；居幽獨得肆之處，非僻之情不起，上也。起而以禮制焉，次也。制之而不止者，昏而無勇也。理不素窮，勇不自任，必爲小人之歸，可恥之甚也。

堯舜以天下與人，而無人德我之望。湯武有人之天下，而無我取人之嫌。是故天下無大事，我不能大，則以事爲大，而處之也難。

---

❶「其」，嘉靖本、四庫本作「之」。

人欲盛，則於天理昏。理素明，則無欲矣。處富貴乎，與天地同其通。處貧賤乎，與天地同其否。安死順生，與天地同其變。又何宮室、妻妾、衣服、飲食、存亡、得喪而以介意乎？

一身之利無謀也，而利天下者則謀之。一時之利無謀也，而利萬世者則謀之。存斯志，行斯道，躬耕于野，上以奉祀事長，下以慈幼延交遊，於身足矣。《易》曰：「不家食，吉。」是命焉，烏能舍我靈龜而逐人之昏昏也？

仁者，人所以肖天地之機要也。

人之於天地，有感必應，猶心之於身，疾痛必知焉。

物不獨立必有對，對不分治必交焉，而文生矣。物盈於天地之間，仁者無不愛也。故以斯文爲己任，理萬物而與天地參矣。

或問王通曰：「子有憂疑乎？」曰：「樂天知命，吾何憂？窮理盡性，吾何疑？」雖然，天下皆憂，吾獨得不憂？天下皆疑，吾獨得不疑？」又曰：「心迹之判久矣，吾獨得不二言乎？」或問曰：「通有二言，何也？」曰：「仁則知通之言一，不仁則以通言爲二。若心與迹判，則是天地萬物不相管也，而將何以一天下之動乎？」

天下莫大於心，患在不能推之爾；莫久於性，患在不能順之爾；莫成於命，患在不能信之爾。不能推，故人物内外不能一也。不能順，故死生晝夜不能通也。不能信，故富貴貧賤不能安也。

事物屬於性，君子不謂之性也，必有心焉，而後能治。裁制屬諸心，君子不謂之心也，必有性焉，然後能存。

不仁見天下之事大，而執天下之物固。故物激而怒，怒而不能消矣；感物而欲，欲而不能止矣。窮理盡性以成吾仁，則知天下無大事，而見天下無固物。雖有怒，怒而不遷矣；雖有欲，欲而不淫矣。

莊周曰「伯夷死名於首陽之下」，非知伯夷者也。若伯夷，可謂全其性命之情者矣。謂之「死名」，可乎？周不爲一世用，以保其身可矣，而未知天下之大本也。

智不相近，雖聽言而不入。信不相及，雖納忠而不愛。是故君子必謹其所以言，則不招謗誹、取怨辱矣。

士學於文而知道，則關鍵節目之言未嘗不三復也。君學於政而知道，則幾會本原之事未嘗不三令五申也。知之，則因非而知是。不知，則指是以爲非。

人君盡下，則聰明開，而萬里之遠親於衽席；偏信，則昏亂，而父子、夫婦之閒有遠於萬里者矣。人君欲救偏信之禍，莫先於窮理，莫要於寡欲。窮理寡欲，交相發者矣。去聖既遠，天下無人師，學者必因書記語言以知理義之精微。知之，則適理義之周道也。不然，則爲溺心志之大穽矣。

人盡其心，則可與言仁矣。心窮其理，則可與言性矣。性存其誠，則可與言命矣。

敬則人親之，仁則民愛之，誠則鬼神享之。

「窮則獨善其身，達則兼善天下」者，大賢之分也。達則兼善天下，窮則兼善萬世者，聖人之分也。

或問：「人可勝天乎？」曰：「人而天，則天勝；人而不天，則天不勝。」

學貴大成，不貴小用。大成者，參於天地之謂也。小用者，謀利計功之謂也。

人者，天地之精也，故行乎其中而莫禦；五行，萬物之秀氣也，故物爲之用而莫違。

三王，正名與利者也，故其利大而流長。五霸，假名争利者也，故其利小而流近。

形形之謂物，不形形之謂道。物拘於數而有終，道通於化而無盡。

古之學者求天知，今之學者求人知。古之仕者行己，今之仕者求利焉。

胡子知言卷第四

一　氣

一氣大息，震蕩無垠，海宇變動，山勃川湮，人消物盡，舊迹亡滅，是所以爲鴻荒之世歟。氣復而滋，萬物化生，日以益衆，不有以道之則亂，不有以齊之則争。敦倫理，所以道之也。飭封井，所以齊之也。封井不先定，則倫理不可得而敦。堯爲天子，憂之而命舜。舜爲宰臣，不能獨任，憂之而命禹。禹周視海内，奔走八年，辨土田肥瘠之等而定之，立其收多寡之制而授之，定公、侯、伯、子、男之封而建之，然後五典可敷，而兆民治矣。此夏后氏之所以王天下也。後王才不出庶物，大侵小，强侵弱，智詐愚，禹之制寖隳寖紊，以至于桀，天下大亂。而成湯正之，明其等，申其制，正其封，以復大禹之舊，而人紀可修矣。此殷之所以王天下也。後王才不出庶物，大侵小，强吞弱，智詐愚，湯之制寖隳寖壞，以至于紂，天下大亂。而周武王征之，❶明其等，申其制，正其封，以復成湯之舊，而五教可行矣。此周之所以王天下也。後王才不出庶物，大吞小，强侵弱，智詐愚，武王之制寖隳寖亂，先變於齊，後變於魯，大壞於秦，而仁覆天下之政亡矣。仁政既

---

❶「征」，依上文「成湯正之」疑當作「正」。

亡，有天下者，漢唐之盛，其不王，人也，非天也。其後亡，天也，非人也。噫！孰謂而今而後無繼三王之才者乎？病在世儒不知王政之本，議三王之有天下不以其道，而反以亡秦爲可法也。

聖人之應事也，如水由於地中，未有可止而不止，可行而不行者也。

有而不能無者，性之謂歟。宰物而不死者，心之謂歟。感而無息者，誠之謂歟。往而不窮者，鬼之謂歟。來而不測者，神之謂歟。

一往一來而無窮者，聖人之大道也。謂往而復來，來而復往者，釋氏之幻教也。

天理人欲，莫明辨於《春秋》。聖人教人清人欲，復天理，莫深切於《春秋》。

伯夷非絶物者也，惡不仁而已，故清而不介。柳下惠非徇俗者也，行吾敬而已，故和而不流。

大哉性乎！萬理具焉，天地由此而立矣。世儒之言性者，類指一理而言之爾，未有見天命之全體者也。

萬物皆性所有也。聖人盡性，故無棄物。

情一流則難遏，氣一動則難平。流而後遏，動而後平，是以難也。察而養之於未流，則不至於用遏矣。察而養之於未動，則不至於用平矣。是故察之有素，則雖嬰於物而不惑。養之有素，則雖激於物而不悖。《易》曰：「艮其背，不獲其身。行其庭，不見其人。无咎。」此之謂也。

誠，天道也。人心合乎天道，則庶幾於誠乎。不知天道，是冥行也。冥行者，不能處己，烏能處物？失道而曰誠，吾未之聞也。是故明理居敬，然後誠道得。天道至誠，故無息。人道主敬，所以求合乎天也。孔子自志學至於從心所欲不踰矩，敬道之成也。敬也者，君子之所以終身也。

義理

胡子曰：義理，群生之性也。義行而理明，則群生歸仰矣。敬愛，兆民之心也。敬立而愛施，則人心誠服矣。感應，鬼神之性情也。誠則能動，而鬼神來格矣。

祖考爲諸侯，子孫爲大夫士。祖考爲諸侯，其葬也固諸侯，其祭也亦必以諸侯，不以子孫爲大夫士而降也。子孫爲大夫士，其葬也固大夫士，其祭也亦必以大夫士，不以祖考爲諸侯而僭也。是故杞、宋之諸侯得郊，而《春秋》以諸侯葬焉。斯可見矣。

處之以義而理得，則人不亂。臨之以敬而愛行，則物不争。守之以正，行之以中，則事不悖而天下理矣。

合以義，正合也，理不得不合也。不得不合而合，天與人一矣。合不以義，苟合也，君子不爲也。

爲天下者，必本於理義。理也者，天下之大體也；義也者，天下之大用也。理不可以不明，義不可以不精。理明，然後綱紀可正。義精，然後權衡可平。綱紀正，權衡平，則萬事治，百姓服，四海同。夫理，天命也；義，人心也。惟天命至微，惟人心好動。微則難知，動則易亂。欲著其微，欲静其動，則莫過乎學。學之道，則莫過乎繹孔子、孟軻之遺文。孔子定《書》，删《詩》，繫《易》，作《春秋》，何區區於空言？所以上承天意，下憫斯人，故丁甯反復三四不倦，使人知所以正心誠意，修身齊家，治國平天下之本也。孟軻氏閑先聖之道，慨然憂世，見齊、梁之君，間陳理義，提世大綱，一埽東周五霸之弊，發興衰撥亂之心要。愚因其言，上稽三代，下考兩漢、三國、東西晉、南北朝，至于隋唐，以及於五代，雖成功有小大，爲政有治忽，制事有優劣，然總於大略，其興隆也，未始不由奉身以理義；其敗亡也，未始不由肆志於利欲。然後知孟軻氏之言信而有徵，其傳聖人之道純乎純者也。

性定則心宰，心宰則物隨。

物欲不行，則志氣清明，而應變無失。

陰陽升降有道，剛柔屈伸有理，仁義進退有法。知道者可與論政，知理者可與謀事，知法者可與取人。

知道者理得，知理者法得，是以君子貴知道也。

皇皇天命，其無息乎！體之而不息者，聖人也。是故孔子學不厭，教不倦。顔子睎夫子，欲罷而不能。孟子承先聖，周旋而不舍。我知其久於仁矣。

禮文多者，情實必不足，君子交際宜察焉。言詞巧者，臨斷必不善，君子選用宜察焉。

專好毁者，其心必不良，烏能惡不仁？

人事有是非，天命不囿於是非。超然於是非之表，然後能平天下之事也。或是或非，則在人矣，雖聖人不能免也，久則白。

萬物不同理，死生不同狀。必窮理，然後能一貫也。知生，然後能知死也。人事之不息，天命之無息也。人生在勤，勤則身修、家齊、國治、天下平。雖然，勤於道義，則剛健而日新，故身修、家齊、國治、天下平也；勤於利欲，則放肆而日怠，終不能保其身矣。禹、湯、文、武、丹朱、桀、紂，可以爲鑒戒矣。貴爲天子，富有天下，尚不能保其身，而况公卿大夫士庶人乎！

天下有二難：以道義服人難，難在我也；以勢力服人難，難在人也。由道義而不舍，禁勢力而不行，則人心服，天下安。

一日之旦莫，天地之始終具焉。一事之始終，鬼神之變化具焉。察人事之變易，則知天命之流行矣。❶

人之生也，良知良能根於天，拘於己，汩於事，誘於物，故無所不用學也。學必習，習必熟，熟必久，久則天，天則神。天則不慮而行，神則不期而應。

孝也者，爲仁之本也。仁也者，大學之本也。學者志於仁，必求所以爲仁。故子游、子夏問孝，皆初學之時也。

將相無異任，文武無異道。其異也，後世之人未嘗學也。

大學

胡子曰：孔子十五而志於學，何學也？曰：大學也，所以學修身、齊家、治國、平天下之道也。孔子三

---

❶ 此段百子本、復性書院本與上一段連屬。

十而立，何立也？ 曰：「居天下之廣居，立天下之正位，行天下之大道」，不退轉也。孔子四十而不惑，何不惑也？ 曰：「富貴不能淫，貧賤不能移，威武不能屈」，卓然立乎萬物之表也。孔子五十而知天命，何知也？ 曰：元亨利貞，乾之四德，行之昭明，浩然與萬物同流，處之各得其分也。孔子六十而耳順，何耳順也？ 曰：「所過者化，所存者神」，幾於天矣。孔子七十而從心所欲不踰矩，何不踰也？ 曰：以其動也天故也。❶ 子貢曰：「夫子之得邦家者，所謂立之斯立，道之斯行，綏之斯來，動之斯和。」非天能如是乎？ 嗚呼！ 伏羲、神農、黄帝、堯、舜、禹、湯、文、武、周公、孔子、孟軻之學，立天地之經，成萬物之性者。然則請問大學之方可乎？ 曰：致知。請問致知。曰：致知在格物。物不格，則知不至。知不至，則意不誠。意不誠，則心不正。心不正而身修者，未之有也。是故學爲君子者，莫大於致知。彼夫隨衆人耳目聞見而知者，君子不謂之知也。

自高則必危，自滿則必溢。未有高而不危，滿而不溢者。是故聖人作《易》，必以天在地下爲泰，必以損上益下爲益。

陽中有陰，陰中有陽，陽一陰，陰一陽，此太和所以爲道也。始萬物而生之者，乾坤之元也。物正其性，萬古不變。故孔子曰：「成之者性。」

允恭者，堯帝也。温恭者，大舜也。懿恭者，文王也。恭而安者，孔子也。克勤儉於邦家者，舜之所以

❶ 上「也」字，原作「於」，據嘉靖本、四庫本改。

美大禹也。謹乃儉德者，伊尹之所以訓太甲也。恭儉惟德者，成王之所以戒百官也。

陳文子之時，天下無王，政自諸侯出，諸侯又不爲政，政自大夫出。滔滔者天下皆是也。仁者處斯世，久思有以易天下，因污隆而起變化，無可無不可也。陳文子則不然，乃幾至無所容其身，則可謂有知乎？故孔子曰：「未知，焉得仁？」

春秋之時，天下無王。楚，古之建國也。子文輔佐楚成，曾不知首出庶物之道，安於僭竊，以荊楚而侵陵諸夏，與齊桓、宋襄、晉文争衡，務强大以濟其私欲而已，則可謂有知乎？故夫孔子曰：「未知，焉得仁？」

春秋之時，周政已失，禮樂征伐自諸侯出。既而諸侯不自爲政，禮樂征伐自大夫出。夫能出禮樂征伐者，皆天下之賢諸侯、大夫也。❶子繼厥父，孫繼厥祖，自以爲能子能孫，人亦以爲孝悌之人矣。曾不察其所行動皆犯上之事，陵夷至於作亂而不自知，未有一人能承天命，由仁義行者也。故有子本仁而言，以正一世之失，其旨深且遠矣。此孔子《春秋》所以作也。

仁者，臨機發用而後見，不可預指。故季路、冉有、公西華之仁，孔子不得而言也。孟武伯不知仁，故又問，孔子各以材答之。夫學於聖門者，皆以仁爲本。三子者今之所能若是，後日之進未已也。其進未已，雖聖人安得而預言之？故孔子不知其仁。

---

❶ 「大夫」上，嘉靖本、四庫本有「賢」字。

趙幼翁言學。胡子曰：「學道者，正如學射，纔持弓矢，必先知的，然後可以積習而求中的矣。若射者不求知的，不求中的，則何用持弓矢以射爲？列聖諸經，千言萬語，必有大體，必有要妙。人自少而有志，尚恐奪於世念，日月蹉跎，終身不見也。君若不在於的，苟欲玩其辭而已，是謂口耳之學，曾何足云。夫留情於章句之間，固遠勝於博奕戲豫者，時以一斑自喜，何其小也。何不志於大體，以求要妙。譬如遊山，必上東岱，至於絶頂，坐使天下高峰遠岫、卷阿大澤悉來獻狀，豈不偉歟？」幼翁曰：「我習『敬以直内』，可乎？」胡子曰：「敬者，聖門用功之妙道也。然坤卦之義，與乾相蒙，『敬以直内』，終之之方也。❶苟知不先至，則不知所終。譬如將適一所，而路有多歧，莫知所適，則敬不得施，内無主矣。内無主而應事物，則未有能審事物之輕重者也。故務聖人之道者，必先致知。及超然有所見，方力行以終之。終之之妙，則在其人，他人不得而與也。」

人心應萬物，如水照萬象。應物有誠妄，當其可之謂誠，失其宜之謂妄。物象有形影，實而可用之謂形，空而不可用之謂影。儒者之教踐形，釋氏之教逐影，影不離乎形者也。是故聽其言則是，稽其行則非。惟高明篤實之君子，乃知釋氏之妄大有害於人心。聖王復起，必不弃中華之人，使入於夷類也。

❶ 下「之」字，原作「以」，據嘉靖本、四庫本改。

胡子知言卷第五

復義

胡子曰：復義爲信，不復義爲罔。踐理爲信，不踐理爲罔。唐文宗讀書，恥爲凡主，及不能行其政令而飲醇酒求醉，是自棄者也。若憤悱自强，乾乾惕厲，廣求賢聖以自輔，則可以有爲於天下矣。

唐文宗曰：「宰相薦人，當不問疏戚。若親故果才，避嫌而棄之，亦不爲公。」誠哉！是言也。

小人得用，則民志不定。

上侈靡而細民皆衣帛食肉，此飢寒之所由生，盜賊之所由作也。天下如是，上不知禁，又益甚焉，然而不亡者，未之有也。

事有大變，時有大宜。通其變，然後可爲也。務其宜，然後有功也。

胡子假陸賈對漢高曰：陸賈爲漢高帝大中大夫，時時前説，稱引《詩》、《書》。帝罵曰：「乃公居馬上得之，安事《詩》、《書》？」賈再拜對曰：「臣竊以陛下馬上之功不如項王也。」上曰：「何謂不如？」對曰：「天下初發難時，秦軍常乘勝逐北，項王獨破秦軍，虜王離，慴服諸侯，降章邯及欣翳，西攻破函谷，東擊死田榮，蹙漢軍於穀、泗，困陛下於滎陽、成皋，七十餘戰，未嘗敗北。陛下失太公於彭城，亡衆於滎陽，跳身於玉門，中伏弩於廣武，勇不振於鴻溝，既及羽於固陵，必待信、越而後敢戰。此臣所謂不如也。」上曰：「是則然矣。而我得天下，項王失天下者，何也？」賈對曰：「項王失信弑君，意忌聽讒，行姑息，樂殺人，殖貨利，犯聖王之法。此其所以失天下也。陛下本以寬大長者受懷王入關之命，爲天下除殘賊，所過亡鹵掠，赦秦降王子嬰，財物無所取，婦女無所幸，約法三章，父老惟恐陛下不爲秦王。此三代得天下之仁也。項羽負約，王陛下於蜀漢，陛下忍而就國，用蕭何爲丞相，養其民以致賢人，收用巴蜀，還定三秦。項羽賊弑義帝，❶陛下舉軍縞素，告諸侯而伐之。此三代取天下之義也。不齷齪自用，多大略，得英雄心，師張良，任陳平，將韓信。此堯、舜、禹、湯、文、武知人之明也。以野戰略地之功譬狗，以文墨議論之功爲人。此堯、舜、禹、湯、文、武尚德不尚戰之心也。鎮撫百姓，下令軍士不幸死者，吏爲衣衾棺斂，轉送其家。此堯、舜、禹、湯、文、武哀鰥寡、恤孤獨之政也。此五者，陛下所以得天下，成大漢磐石之基。非歟？馬上一時之功，乃河漢之波瀾起伏耳。」上欣然而笑曰：「生言起吾意，殊非腐儒之論。吾欲治天下，法先聖，何若而可？」賈再拜對曰：「陛下及此言，天下之福也。天下法制，自周幽、厲埽蕩幾盡。平、莊之後，浸微浸盛。五霸假託仁義，以自封殖，志不在於斯民。至於七雄，益以戰爭强大爲務。秦據形勝，以利誘民，鬭取一時之勝，而不知其勝爲僥倖也，遂安而行之，居十三歲，天下争起而亡之矣。願陛下退叔孫通，聘魯二生，使與張良、四皓及如臣者共論所以承三代之宜，定一代大典，以幸天下，以詔子孫，以傳萬世。」上曰：「善。然吾老矣，不能用也。」明年

❶「弑」，嘉靖本、四庫本作「殺」。

丙午夏四月甲辰，帝崩於長樂宫。寥寥千餘歲，未有能明漢家承三代之宜者也，又可論承漢家之宜乎？大宋癸酉歲，有士歎曰：「嗚呼！天乎！使陸生有是對，而漢祖用其言，則必六宫有制，嫡庶有辨，教養子弟有法，后、夫人、嬪婦各得其所矣。又安有戚夫人爲人彘，張美人以恨死，趙王如意以酖死，淮陽王友以餓死，梁王恢以殺死，燕王建絶嗣，山朝武彊不疑，幾於亂姓之事哉！又安有審食其入於死誅不赦之罪，而吕氏至於族滅，後世世有外戚之禍哉！則必制國有法，荆王賈、楚王交、代王喜、齊王肥不封數十縣，而伏羲、神農、黄帝、堯、舜、禹、湯、文、武以及皋陶、伊、傅、周、召之裔得血食矣。則必體貌大臣，韓信、彭越之夷三族可悔，蕭相國不繫獄，黥布、陳豨、韓王信、盧綰不背叛矣。則必不襲秦故，尊君抑臣，而朝廷之上，制禮以道，謙尊而光，乾剛下充，臣道上行，致天道於交泰，而大臣可以託天下，委六尺之孤矣。則必封建諸侯，藩垣屏翰，根深蔕固，難於崩陷，可以正中國、四夷之分，不至畏匈奴，與之和親，而手足倒置矣。❶則必復井田之制，不致後世三十税一，近於貊道，富者田連阡陌，僭擬公侯，而貧民寃苦失職矣。❷則必用虞制五刑，使好生之德洽於黎民，不下三大赦，以啓後世惠姦宄，賊良民之原矣。則必侍御、僕從罔匪正人，有疾病不枕宦者卧，臨棄天下，公卿大臣受顧命，婦寺不能與，而大正其終矣。則必兼用仲尼立嫡與賢之法，嗣天子繼離之明，行乾之健，不受制於母后，遂飲爲淫樂，不聽政矣。嗚呼！天道往而必返，三代之盛，其有終不

❶「手」，百子本、子書本作「首」。

❷「職」，嘉靖本作「聘」。

復者乎！」

胡子假漢高聽賈言，徵魯二生，曰：帝於是因張良以問四皓。四皓曰：「吾志其道，未傳其業，盍徵魯二生？」乃命魯郡守以禮徵之。二生曰：「上素輕儒，好嫚罵，吾不忍見也。」太守以聞。帝曰：「吾所罵者，腐儒耳。」則命大臣以玉帛聘焉。二生曰：「上以布衣提三尺，用天下豪傑取天下，今天下已定矣，安用儒生？」堅卧不起。使者復命。上即日車駕見之。二生見曰：「陛下已定天下矣，尚安求士？」上曰：「定天下者，一時之事爾。吾欲與生謀萬世之業。」二生再拜稽首，曰：「陛下真天下之君也。」上命副車載歸未央宮，東鄉坐而師問焉。上曰：「吾生戰國之末，不聞二帝三王之道，願生以教我。」二生對曰：「天下之道有三：大本也，大幾也，大法也。此聖人事，非常人所知也。」上曰：「何謂也？」二生對曰：「大本，一心也。大幾，萬變也。大法，三綱也。此聖人事，非常人所知也。」上曰：「何謂也？」二生對曰：「陛下明達廣大，愛人喜施，有長人之本矣。知人，好謀，能聽，得應變之幾矣。項王殺君，舉軍縞素，布告天下而伐之，知提綱之法矣。『維天之命，於穆不已。』王者法天，心不可怠放。怠則應變必失其幾，放則三綱不得其正。幾一失，其事難定。❶綱不正，則亂易生。陛下已定天下矣，其亦少怠矣乎？放者，其不可收矣乎？」上不覺促膝而前曰：「生何謂也？」二生對曰：「王者，法天以行其政者也。法天之道，必先知天。知天之道，必先識心。識心之道，必先識心之性情。欲識心之性情，察諸乾行而已矣。」上曰：「生言甚太，願明以教我。」二生對

❶「其」，嘉靖本、四庫本作「則」。

曰：「乾元統天，健而無息，大明終始，四時不忒，雲行雨施，萬物生焉。察乎是，則天心可識矣。是心也，陛下怠之則放，放之則死，死則不能應變投機，而大法遂不舉矣。臣子可以乘間而謀逆，妾婦可以乘間而犯順，夷狄可以乘間而抗衡矣。後嗣雖有賢明之君，亦終不能致大治矣。」上曰：「何爲而然？」二生對曰：「本不正也。陛下不見大本乎？木充本完，故能與天地陰陽相應，枝葉茂盛，華穠而實美焉。本一病，則蠹生其中，雖天覆之，地載之，陰陽承之，而枝葉不能茂，華實不能美矣。」上曰：「我知之矣。願聞所以行之。」二生對曰：「法始於伏羲，❶繼乎神農，大乎軒轅，成乎堯、舜，損益於禹、湯、文、武。夏之亡，非大禹之法不善也，桀棄法而亡也。商之亡，非成湯之法不善也，紂棄法而亡也。周之亡，非文、武之法不善也，幽、厲棄法而亡也。秦則不然，創之非法，守之非法而亡也。天下初定，革弊起度，今其時矣。臣願陛下勇於法天心，大明其用於政事，以新天下。」上曰：「吾願聞其目。」對曰：「歷世聖帝明王應天受命之大法，小臣其敢專席而議？願陛下與天下共之。」上曰：「善。」於是詔天下搜揚巖穴之士焉。

胡子謂孫正蒙曰：「天命之謂性」，流行發見於日用之間。患在學道者未見全體，窺見一斑半點，而執認己意，以爲至誠之道如是如是。欲發而中節，與天地相似也，難矣哉。求免斯弊者，舍講學其可乎？

田叔悉燒梁獄詞，空手來見，可謂善處人子母兄弟之間者也。漢景，忌刻之君也，而能賢田叔，有過人之聰明，越人之度量者，何歟？以太后在上，不敢肆故也。天理存亡，在敬肆之間爾。孔子作《春秋》，必記

❶「於」，原作「放」，據四庫本、百子本、復性書院本改。

災異，警乎人君，萬世不死也。

漢文

胡子曰：漢文之顧命曰：「朕不敏，無以佐百姓，常畏過行，惟年久長，懼于不終。」此乾之健，天行之所以無息也。此堯、舜、禹、湯、文、武之心所以萬世不滅也。孔子作《春秋》，不書祥瑞者，懼人君之自滿。自滿則止，失此心也。

漢景以郅都、甯成爲中尉，以嚴酷治宗室貴戚，人人惴恐。夫親親、尊尊之道，必選天下有節行賢德之人，爲之師傅，爲之交遊，則將有大人君子可爲天下用。何有憂其犯法邪？治百姓亦然。修崇學校，所以教也。刑以助教而已，非爲治之正法也。

周亞夫、霍光不學不知道，能進不能退，殺身亡宗，是功名富貴誤之也。知道者，屈伸通變與天地相似，功名富貴何足以病之？張子房進於是矣。

「人皆生於父，父道本乎天，謂人皆天之子，可乎？」曰：「不可。天道，至大至正者也。王者至大至正，奉天行道，乃可謂天之子也。昔周公作謚法，豈使子議父，臣議君哉？合天下之公，奉君父以天道爾。孝、愛不亦深乎！所以訓後世爲君父者以立身之本也。知本，則身立、家齊、國治、天下平。不知本，則縱慾恣暴，惡聞其過，入於滅亡。天下知之而不自知也，惟其私而已。是故不合天下之公，則爲子議父，臣議君。夫臣子也，君父有不善，所當陳善閉邪，引之當道。君生不能正，既亡而又黨之，是不以天道奉君父，而以人道事君父也。謂之忠孝，可乎？今夫以筆寫神者，必欲其肖。不肖吾父，則非吾父。不肖吾君，則非吾君。奈何以謚立神而不肖之乎？是故不正之謚，忠臣孝子不忍爲也。」

知《易》，知《春秋》，然後知經綸之業。一目全牛，萬隙開也。孟子曰：「萬物皆備於我矣。反身而誠，樂莫大焉。」自孟子而後，天下之人能立身建功就事者，其言其行，豈不皆有合於道？然求如孟子知性者，不可得也。大本正，然後可以保國一天下。

人通於道，❶不死於事者，可以語盡心之道矣。

誠，天命。中，天性。仁，天心。理性以立命，惟仁者能之。委於命者，失天心。失天心者，興用廢。理其性者，天心存。天心存者，廢用興。達乎是，然後知大君之不可以不仁也。

養天下而享天下之謂君，先天下而後天下之謂君。反是者，有國危國，有天下危天下。

欲修身平天下者，必先知天。欲知天者，必先識心。欲識心者，必先識乾。乾者，天之性情也。「乾道變化，各正性命」，命之所以不已，性之所以不一，物之所以萬殊也。萬物之性，動殖、小大、高下各有分焉。循其性而不以欲亂，則無一物不得其所。非知道者，孰能識之？是故聖人順萬物之性，惇五典，庸五禮，章五服，用五刑，賢愚有别，親疏有倫，貴賤有序，高下有等，輕重有權，體萬物而昭明之，各當其用，一物不遺。聖人之教，可謂至矣。

❶「通」，百子本作「生」。

釋氏隱不知奉天，顯不知理物，竊弄鬼神之機以自利者也。君子居敬，所以精義也。理於義，所以順於道德也。盛德大業，至矣哉！

一陰一陽之謂道，道謂何也？謂太極也。陰陽剛柔，顯極之機，至善以微，孟子所謂可欲者也。天成象而地成形，萬古不變。仁行乎其中，萬物育而大業生矣。

人之道，奉天理者也。自天子達於庶人，道無二也。得其道者，在身身泰，在家家泰，在國國泰，在天下天下泰。失其道則否矣。人道否，則夷狄强而禽獸多，草木蕃而天下墟矣。

奉天而理物者，儒者之大業也。聖人謂天爲帝者，明其心也。

卦之必重，何也？天道然也。天道何爲而然乎？太極動則重矣。天道無息，故未嘗不重也。非深知天地之機者，孰能識之？

伊尹、孔明救天下之心非不切也，然必待三聘三顧，然後起而從之者，踐坤順也。

「柳下惠不以三公易其介」，介所守也。「進不隱賢，必以其道」，此其所以和而不流歟！在柳下惠和而不流，其聖於和而已。故其弊必至於不恭。

或問楊子曰：「貴戚之卿無可去之道，而微子去之，何也？」曰：「此微子之所以順乎天也。不其然乎？❶武王不足爲至德。《詩》曰『繩其祖武』，『受天之祜』，此之謂也。」

---

❶「不其然乎」，嘉靖本、四庫本作「不如是」。

天者，道之總名也。子者，男子之美稱也。此之謂大道。❶爲天下男子之冠，則可謂天子矣。以有天下。

天下有三大：大本也，大幾也，大法也。大本，一心也。大幾，萬變也。大法，三綱也。有大本，然後可以有天下。見大幾，然後可以取天下。行大法，然後可以理天下。是故君先以天下自任，則皇天上帝畀付以天下矣。君以從上列聖之盛德大業自期，則天下之仁人争輔之矣。君以保養天下爲事，而不以自奉養，則天下之黎民趨戴之矣。上得天心，中得聖賢心，下得兆民心，夫是之謂一心。心一，而天下一矣。天下之變無窮也，其大幾有四：一曰救弊之幾，二曰用人之幾，三曰應敵之幾，四曰行師之幾。幾之來也，變動不測，莫可先圖，必寂然不動，然後能應也。其大法有三：一曰君臣之法，二曰父子之法，三曰夫婦之法。夫婦有法，然後家道正。父子有法，然後人道久。君臣有法，然後天地泰。泰者，禮樂之所以興也。禮樂興，然後賞罰中而庶民安矣。

有實，而後有名者也。實如是，故名如是。實如是而名不如是，則名實亂矣。名實亂於上，則下莫知所從，而危亡至矣。

人皆謂人生則有知者也。夫人皆生而無知，能親師取友，然後有知者也。是故知危者然後可與圖安者也，知亡者然後可與圖存者也，知亂者然後可與圖治者也。以楚子文之忠，而孔子猶曰「未知，焉得仁？」大哉知乎！天下萬事，莫先乎知矣。是以君子必先致其知。

❶「此之謂大道」，嘉靖本、四庫本作「人君行大道」。

人君，剛健、中正、純粹，首出庶物者也。人臣，柔順、利貞，承乎天而時行者也。

制井田，所以制國也。制侯國，所以制王畿也。王畿安强，萬國親附，所以保衛中夏，禁禦四夷也。先王建萬國，親諸侯，高城深池徧天下，四夷雖虎猛狼貪，安得肆其欲而逞其志乎？此先王爲萬世慮，禦四夷之上策也。王公設險以守其國，孔子所以書於習坎之象也。城郭溝池以爲固，孔子之所以答言偃之問也。自秦而降，郡縣天下，中原世有夷狄之禍矣。悲夫！

無怠無荒者，二帝待四夷之上策也。

胡子知言卷第六

中　原

胡子曰：中原無中原之道，然後夷狄入中原也。中原復行中原之道，則夷狄歸其地矣。《易》、《書》、《詩》、《春秋》，今有其名耳，其道未嘗知也。知之，然後德進業修，而天下可平耳。公卿大夫士，今有其名耳，其位未嘗定也。位定，然後才可盡，職可修，而天下可理矣。《易》、《書》、《詩》、《春秋》者，聖人之道也。聖人之道若何？曰：聖人者，以一人理億兆人之德性，息其争奪，遂其生養者也。

誠者，天之道也。心涵造化之妙，則萬物畢應。彼夫懷之以恩，令之以義，憚之以威，結之以信者，末矣。《易》曰：「雲從龍，風從虎。」此之謂也。

人君不可不知乾道。不知乾道，❶是不知君道也。❷君道何如？曰：天行健，人君不可頃刻忘其君天

❶「道」，嘉靖本無。

❷「道」，原無，據嘉靖本、四庫本補。

下之心也。如天之行，一息或不繼，則天道壞矣。

均是人也，有一人而養千萬人者，❶有千萬人而養於一人者。大《易》天火之卦，六二中正之人也，九五亦中正之人也。一人而同於一人。孔子曰：「二人同心，其利斷金。」不言五失君道，不同於天下者，是一人者所賴以生養天下，同天下之本也。故孔子曰：「同心之言，其臭如蘭。」堯之於舜，舜之於禹，禹之於益，成湯之於伊尹，高宗之於傅説，武王之於周公，仲尼之於顔回，先主之於武侯是也。雖然，二，柔者也，故有私暱之戒。君者，天之道也。臣者，地之道也。君道必謙恭盡下，則臣可以上納其忠。是故天下地上而爲泰，天上地下而爲否，成象之謂乾，效法之謂坤。君意不先動而臣先之，是謂失道。道失於初，求欲有終，難矣。故知道之臣，❷甯有死於其分，而無犯分以徼功也。

古者舉士於鄉，自十年出就於外傅，學於家塾州序。是學者何事也？❸曰：「六禮也，七教也，八政也。」書其質性近道，才行合理，鄉老鄉吏會合鄉人，於春秋之祭祀鬼神而書之者也。三歲大比，鄉老鄉吏及鄉大夫審其性之不悖於道也，行之不反於理也，質其書之先後無變也，❹乃入其書於司徒，謂之選士。選士

❶「而」，嘉靖本作「生」，下「而」字同。四庫本其下有「生」字。
❷「故」，原作「欲」，據嘉靖本、四庫本改。
❸「是」，嘉靖本、四庫本作「其」。
❹「先」，百子本作「前」。

學於鄉校，其書之如州序。三歲大比，鄉大夫及司徒審之如初，乃入其書於樂正，謂之俊士。入國學，春秋教以禮樂，冬夏教以詩書，以上觀古道。樂正官屬以時校其業之精否，而勉厲之。三歲大比，樂正升其精者於王，謂之進士。王命冢宰會天下之進士，論其資性才學行業，某可以爲卿歟，某可以爲大夫歟，某可以爲士歟。卿闕，則以可以爲卿者補之。大夫闕，則以可以爲大夫者補之。士闕，則以可以爲士者補之。三年一考其績，三考，黜其不職，陟其有功者。是故朝無幸官，野無遺賢，毀譽不行，善惡不眩，德之小大當其才，位之高下當其職，人務自修而不僥倖於上，人知自守而不冒昧求進，人知自重而不輕用其身，人能有恥而不苟役於利。此所以仕路清，政事治，風俗美，天下安甯，四夷慕義，而疆埸不聳也。後之取士反此。

分天下有德有功者以地，而不敢以天下自私，於是有百里、七十里、五十里、不能五十里邦國之制焉，於是有君朝、卿大聘、大夫小聘、王巡狩述職之禮樂法度焉，於是有千雉、百雉、三之一、五之一、九之一高城深池焉，於是有井、邑、丘、甸、❶縣、都之夫數焉，❷於是有十乘、百乘、千乘、萬乘之車數焉，於是有伍、兩、卒、旅、師、軍之制焉，於是有鄉大夫、司徒、樂正取士之法焉。邦國之制廢，而郡縣之制作矣。郡縣之制作，而世襲之制亡矣。世襲之制亡，而數易之弊生矣。數易之弊生，而民無定。巡狩述職之禮廢，而上下之情不通，考文案而不究事實，信文案而不任仁賢，其弊有不可勝言者矣。城池之制廢，而禁禦暴客、威服四夷之

❶「丘」，原避孔子諱作「邱」，今回改。

❷「都」，百子本作「郡」。

法亡矣。夫家之法廢，則民數不可詳矣。民數不可詳，而車乘不可出矣。車乘不可出，而軍師不隱於農矣。軍師不隱於農，而坐食者衆，而公私困窮矣。

學即行也。非禮勿視聽言動，學也，行之也。行之行之而又行之，習之不已，理與神會，能無悦乎？學，行之上也，言之次也，教人又其次也。是以識前言往行，爲學而已。揚雄何其陋之甚也！此大駁也，非小疵也。

七雄諸侯，皆自稱王。以爲王歟？則土無二王，四海之内安得而七也？以爲諸侯歟？則地皆有千餘里，普天之下安得侯而七也？王非王，侯非侯，立位不正。此孔孟所以難仕。然而仕者，將以行其正也。人可正，則仕矣。孔門諸子，有仕大夫之家者，有不仕大夫之家者，大夫之家可以仕，亦可以無仕者也。何謂可以仕？君臣之義不可廢也。何謂可以無仕？知其不可教故也。故冉求不能改季氏之德，孔子所以鳴鼓而攻之也。

利建侯者，文王所以著於屯之象也，所以著於豫之象也。宜建侯者，孔子所以繫於屯之象也。利建侯者，周公所以著於屯之爻也。先王以建萬國，親諸侯，孔子所以著於比之大象也。

封建之法，本於鴻荒之世，群雄之所以自立者也。法始於黄帝，成於堯舜，夏禹因之。至桀而亂，成湯興而修之，天下亦以安。至紂而又亂，文王、武王興而修之，天下亦以安。至幽王而又亂，齊桓、晉文不能修，而又益壞之，故天下紛紛不能定。及秦始皇而埽滅之，故天下大亂，争起而亡秦，猶反覆手於須臾間也。

黄帝、堯、舜安天下，非封建一事也，然封建其大法也。夏禹、成湯安天下，亦非封建一事也，然封建其大法也。齊桓、晉文之不王，亦非一事也，然不能封建，其大失也。秦二世而亡，非一事也，然埽滅封建，其大繆也。故封建也者，帝王所以順天理，承天心，公天下之大端大本也。不封建也者，霸世暴主所以縱人欲，悖大道，私一身之大孽大賊也。人今聞黄帝、堯、舜、文王、武王，則尊之貴之，以爲聖人。聞齊桓、晉文，則訾之笑之，以爲霸者。聞始皇、胡亥，則鄙之賤之，以爲小人之雄爾。及聖人所行則不從，而霸者暴人之所行則從之，歷代不能改。是何也？弗思之甚也。

天地根於和，日月星辰根於天，山川草木根於地，而人根於天地之間者也。有其根，則常而静，安而久。常静安久，則理得其終，物遂其性。故封建者，政之有根者也。故上下辨，民志定，教化行，風俗美，理之易治，亂之難亡，扶之易興，亡之難滅。郡縣反是。

聖人周萬務而無爲，故博施濟衆，不期應於物而物應，功用配天地，悠久無疆，而人道立矣。

命有窮達，性無加損。盡其性，則全命。

貴賤，命也。仁義，性也。

胡子知言疑義

《知言》曰：天命之謂性。性，天下之大本也。堯、舜、禹、湯、文王、❶仲尼六君子先後相詔，必曰心而不曰性，何也？曰：心也者，知天地，宰萬物以成性者也。六君子盡心者也，故能立天下之大本，人至于今賴焉。不然，異端並作，物從其類而瓜分，孰能一之？

熹謂：「以成性者也」，此句可疑，欲作「而統性情也」，如何？

栻曰：「統」字亦恐未安，欲作「而主性情」，如何？

熹謂：所改「主」字極有功。然凡言删改者，亦且是私。竊講貫議論，以爲當如此耳，未可遽塗其本編也。如何？熹按：孟子盡心之意，正謂私意脱落，衆理貫通，盡得此心無盡之體，而自其擴充，❷則可以即事即物而無不盡其全體之用焉爾。但人雖能盡得此體，然存養不熟，而於事物之閒一有所蔽，則或有不得盡其用者。故孟子既言「盡心知性」，又言「存心養性」。蓋欲此體常存，而即事即物各用其極，無有不盡。

❶「王」，原作「武」，據嘉靖本、復性書院本改。

❷「其」，嘉靖本、復性書院本作「是」。

夫以《大學》之序言之，❶則「盡心知性」者，致知格物之事；「存心養性」者，誠意正心之事；而「夭壽不貳，修身以俟之」者，修身以下之事也。此其次序甚明，皆學者之事也。然程子「盡心知性，不假存養，其唯聖人乎」者，蓋惟聖人則合下盡得此體，而用處自然無所不盡，中間更不須下存養充擴節次功夫。然程子之意，亦指夫「始條理」者而爲言，非便以「盡心」二字就功用上説也。今觀此書之言盡心，大抵皆就功用上説，又便以爲聖人之事。竊疑未安。舊説未明，今別改定如此。

祖謙曰：「成性」固可疑，然今所改定，乃兼性情而言，則與本文設問不相應。來諭以盡心爲集大成者之「始條理」，則非不可以爲聖人事。但胡子下「者也」兩字，却似斷定爾。若言六君子由盡其心，而能立天下之大本如此。

熹謂：論心必兼性情，然後語意完備。若疑與所設問不相應，而「者也」二字亦有未安，則熹欲別下語云：「性固天下之大本，而情亦天下之達道也，二者不能相無。而心也者，知天地、宰萬物而主性情者也。六君子惟盡其心，故能立天下之大本，行天下之達道，人至于今賴焉。」云云。不知更有病否？若所謂「由盡其心」者，則詞恐太狹，不見程子所謂「不假存養」之意。

《知言》曰：天理人欲同體而異用，同行而異情。進修君子，宜深別焉。

熹按：此章亦「性無善惡」之意，與「好惡性也」一章相類似，恐未安。蓋天理莫知其所始，其在人則生而

❶「夫以」，嘉靖本作「云爾」，則屬上讀。

有之矣。人欲者，梏於形，雜於氣，狃於習，亂於情而後有者也。然既有而人莫之辨也，於是乎有同事而異行者焉，有同行而異情者焉。君子不可以不察也。然非有以立乎其本，則二者之幾微曖萬變，夫孰能別之？今以天理人欲混爲一區，恐未允當。

祖謙曰：「天理人欲同體而異用」者，卻似未失。蓋降衷秉彝，固純乎天理，及爲物所誘，人欲滋熾，天理泯滅，而實未嘗相離也。同體異用，同行異情，在人識之耳。

熹再詳此論，胡子之言，蓋欲人於天理中揀別得人欲，又於人欲中便見得天理。其意甚切，然不免有病者，蓋既謂之「同體」，則上面便著「人欲」兩字不得。此是義理本原極精微處，不可少差。試更子細玩索，當見本體實然，只一天理，更無人欲。故聖人只説「克己復禮」，教人實下工夫，去卻人欲，便是天理，未嘗教人求識天理於人欲汩没之中也。若不能實下工夫，去卻人欲，則雖就此識得未嘗離之天理，亦安所用乎？

《知言》曰：好惡，性也。小人好惡以己，君子好惡以道。察乎此，則天理人欲可知。

熹按：此章即「性無善惡」之意。❶若果如此，則性但有好惡，而無善惡之則矣。「君子好惡以道」，是性外有道也。「察乎此，則天理人欲可知」，是天理人欲同時並有，無先後賓主之別也。然則所謂「天生蒸民，有物有則。民之秉彝，好是懿德」者，果何謂乎？龜山楊子曰：「天命之謂性，人欲非性也。」卻是此語直

❶「無」，原作「與」，據嘉靖本、復性書院本改。

截。而胡子非之，誤矣。

栻曰：「好惡性也」，此一語無害，但著下數語則爲病矣。今欲作：好惡，性也，天理之公也。君子者，循其性者也。小人則以人欲亂之，而失其則矣。

熹謂：好惡固性之所有，然直謂之性則不可。蓋好惡，物也。好善而惡惡，物之則也。有物必有則，是所謂形色天性也。今欲語性，乃舉物而遺則，恐未得爲無害也。

《知言》曰：心無不在，本天道變化，爲世俗酬酢，參天地，備萬物。人之爲道，至大也，至善也。放而不知求，耳目聞見爲己蔽，❶父子夫婦爲己累，衣裘飲食爲己欲。既失其本矣，猶皆曰我有知。論事之是非，方人之短長，終不知其陷溺者，悲夫！故孟子曰：「學問之道無他，求其放心而已矣。」

熹按：「人之爲道，至善也，至大也」，此説甚善。若性果無善惡，則何以能若是邪？

栻曰：論性而曰「善不足以名之」，誠爲未當，如元晦之論也。夫其精微純粹，正當以至善名之，龜山謂「人欲非性也」，亦是見得分明，故立言直截耳。《遺書》中所謂「善固性也，惡亦不可不謂之性也」，則如之何？譬之水，澄清者，其本然者也；其或渾然，則以夫泥滓之雜也。方其渾也，亦不可不謂之水也。夫專善而無惡者，性也。而其動則爲情，情之發，有正有不正焉。其正者，性之常也；而其不正者，物欲亂之也，於是而有惡焉。是豈性之本哉？其曰「惡亦不可不謂之性」者，蓋言其流如此，而性之本然者，亦

❶「耳目聞見」，嘉靖本作「耳聞目見」。

未嘗不在也。故善學者化其滓以澄其初而已。

熹詳此論性甚善，但明道所謂「惡亦不可不謂之性」，是説氣稟之性，觀上下文可見。

熹又看此章云「本天道變化，爲世俗酬酢」，疑「世俗」字有病，猶釋子之謂父母家爲俗家也，改作「日用」字如何？

熹又細看，雖改此字，亦爲未安，蓋此兩句大意自有病。聖人下學而上達，盡日用酬酢之理，而天道變化行乎其中耳。若有心要本天道以應人事，則胸次先横了一物，臨事之際，著意將來，把持作弄，而天人之際終不合矣。大抵自謝子以來，雖説以洒掃應對爲學，然實有不屑卑近之意。故纔説洒掃應對，便須急作精義入神意思，❶想像主張，惟恐其滯於小也。如爲朱子發説《論語》，乃云「聖門學者敢以天自處」，皆是此箇意思，恐不免有病也。又云「以其大者移於小物，作日用工夫」，正是打成兩截也。

胡子喟然嘆曰：至哉！吾觀天地之神道，其時無愆，賦形萬物，無大無細，各足其分，太和保合，變化無窮也。凡人之生，粹然天地之心，道義完具，無適無莫，不可以善惡辨，不可以是非分。無過也，無不及也，此中之所以名也。夫心宰萬物，順之則喜，逆之則怒，感於死則哀，動於生則樂。欲之所起，情亦隨之，心亦放焉。故有私於身，蔽於愛，動於氣，而失之毫釐，繆以千里者矣。衆人昏昏，不自知覺，方且爲善惡亂，方且爲是非惑。惟聖人超拔人群之上，處見而知隱，由顯而知微，静與天同德，動與天同道，和順於萬物，渾融於

❶「意」，百子本作「之」。

天下，而無所不通。此中和之道所以聖人獨得，民鮮能久者矣。❶爲君子者奈何？戒謹於隱微，恭敬乎顛沛，勿忘也，勿助長也，則中和自致，天高地下而位定，萬物正其性命而並育，成位乎其中，與天地參矣。

或問性。曰：「性也者，天地之所以立也。」曰：「然則孟軻氏、荀卿氏、揚雄氏之以善惡言性也，非歟？」曰：「性也者，天地鬼神之奧也，善不足以言之，況惡乎？」或者問曰：「何謂也？」曰：「宏聞之先君子曰：『孟子所以獨出諸儒之表者，以其知性也。』宏請曰：『何謂也？』先君子曰：『孟子道性善云者，歎美之辭也，不與惡對。』」

或問：「心有死生乎？」曰：「無死生。」曰：「然則人死，其心安在？」曰：「子既知其死矣，而問安在邪？」或曰：「何謂也？」曰：「夫惟不死，是以知之，又何問焉。」或者未達。胡子笑曰：「甚哉！子之蔽也。子無以形觀心，而以心觀心，則知之矣。」

熹按：「性無善惡」、「心無死生」兩章，似皆有病。「性無善惡」，前此論之已詳。「心無死生」，則幾於釋氏輪迴之説矣。天地生物，人得其秀而最靈。所謂心者，乃夫虛靈知覺之性，猶耳目之有見聞耳。在天地，則通古今而無成壞；在人物，則隨形氣而有始終。知其理一而分殊，則亦何必爲是「心無死生」之説，以駭學者之聽乎？

栻曰：「心無死生」章，亦當删去。

---

❶ 「久者」，復性書院本作「者久」。

《知言》曰：凡天命所有而衆人有之者，聖人皆有之。人以情爲有累也，聖人不去情。人以才爲有害也，聖人不病才。人以欲爲不善也，聖人不絶欲。人以術爲傷德也，聖人不棄術。人以憂爲非達也，聖人不忘憂。人以怨爲非宏也，聖人不釋怨。然則，何以别於衆人乎？聖人發而中節，而衆人不中節也。中節者爲是，不中節者爲非。挾是而行則爲正，挾非而行則爲邪。正者爲善，邪者爲惡。而世儒乃以善惡言性，邈乎遼哉！

熹按：「聖人發而中節」，故爲善，衆人發不中節，故爲惡，「世儒乃以善惡言性，邈乎遼哉」，此亦「性無善惡」之意。然不知所中之節，聖人所自爲邪，將性有之邪？謂聖人所自爲，則必無是理。謂性所固有，則性之本善也，明矣。

栻曰：所謂世儒，殆指荀、揚，荀、揚蓋未知孟子所謂善也。此一段大抵意偏而詞雜，當悉删去。

熹詳此段不可盡删，但自「聖人發而中節」以下删去。而以一言斷之云：「亦曰天理人欲之不同爾。」

栻曰：所謂輕詆世儒之過，而不自知其非，恐氣未和而語傷易。析理當極精微，毫釐不可放過。至於尊讓前輩之意，亦不可不存也。

熹觀此論切中淺陋之病，謹已删去訖。

《知言》曰：彪居正問：「心無窮者也，孟子何以言盡其心？」曰：「惟仁者能盡其心。」居正問爲仁。曰：「欲爲仁，必先識仁之體。」曰：「其體如何？」曰：「仁之道，宏大而親切。知者可以一言盡，不知者雖設千萬言亦不知也。能者可以一事舉，不能者雖指千萬事亦不能也。」曰：「萬物與我爲一，可以爲仁之體乎？」曰：

「子以六尺之軀，若何而能與萬物爲一？」曰：「身不能與萬物爲一，心則能矣。」曰：「人心有百病一死，天下之物有一變萬生。子若何而能與之爲一？」居正竦然而去。他日，某問曰：「人之所以不仁者，以放其良心也。以放心求心，可乎？」曰：「齊王見牛而不忍殺，此良心之苗裔，因利欲之閒而見者也。一有見焉，操而存之，存而養之，養而充之，以至于大，大而不已，與天地同矣。此心在人，其發見之端不同，要識之而已。」

熹按：「欲爲仁，必先識仁之體」，此語大可疑。觀孔子答門人問爲仁者多矣，不過以求仁之方告之，使之從事於此而自得焉爾，初不必使先識仁體也。又「以放心求心」之問甚切，而所答者反若支離。夫心，操存舍亡，閒不容息。知其放而求之，則心在是矣。今於已放之心不可操而復存者，置不復問，乃俟異時見其發於他處，而後從而操之，則夫未見之閒，此心遂成閒斷，無復有用功處。及其見而操之，則所操者亦發用之一端耳。於其本源全體，未嘗有一日涵養之功，便欲擴而充之，與天同大。愚竊恐其無是理也。

栻曰：必待識仁之體而後可以爲仁，不知如何而可以識也？學者致爲仁之功，則仁之體可得而見。識其體矣，則其爲益有所施而亡窮矣。然則，答爲仁之問，宜莫若敬而已矣。❶

祖謙曰：仁體誠不可遽語。至於答「放心求心」之問，却自是一說。蓋所謂「心操存舍亡，閒不容息，知其放而求之，則心在是矣」者，平昔持養之功也。所謂「良心之苗裔，因利欲而見，一有見焉，操而存之」者，

❶ 「宜」，原作「且」，據嘉靖本、復性書院本改。

隨事體察之功也。二者要不可偏廢。苟以此章欠説涵養一段,「未見之間此心遂成閒斷無復用功處」,是矣。❶若曰「於已放之心置不復問,❷乃俟其發見於他處而後從而操之」,語却似太過。蓋「見牛而不忍殺」,乃此心之發見,非發見於他處也。又所謂「操者亦發用之一端」,胡子固曰「此良心之苗裔」,固欲人因苗裔而識本根,非徒認此發用之一端而已。

熹謂:二者誠不可偏廢,然聖門之教,詳於持養而略於體察,與此章之意正相反。學者審之,則其得失可見矣。孟子指齊王愛牛之心,乃是因其所明而導之,非以爲必如此然後可以求仁也。夫必欲因苗裔而識本根,孰若培其本根,而聽其枝葉之自茂耶?

《知言》曰:天地,聖人之父母。聖人,天地之子也。有父母則有子矣,有子則有父母矣。此萬物之所以著見,道之所以名也。非聖人能名道也,有是道則有是名也。聖人指明其體曰性,指明其用曰心。性不能不動,動則心矣。聖人傳心,教天下以仁也。

熹按:心性體用之云,恐自上蔡謝子失之。此云「性不能不動,動則心矣」,語尤未安。凡此「心」字,皆欲作「情」字,如何?

栻曰:心性分體用,誠爲有病。此若改作「性不能不動,動則情矣」一語,亦未安。不若伊川云「自性之有

❶「是」,原在上句「處」字上,嘉靖本在「矣」字下,今據復性書院本及上文改。

❷「若」,百子本作「昔」。

形者謂之心，自性之有動者謂之情」，語意精密也。此一段似亦不必存。熹詳此段，誠不必存。然「性不能不動」，此語却安，但下句却有未當爾。今欲存此以下，而頗改其語云：「性不能不動，動則情矣。心主性情，故聖人教人以仁，所以傳是心而妙性情之德。」又按伊川有數語説「心」字皆分明，此一段却難曉，不知「有形」二字合如何説？

胡子知言附録

朱子語

東萊云：「《知言》勝似《正蒙》。」先生曰：「《正蒙》規摹大，《知言》小。」仲思問：「五峰中、誠、仁，如何？」曰：「『中者性之道』，言未發也。『誠者命之道』，言實理也。『仁者心之道』，言發動之端也。」又疑「道」字可改爲「德」字。曰：「亦可。『德』字較緊，然他是特地下此寬字。伊川《答與叔書》中亦云『中者性之德』，近之。伯恭云『《知言》勝《正蒙》』，似此等處誠然，但不能純如此處爾。」

五峰説「心妙性情之德」，不是他曾去研窮深體，如何直見得恁地。

五峰云：「人有不仁，心無不仁。」此説極好。人有私欲遮障了，不見這仁，然心中仁依舊只在。如日月本自光明，雖被雲遮，光明依舊在裏。又如水被泥土塞了，所以不流，然水性之流依舊只在。所以「克己復禮爲仁」，只是克了私欲，仁依前只在那裏。譬如一箇鏡，本自光明，只緣塵，都昏了。若磨去塵，光明只在。

近世爲精義之説，莫詳於《正蒙》。而五峰亦曰：「居敬，所以精義也。」此言尤精切簡當，深可玩味。

五峰善思，然思過處亦有之。

《知言》中議論多病，近疏所疑與敬夫、伯恭議論。如「心以成性」，「相爲體用」，「性無善惡」，「心無死生」，「天理人欲同體異用」，「先識仁體然後敬有所施」，「先志於大然後從事於小」，此類極多。又其辭意多迫急，少寬裕，由務以智力探取，無涵養之功以至此。然其思索精到處，何可及也！

胡子有言「學欲博不欲雜，欲約不欲陋」，信哉！

胡公所論《通書》之指曰：「人見其書之約而不知其道之大也，見其文之質而不知其義之精也，見其言之淡而不知其味之長也。人有真能立伊尹之志，修顔子之學，則知此書之言包括至大，而聖門之事業無窮矣。」此則不可易之至論。

跋五峰詩

幽人偏愛青山好，爲是青山青不老。山中出雲雨太虚，一洗塵埃山更好。

右衡山胡子詩也。初，紹興庚辰，熹卧病山間，親友仕於朝者以書見招，熹戲以兩詩代書報之。曰：「先生去上芸香閣，時籍溪先生除正字，赴館供職。閣老新峩豸角冠。劉共父自祕書丞除察官。留取幽人卧空谷，一川風月要人看。一章。甕牖前頭列畫屏，晚來相對静儀刑。浮雲一任閑舒卷，萬古青山只麽青。二章。」或傳以語胡子，子謂其學者張欽夫曰：「吾未識此人，然觀此詩，知其庶幾能有進矣。特其言有體而無用，故吾爲是詩以箴警之，庶其聞之而有發也。」明年，胡子卒。又四年，熹始見欽夫，而後獲聞之，恨不及見胡子而卒請其目也。因敘其本末而書之于策，以無忘胡子之意云。

國史本傳

胡宏，字仁仲，幼事楊時、侯仲良，而卒傳其父安國之學。優游衡山下餘二十年，玩心神明，不舍晝夜。張栻師事之。

紹興間上書，其略曰：

治天下有本，仁也。何謂仁？心也。心官茫茫，莫知其鄉。若爲知其體乎？有所不察，則不知矣。有所顧慮，有所畏懼，則雖有能知能察之良心，亦浸消亡而不自知。此臣之所大憂也。夫敵國據形勝之地，逆臣僭位於中原，牧馬駸駸，欲争天下。臣不是懼，而以良心爲大憂者，蓋良心充于一身，❶通于天地，宰制萬事，統攝億兆之本也。察天理莫如屏欲，存良心莫如立志。陛下亦有朝廷政事不干於慮，便嬖智巧不陳於前，妃嬪佳麗不幸於左右時矣。陛下試於此時，沉思静慮，方今之世，當陛下之身，事孰爲大乎？孰爲急乎？必有歉然而餒，惻然而痛，坐起彷徨不能自安者，則良心可察，而臣言可信矣。❷

昔舜以匹夫爲天子，❸瞽瞍以匹夫爲天子父，受天下之養，豈不足於窮約哉？而瞽瞍猶不悦。自常情

---

❶「身」，原作「心」，據《五峰集》卷二《上光堯皇帝書》及《宋史》卷四百三十五《胡宏傳》改。

❷「而」，原無，據《五峰集》卷二《上光堯皇帝書》及《宋史》卷四百三十五《胡宏傳》補。

❸「昔」下，原有「者」字，據《五峰集》卷二《上光堯皇帝書》及《宋史》卷四百三十五《胡宏傳》删。

觀之，舜乃可以免矣，而舜蹙然有憂之，舉天下之大無足以解憂者。徽宗皇帝身享天下之奉幾三十年，欽宗皇帝生於深宫，享乘輿之次，以至爲帝。一旦㓨於讎敵，遠適窮荒，衣裘失司服之制，飲食失膳夫之味，居處失宫殿之安、妃嬪之好，動無威嚴，辛苦墊隘。其願陛下加兵敵國，心目睽睽，猶飢渴之於飲食，庶幾一得生還，父子兄弟相持而泣，歡若平生。引領東望，九年於此矣。夫以疏賤，念此痛心，當食則噎，未嘗不投箸而起，思欲有爲，况陛下當其任乎？而在廷之臣，不能對揚天心，充陛下仁孝之志，反以天子之尊，北面讎敵。陛下自念，以此事親，於舜何如也？且群臣智謀淺短，自度不足以任大事，故欲偷安江左，貪圖寵榮，皆爲身謀爾。陛下乃信之，以爲必持是可以進撫中原，展省陵廟，來歸兩宫，亦何誤邪！

萬世不磨之辱，臣子必報之讎，子孫之所以寢苫枕戈，弗與共天下者也。而陛下顧慮畏懼，忘之不敢以爲讎。臣下僭逆，有明目張膽顯爲負叛者，有協贊亂賊爲之羽翰者，有依隨兩端欲以中立自免者，而陛下顧慮畏懼，寬之不敢以爲討。守此不改，是祖宗之靈，終天暴露，無與復存也。父兄之身，終天困辱，而求歸之望絶也。中原士民，没身塗炭，無所赴愬也。陛下念亦及此乎？

王安石輕用己私，紛更法令，棄誠而懷詐，興利而忘義，尚功而悖道。人皆知安石廢祖宗法令，不知其并與祖宗之道廢之也。邪説既行，正論屏棄，故姦諛敢挾紹述之義以逞其私，❶下誣君父，上欺祖宗，誣謗宣仁，廢遷隆祐。使我國家君臣父子之間，頓生疵癘，三綱廢壞，神化之道泯然將滅。遂使敵國外横，盜賊

❶「諛」，原作「邪」，據《五峰集》卷二《上光堯皇帝書》及《宋史》卷四百三十五《胡宏傳》改。

內訌，王師傷敗，中原陷没，二聖遠栖於沙漠，皇輿僻寄於東吴，囂囂萬姓，未知攸底，禍至酷也。

若猶習於因循，憚於更變，亡三綱之本性，昧神化之良能，上以利勢誘下，下以智術干上。是非由此不公，名實由此不核，賞罰由此失當，亂臣賊子由此得志，人紀由此不修，天下萬事倒行逆施，人欲肆而天理滅矣。將何以異於先朝，求救禍亂而致升平乎？

末言：❶陛下即位以來，中正邪佞，更進更退，無堅定不易之誠。然陳東以直諫死於前，馬伸以正論死於後，而未聞誅一姦邪，黜一諛佞，何摧中正之力，而去姦邪之難也？此雖當時輔相之罪，然中正之士，乃陛下腹心耳目，奈何以天子之威，握億兆之命，乃不能保全二三心腹耳目之臣以自輔助，而令姦邪得而殺之，於誰責而可乎？臣竊痛心，傷陛下威權之不在己也。

高閌爲國子司業，請幸太學。宏見其表，作書責之曰：

太學，明人倫之所在也。昔楚懷王不返，❷楚人憐之，如悲親戚。蓋忿秦之以彊力詐其君，使不得其死，其憯勝於加之以刃也。太上皇帝刦制於彊敵，生往死歸。此臣子痛心切骨，卧薪嘗膽，宜思所以必報也。而柄臣乃敢欺天罔人，以大讐爲大恩乎？

昔宋公爲楚所執，及楚子釋之，孔子筆削《春秋》，乃曰：「諸侯盟于薄，釋宋公。」不許楚人制中國之命

---

❶「言」，原作「年」，據《宋史》卷四百三十五《胡宏傳》改。

❷「王」，原作「一」，據《五峰集》卷二《與高抑崇書》及《宋史》卷四百三十五《胡宏傳》改。

也。太母，天下之母，其縱釋乃在金人。此中華之大辱，臣子所不忍言也。而柄臣乃敢欺天罔人，以大辱爲大恩乎？

晉朝廢太后，董養遊太學，升堂歎曰：「天人之理既滅，大亂將作矣。」則引遠而去。今閤下目覩忘讐滅理，北面敵國以苟宴安之事，猶偃然爲天下師儒之首。既不能建大論，明天人之理以正君心，乃阿諛柄臣，希合風旨，求舉太平之典，又爲之詞云云，欺天罔人孰甚焉！

宏初以蔭補右承務郎，不調。秦檜當國，貽書其兄寅，問二弟何不通書，意欲用之。寧作書止敘契好而已。❶宏書辭甚厲。人問之，宏曰：「政恐其召，故示之以不可召之端。」檜死，宏被召，竟以疾辭，卒于家。著書曰《知言》。張栻謂：「其言約義精，道學之樞要，制治之蓍龜也。」有詩文五卷，《皇王大紀》八十卷。

凡簡端圈出者，俱係《榕村講授》中所取。末又附録五峰先生語云：「立志以定其本，居敬以持其志。志立乎事物之表，敬行乎事物之中，而義乃可精。」

❶「寧」，原作「宏」，據《宋史》卷四百三十五《胡宏傳》改。

程敏政跋[1]

走少見東萊吕氏有「《知言》勝《正蒙》」之説，渴欲覩其書。而祕閣所藏亦無之，恒以寘恨。因徧求之四方，三十年不獲見。弘治己酉春，南歸過姑蘇，遇楊君謙儀曹，語及之。君謙云：「嘗見之崑山藏書家。」許轉録之，久未得也。族姪文杰有事三吴，乃委之而得諸陸氏，上有「篠堂圖書」，蓋故張節之憲副所藏者。其間亦多錯誤，遂手校一過，别取吴文肅公、真文忠公二跋寘目録後。凡書之見於朱、張、吕三先生《疑義》中者，皆不復出，而自爲一卷。又取文公先生所論及《宋史傳》，爲《附録》一卷。蓋欲使此書彙次完粹，以便講習，非敢有所去取也。

竊觀胡子之書有曰：「學欲博不欲雜，守欲約不欲陋。」文公先生嘗誦之以警後學。然則，讀是編者，要必以此言爲準，而後庶幾有所得乎。新安千户所侯文遠之子應，見予之惓惓於斯也，爲刻梓傳焉，亦可謂知學向義者矣。

弘治三年歲次庚戌春二月上日，新安後學程敏政謹題。雍正乙巳季冬二十六日，畏炎居士閲。

[1] 此跋原無題，今補題。

伍崇曜跋❶

右，《胡子知言》六卷，《疑義》一卷，《附録》一卷，宋胡宏撰。

按宏字仁仲，崇安人，安國子，寅弟，事蹟具見附録《宋史本傳》。是編，其講學之語。又嘗撰《皇王大紀》，殆以内聖外王之學自任者也。《四庫提要》均已著録。錢辛楣《十駕齋養新録》謂：《皇王大紀》，陳振孫《書録解題》譏之，「則當時有識者早議其後矣」云云。自注「羅泌《路史》在胡宏之後，徵引益爲奥博。自後儒生侈談邃古，而荒唐之詞流爲丹青，蓋好奇而不學之弊」云云。仁仲生平，迥異羅泌，豈可以後來荒誕，遂歸獄爲戎首？至是編，朱子亦嘗疑之。其門人張敬夫亦未嘗株守其説。然兩宋理學諸儒，自周、程、張、朱而外，求其有大醇而無小疵者，原不數覯。既風節文章具有本末，即一二語偶涉於偏，仍未害於理。蓋知之非艱，行之維艱。仁仲父子兄弟力排和議，直聲振於一時，百折不回，決不受秦檜牢籠。迄今千百載，讀其遺書，猶凛凛有生氣。即如陸子静、王陽明雜以禪學，而生平無愧，亦安得並其遺書而菲薄之也。

前明程篁墩刻之，迄今流布漸罕，偶得抄本，特重刻之，以爲講宋學者指歸焉。篁墩謂：「吴文肅、真文

❶ 此跋原無題，今補題。

忠二跋寘目録後。」兹並目録無之，俟覓原刻補入。

道光庚戌首夏南海伍崇曜謹跋。

《儒藏》精華編選刊即出書目（二〇二三）

白虎通德論
誠齋集
春秋本義
春秋集傳大全
春秋左氏傳賈服注輯述
春秋左氏傳舊注疏證
春秋左傳讀
道南源委
桴亭先生文集
復初齋文集
廣雅疏證

龜山先生語録
郭店楚墓竹簡十二種校釋
國語正義
涇野先生文集
康齋先生文集
孔子家語　曾子注釋
禮書通故
論語全解
毛詩後箋
毛詩稽古編
孟子正義
孟子注疏
閩中理學淵源考
木鐘集
群經平議

三魚堂文集　外集
上海博物館藏楚竹書十九種校釋
尚書集注音疏
詩本義
詩經世本古義
詩毛氏傳疏
詩三家義集疏
書疑　東坡書傳　尚書表注
書傳大全
四書集編
四書蒙引
四書纂疏
宋名臣言行録
孫明復先生小集　春秋尊王發微
文定集

五峰集　胡子知言
小學集註
孝經注解　温公易説　司馬氏書儀　家範
孾經室集
伊川擊壤集
儀禮圖
儀禮章句
易漢學
游定夫先生集
御選明臣奏議
周易口義　洪範口義
周易姚氏學